JN312873

ミネルヴァ日本評伝選

心にもあらでうき世に長らへば

三条天皇

倉本一宏著

ミネルヴァ書房

刊行の趣意

「学問は歴史に極まり候ことに候」とは、先哲荻生徂徠のことばである。
歴史のなかにこそ人間の智恵は宿されている。人間の愚かさもそこにはあらわだ。この歴史を探り、歴史に学んでこそ、人間はようやくみずからの正体を知り、いくらかは賢くなることができる。新しい勇気を得て未来に向かうことができる。徂徠はそう言いたかったのだろう。

「ミネルヴァ日本評伝選」は、私たちの直接の先人について、この人間知を学びなおそうという試みである。日本列島の過去に生きた人々の言行を、深く、くわしく探って、そこに現代への批判を聴きとろうとする試みである。日本人ばかりではない。列島の歴史にかかわった多くの異国の人々の声にも耳を傾けよう。

先人たちの書き残した文章をそのひだにまで立ち入って読み、彼らの旅した跡をたどりなおし、彼らのなしとげた事業を広い文脈のなかで注意深く観察しなおす――そのとき、はじめて先人たちはいまの私たちのかたわらによみがえってくる。彼らのなまの声で歴史の智恵を、また人間であることのよろこびと苦しみを、私たちに伝えてくれもするだろう。

この「評伝選」のつらなりのなかから、列島の歴史はおのずからその複雑さと奥ゆきの深さをもって浮かび上がってくるはずだ。これを読むとき、私たちのなかに新たな自信と勇気が湧いてきて、その矜持と勇気をもって「グローバリゼーション」の世紀に立ち向かってゆくことができる――そのような「ミネルヴァ日本評伝選」にしたいと、私たちは願っている。

平成十五年（二〇〇三）九月

上横手雅敬
芳賀　徹

東三条第南院故地

内裏（京都御所清涼殿殿上間・東廂）

三条院故地

現三条天皇北山陵

はじめに

心にも　あらでうき世に　長らへば　恋しかるべき　夜半《よわ》の月かな

という歌は、「百人一首《ひゃくにんいっしゅ》」にも入れられていて、ひろく知れわたっているものと思う。しかしながら、この歌を詠んだ三条天皇《さんじょうてんのう》が、どのような人生を歩み、どのような政治的背景と心情から「本意に反して、この辛い世の中に生きながらえるならば」などという歌を詠むに至ったかを知る人は、ほとんどいないのではないだろうか。さらに言えば、「恋しく思うにちがいない」月とは、いったい何を指しているのであろうか。

この本では、「悲運の天皇」と称された三条の生涯を描いていきたい。

三条は、平安時代中期、後世、摂関期《せっかんき》と称されることになる時代の、まさに最中《さなか》に生きた天皇である。その治世《ちせい》は、一条《いちじょう》天皇と後一条《ごいちじょう》天皇との間にはさまれているのであるが、そのことが、彼の人生に大きな影を落とすことになる。

「英明の天子」と評された一条の治世が二十五年にも及んだということは、三条は皇太子《こうたいし》として二十五年もの間、即位《そくい》を待っていなければならなかったことになる。また、一条がその在世中から「好《こう》文《ぶん》の賢皇《けんこう》」などと讃《たた》えられるほどの英主《えいしゅ》であったということによって、三条の存在は、常にその対比として周囲から意識されたであろうし、三条自身も、一条の存在を意識せざるを得なかったはずである。

さらに、三条が在位していた時期の皇太子は、藤原彰子《ふじわらのしょうし》が産んだ、ということは藤原道長《みちなが》の外孫《がいそん》である敦成親王《あつひらしんのう》（後の後一条）であった。このことから生じた圧力は、我々の想像を超えるものであったに違いない。

つまり三条は、なかなか即位できなかった皇太子であり、なおかつ早い退位《たいい》を望まれた天皇であったということになろう。

本来ならば皇統《こうとう》の嫡流《ちゃくりゅう》を嗣《つ》ぐはずであった三条が、何故《なにゆえ》にこのように「悲運」の運命の下に生きなければならなかったのか。それでは、三条の生涯を、共にたどっていくことにしよう。

三条天皇——心にもあらでうき世に長らへば　目次

はじめに

目次

＊改元のあった年は、原則として改元後の元号で表記した。

カバー図版について
御引直衣という天皇の日常装束。緋の袴をはき、冬は小葵文様の白い直衣を着す。『天子摂関御影』（宮内庁三の丸尚蔵館蔵）の二条院・四条院を参考にした（容貌も同様）。

図版写真一覧

三条天皇略系図

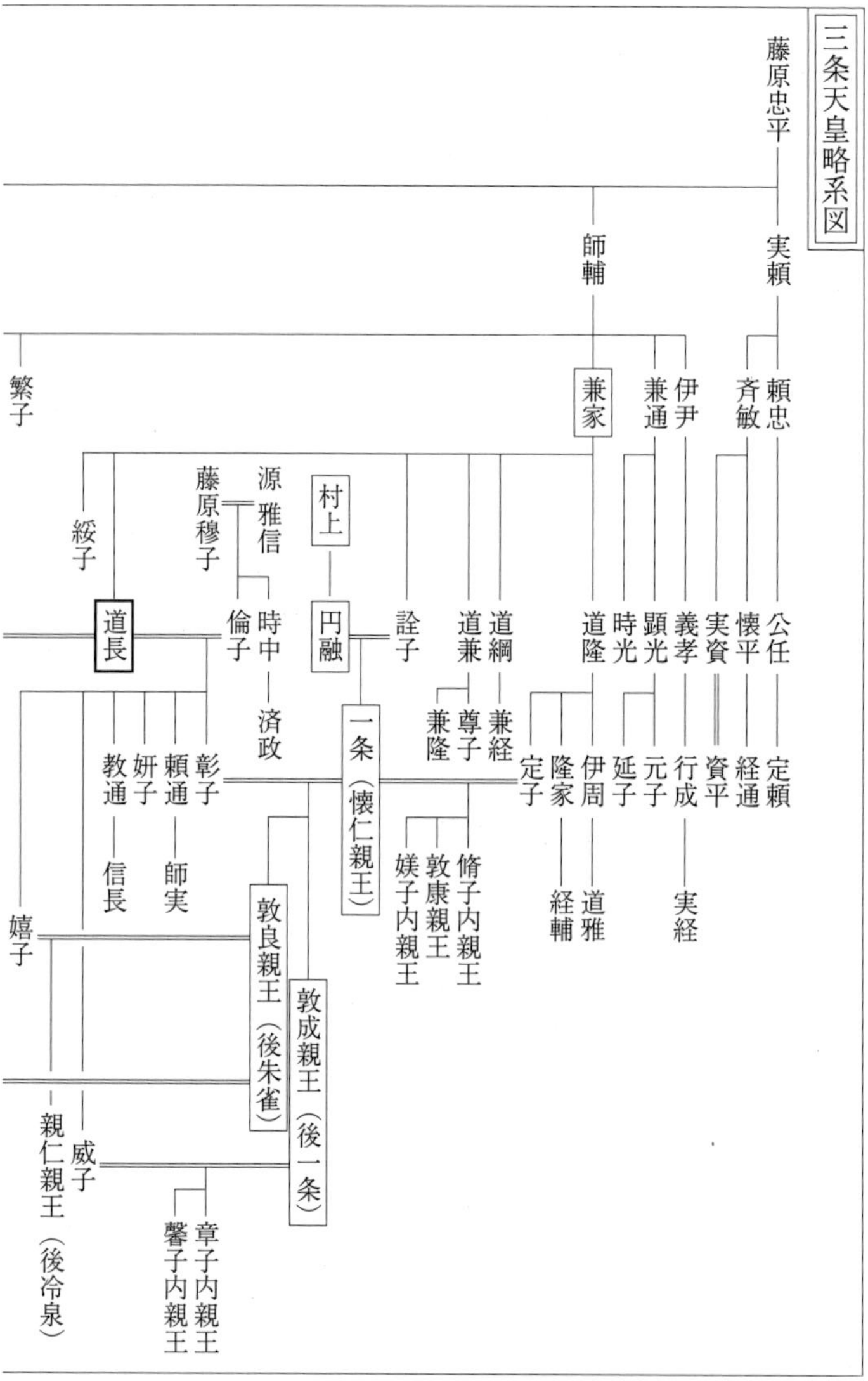
藤原忠平
実頼
師輔
頼忠
斉敏
伊尹
兼通
兼家
繁子
公任
懐平
実資
義孝
顕光
時光
道隆
道綱
道兼
詮子
村上
円融
源雅信
藤原穆子
時中
倫子
綏子
道長
済政
定頼
経通
資平
行成
元子
延子
伊周
隆家
定子
兼経
尊子
兼隆
一条（懐仁親王）
彰子
頼通
妍子
教通
師実
信長
実経
道雅
経輔
脩子内親王
敦康親王
媄子内親王
敦良親王（後朱雀）
敦成親王（後一条）
嬉子
親仁親王（後冷泉）
威子
章子内親王
馨子内親王

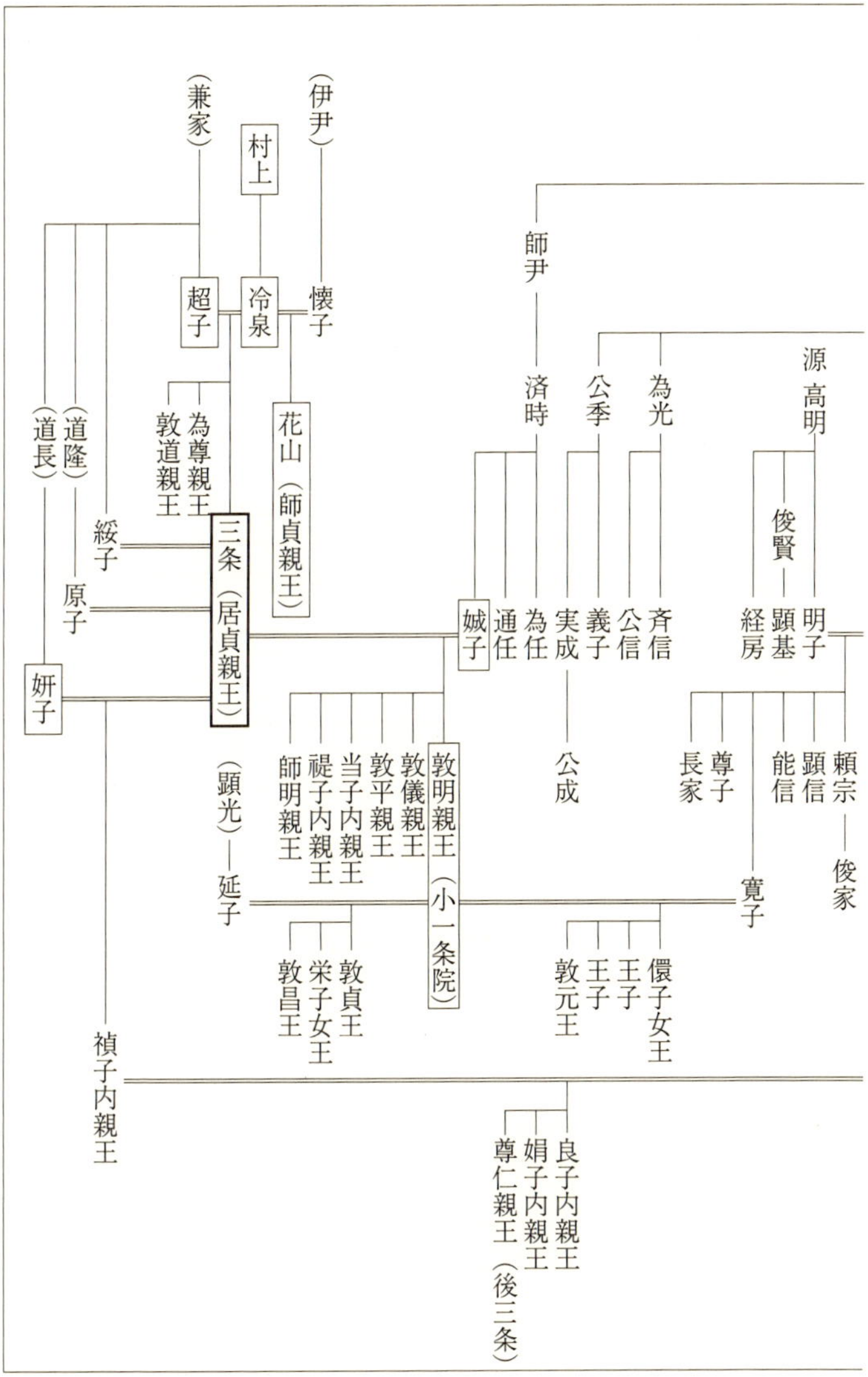
（伊尹）
村上
（兼家）
懐子
冷泉
超子
花山（師貞親王）
為尊親王
敦道親王
（道隆）
（道長）
綏子
原子
妍子
三条（居貞親王）
（顕光）
延子
禎子内親王
師尹
済時
為任
通任
娀子
公季
実成
義子
公成
為光
公信
斉信
源高明
俊賢
経房
顕基
明子
頼宗
俊家
顕信
能信
尊子
長家
寛子
敦明親王（小一条院）
敦儀親王
敦平親王
当子内親王
禔子内親王
師明親王
敦貞王
栄子女王
敦昌王
儇子女王
王子
王子
敦元王
良子内親王
娟子内親王
尊仁親王（後三条）

平安宮内裏図

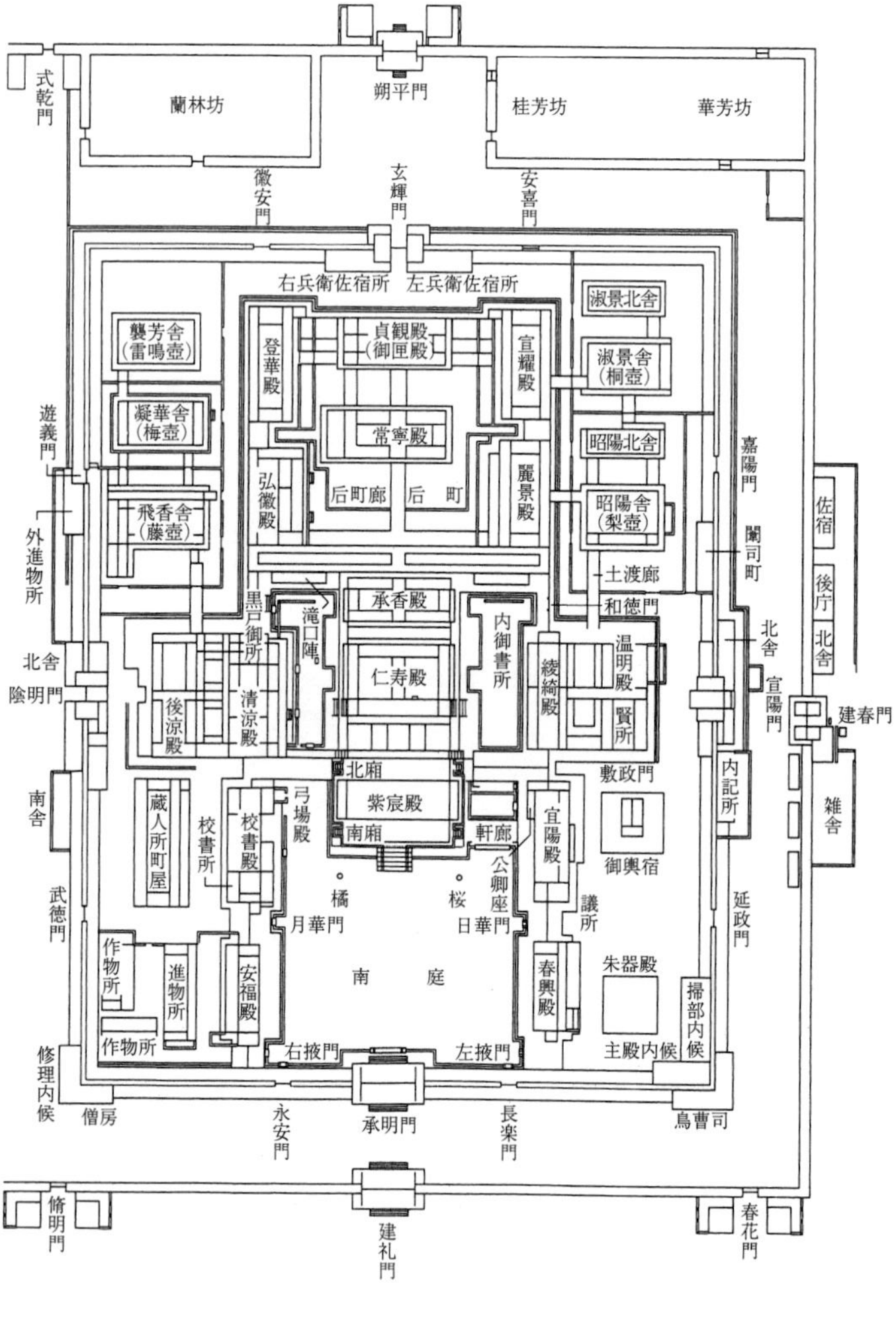

式乾門
蘭林坊
朔平門
桂芳坊
華芳坊
徽安門
玄輝門
安喜門
右兵衛佐宿所
左兵衛佐宿所
淑景北舎
襲芳舎（雷鳴壺）
登華殿
貞観殿（御匣殿）
宣耀殿
淑景舎（桐壺）
遊義門
凝華舎（梅壺）
常寧殿
昭陽北舎
嘉陽門
弘徽殿
后町廊
后町
麗景殿
昭陽舎（梨壺）
外進物所
飛香舎（藤壺）
闈司町
土渡廊
黒戸御所
滝口陣
承香殿
内御書所
和徳門
北舎
北舎
仁寿殿
綾綺殿
温明殿
陰明門
後涼殿
清涼殿
賢所
宣陽門
建春門
佐宿
後庁
北舎
北廂
敷政門
内記所
南舎
蔵人所町屋
校書所
校書殿
弓場殿
紫宸殿
宜陽殿
雑舎
南廂
軒廊
御輿宿
公卿座
武徳門
橘
桜
議所
月華門
日華門
延政門
作物所
進物所
安福殿
南庭
春興殿
朱器殿
掃部内候
作物所
右掖門
左掖門
主殿内候
修理内候
僧房
永安門
承明門
長楽門
鳥曹司
脩明門
建礼門
春花門

清涼殿図

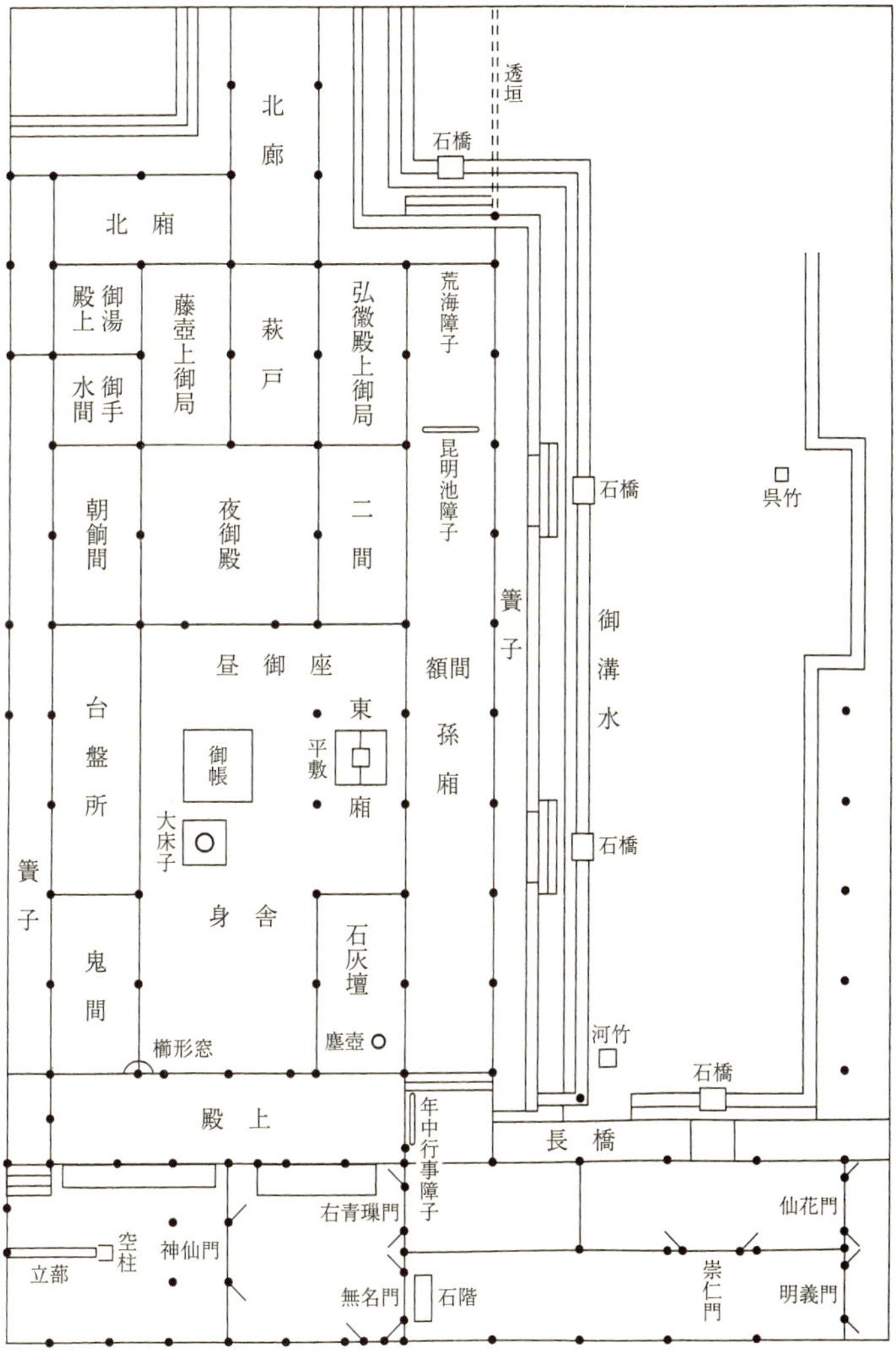
透垣
石橋
北廊
北廂
御湯殿上
御手水間
藤壺上御局
萩戸
弘徽殿上御局
荒海障子
昆明池障子
石橋
呉竹
朝餉間
夜御殿
二間
簀子
御溝水
昼御座
額間
東孫廂
台盤所
御帳
平敷
大床子
石橋
簀子
身舎
石灰壇
鬼間
河竹
櫛形窓
塵壺
石橋
殿上
年中行事障子
長橋
右青瑣門
仙花門
空柱
神仙門
立部
無名門
石階
崇仁門
明義門

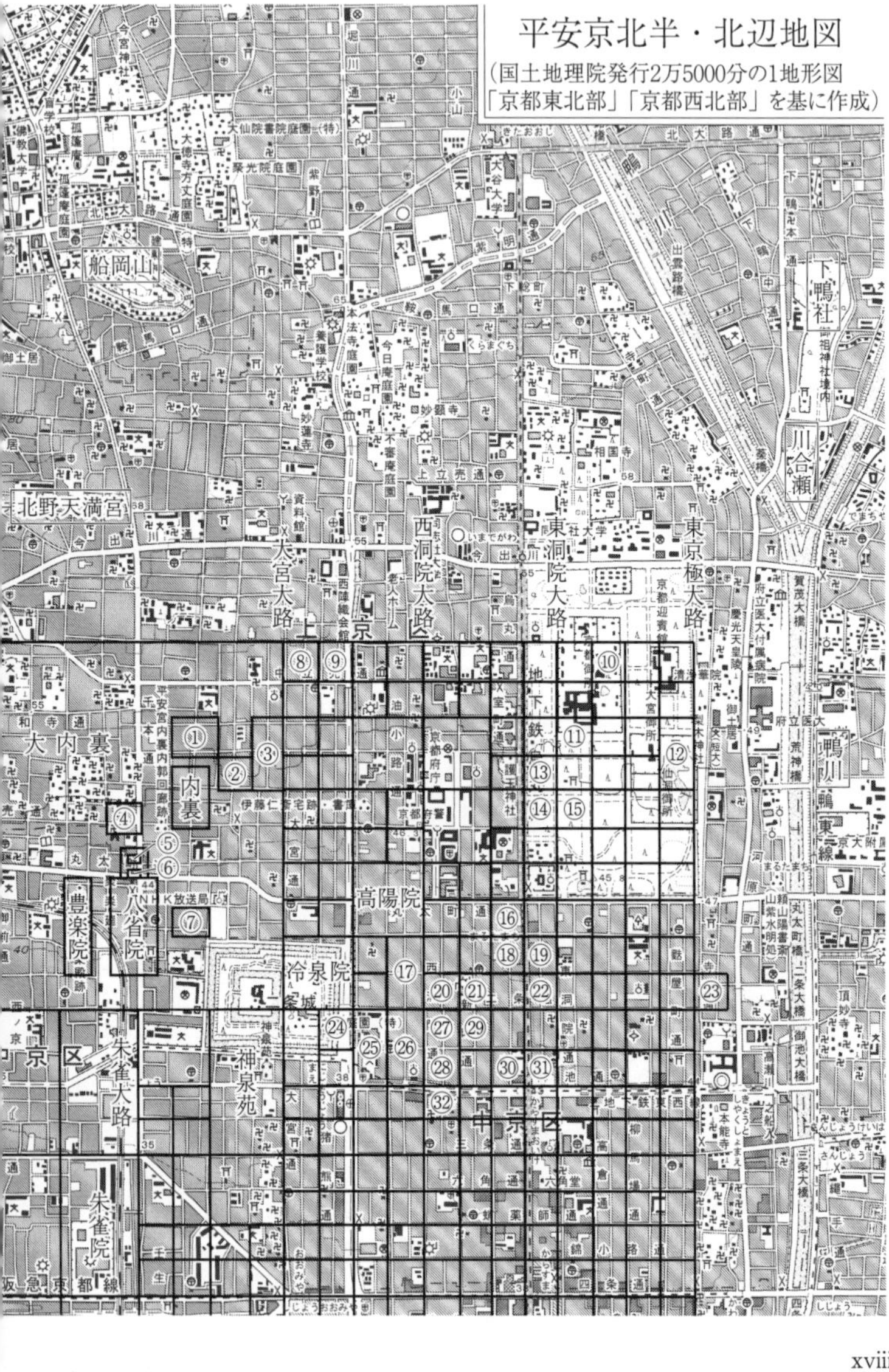

平安京北半・北辺地図
（国土地理院発行2万5000分の1地形図「京都東北部」「京都西北部」を基に作成）

① 縫殿寮
② 職曹司
③ 左近衛府
④ 中和院
⑤ 子安殿
⑥ 大極殿
⑦ 太政官庁
⑧ 一条院
⑨ 一条院別納
⑩ 一条第
⑪ 高倉第
⑫ 土御門第
⑬ 枇杷殿
⑭ 小一条院
⑮ 花山院
⑯ 大炊御門第
⑰ 陽成院
⑱ 小野宮
⑲ 通任邸
⑳ 通任邸
㉑ 町尻殿
㉒ 二条殿
㉓ 法興院
㉔ 木工寮
㉕ 堀河殿
㉖ 閑院
㉗ 東三条第
㉘ 東三条第南院
㉙ 二条宮
㉚ 三条院
㉛ 竹三条宮
㉜ 高松殿

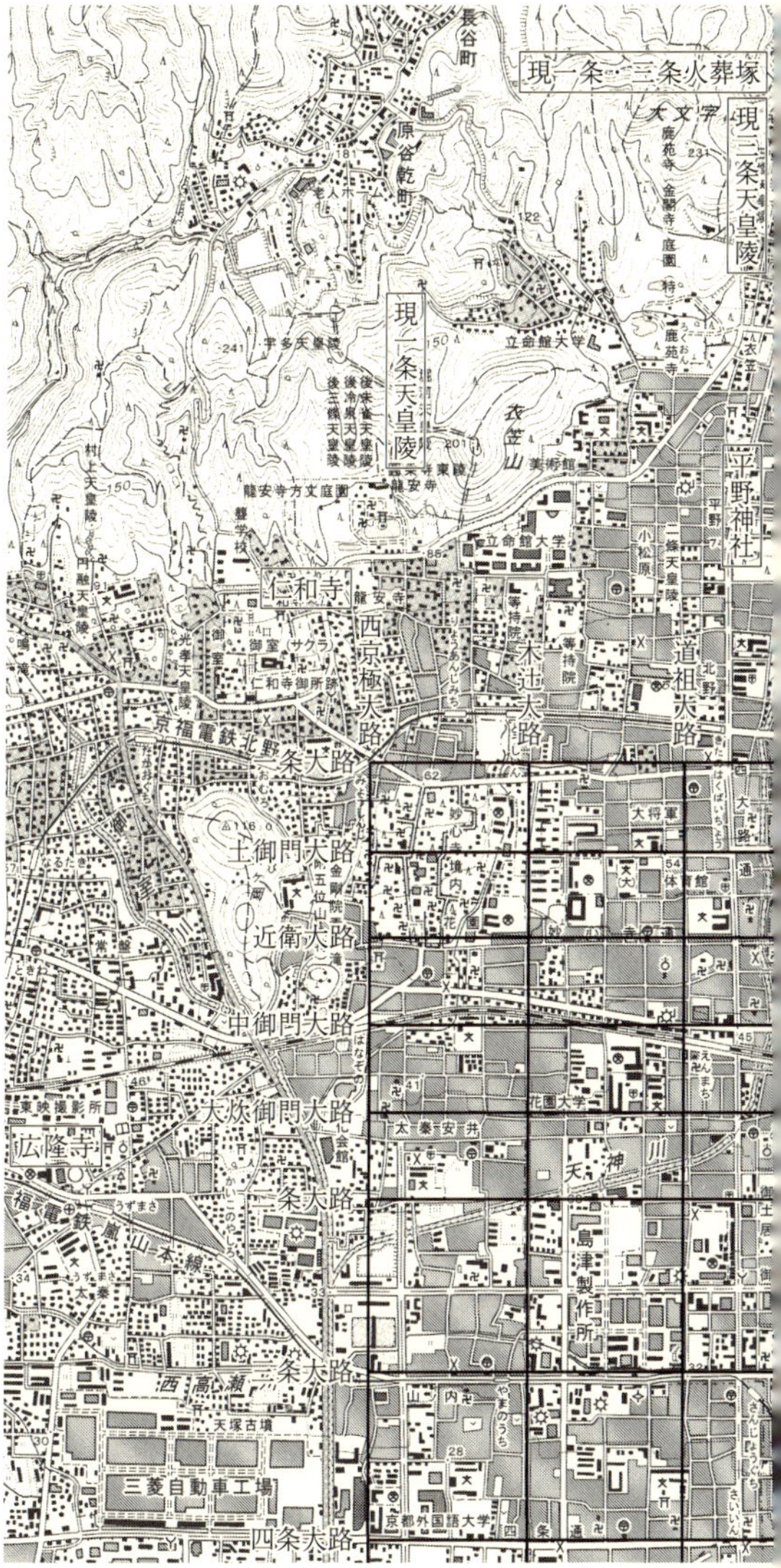

序章　三条天皇論に向けて

まずはじめに、この本において三条天皇《さんじょうてんのう》の人物像を明らかにしていくに際しての、いくつかの視座を示しておくことにしよう。

当時の政治が、摂関《せっかん》（この時期の場合は内覧《ないらん》）と天皇、また摂関と公卿《くぎょう》層、さらには天皇と公卿をはじめとする貴族層との間の、相互依存と妥協によって行なわれていたということは、言うまでもないが、摂関と天皇との間の関係の親疎が、そのミウチ関係の強弱に大きく左右されていたこともまた、疑いのないところである。

三条は、冷泉院《れいぜいいん》と摂政藤原兼家《せっしょうふじわらのかねいえ》の女《むすめ》である超子《ちょうし》との間に生まれた。ということは、兼家の五男である道長《みちなが》は、三条の外舅《がいきゅう》にあたるのであり、その点では、同じく兼家の女である詮子《せんし》と円融《えんゆう》天皇との間に生まれた一条《いちじょう》天皇と同じ条件であった。

一条と道長とが、多少の軋轢《あつれき》が存在したとしても、ほぼ友好的な関係を維持したのに対し、三条と道長とが、何故《なにゆえ》にあれほど対立を深めなければならなかったのか。この問題を、単に両者の人格

（「共に人物」とか）や相性（「うまが合わなかった」とか）で解決しようとしてはならない（もちろん、一条も道長もそれなりに「人物」であり、三条と道長が「うまが合わなかった」ことも事実であるのであって、そのこと自体を否定するものではない）。

この本では、何故に一条と道長は「うまが合い」、三条と道長とは「うまが合わなかった」のかを、両者のミウチ関係をさらに細かく見ていくことによって、考えてみたい。それは主に、国母《こくも》の生死の問題、后妃《こうひ》の存否の問題、后妃の産んだ皇子女《こうしじょ》の存否の問題ということになる。

次に、当時の皇統《こうとう》の問題がある。村上《むらかみ》天皇の後、皇統は冷泉系と円融系に分かれ、迭立《てつりつ》状態にあった。村上以降の皇位は、冷泉、円融、冷泉系の花山《かざん》、円融系の一条と受け継がれ、冷泉系の三条、円融系の敦成皇太子《あつひらこうたいし》（一条皇子《おうじ》）、冷泉系の敦明皇太子《あつあきら》（三条皇子）というように、交互に天皇位を嗣いでいった（後に敦明親王が皇太子の地位を辞退し、一条皇子の敦良《あつなが》が立太子《りったいし》したことによって、円融皇統の独占が確立した）。

その際、結果的に一条の子孫が皇位を嗣いでいったので、あたかも最初から円融系が天皇家の嫡《ちゃく》流《りゅう》であったかのような認識に陥りがちである。しかしながら、当時の常識的な皇位継承順というのは、あくまで冷泉系が嫡流だったのであり、数々の偶然の積み重ねによって、円融―一条系が皇統を嗣いでいくこととなったに過ぎない。幾度かのチャンスのうち、一つでも三条に有利にはたらいていれば、三条の子孫、あるいは三条の弟の子孫が皇統を嗣いでいった可能性が高かったのである。この本では、それぞれの局面における皇位継承の可能性についても考えていくこととしたい。

その次には、公卿層の意識という問題を考えてみたい。皇位継承にからむ数々の局面に際しては、あたかも道長が自己と自己に関係の深い皇子に都合のいいように「ごり押し」を行なったかのような印象を受けることもあるのであるが、はたして道長とはそのようなタイプの執政者だったのであろうか。道長の背後には、彼と認識を共有する広範な公卿層が存在したのではないだろうか、という視座を、常に意識していたいのである。

政権担当者と対立する天皇に対する公卿層の感情というのは、支配者層全体に不利益をもたらす存在として、随分と冷淡だったのではあるまいか。その意味では、広範な公卿層のほとんどの支持を受けた道長と、公卿層から見放された三条との勝敗は明らかだったのであり、その点からも三条の「悲運」の実態を探っていくこととしたい。

そして次には、后妃と執政者との関係を考えてみたい。三条の後宮《こうきゅう》に入った藤原娍子《すいし》・藤原娍子《せいし》・藤原原子《げんし》・藤原妍子《けんし》という四人の后妃（道長女とされる藤原盛子《せいし》は、その実態が不明なので、ここでは除外しておく）は、済時《なりとき》の女であった娍子を除けば、それぞれ、兼家・道隆《みちたか》・道長という、その時々の政権担当者の女であった。それぞれの時点における政治情勢に左右された三条の後宮であったが、ほとんどの皇子女を残したのが娍子であったという事実に、政治的な思惑を離れた、三条の人間としての感情を感じる。ただし、済時亡き後の娍子の外戚《がいせき》家の衰勢《すいせい》が、三条と娍子、そして娍子所生の皇子の悲劇をもたらすことになる。

それからこれは付け足しのようなものであるが、病に対する平安貴族の対応を考え直してみたい。

従来、平安貴族は病に罹《かか》っても加持祈禱《かじきとう》に頼るだけの無力で無知な存在であると認識されてきたはずである（服部敏良《はっとりとしろう》『王朝貴族の病状診断』）。確かに彼らは、加持祈禱や陰陽道《おんようどう》に縋《すが》っていたのではあるが、それははたして、彼らがまったく無知で迷信深かったせいだったのであろうか。加持祈禱や陰陽道に内包されたメンタル面の治療効果を含めて、三条の生涯を考える機会に、平安貴族の精神世界にも触れていきたいと考えている。

同様に、彼ら平安貴族にとって、宗教の有する意義とは、どのようなものだったのであろうか。宗教の担った実質的な意味を、常に考慮に入れておきたい。

なお、以前に著した『一条天皇』と同様、この本においても、叙述に際しては、『御堂関白記《みどうかんぱくき》』『小右記《しょうゆうき》』『権記《ごんき》』など、男性貴族が記した古記録《こきろく》を中心として使用することとしたい。引用文はすべて校訂したうえで現代語訳を行ない、これを掲げることとする。『紫式部日記《むらさきしきぶにっき》』や『枕草子《まくらのそうし》』の「日記的章段」など、記録性が高く、歴史史料として使用できる仮名文学が存在した一条の時代とは異なり、三条の時代には信頼できる文学作品が少なくなってしまって（これも偶然ではない）、叙述が堅苦しくなることは避けられまいが、これも史実に基づいた正確な三条天皇像を構築するためとご諒承いただきたい。

第一章　出生から立太子まで　貞元元年（九七六）―寛和二年（九八六）

1　皇統と出生　貞元元年（九七六）―寛和二年（九八六）

誕生

今から千年と少し前の天延《てんえん》四年（九七六）正月三日、一人の皇子《おうじ》がこの世に生を享けた。彼は天皇家の嫡流《ちゃくりゅう》を嗣ぐべき存在として、世の中の祝福を一身に受けるべくして生まれてきた。そして彼の子孫も、当時の政治情勢から見れば、永遠に皇位を継承していくはずであった。

この皇子の父親は、六年半ほど前に退位《たいい》した、当時二十七歳の冷泉院《れいぜいいん》、母親は藤原兼家《ふじわらのかねいえ》の女《むすめ》である超子《ちょうし》であった（『日本紀略《にほんきりゃく》』三条天皇即位前紀《さんじょうてんのうそくいぜんき》、『大鏡裏書《おおかがみうらがき》』）。

冷泉には、すでに在位中の安和《あんな》元年（九六八）に第一皇子の師貞親王《もろさだしんのう》（後の花山《かざん》天皇）が生まれており、天延四年当時は皇太子《こうたいし》の地位にあったが、その生母藤原懐子《かいし》の父である伊尹《これまさ》はすでに死去していて、後見《こうけん》は弱いものであった。

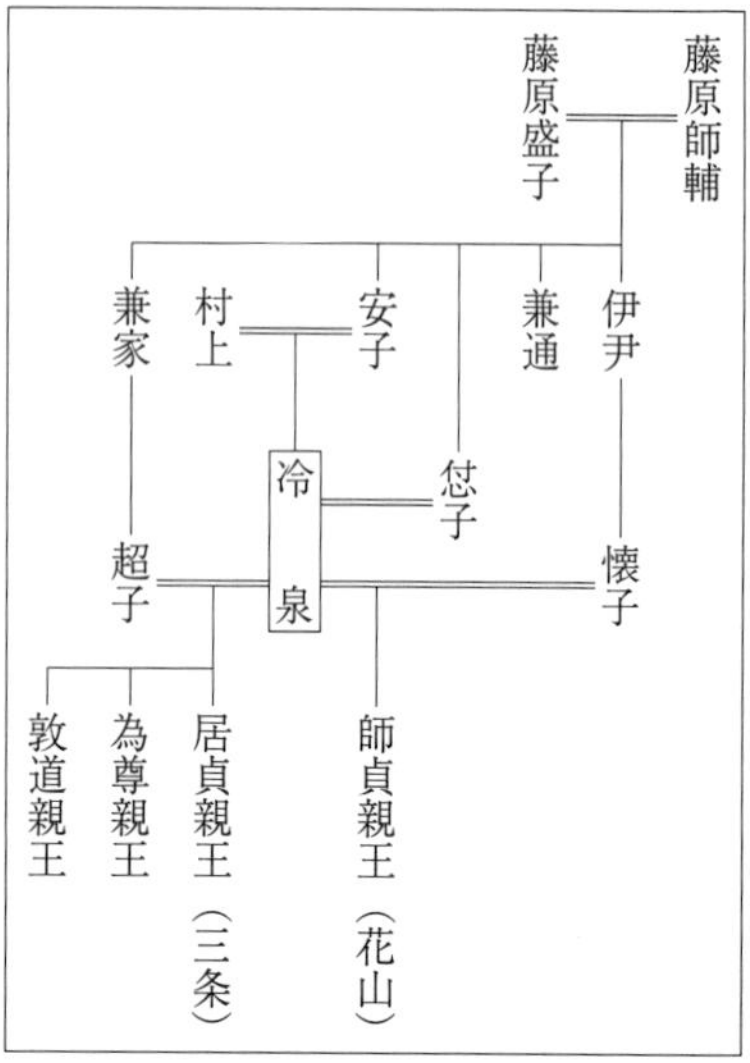

冷泉天皇系図

この時、兼家は四十八歳、大納言《だいなごん》で右大将《うだいしょう》と按察使《あぜち》を兼ねていた。安和二年（九六九）に参議《さんぎ》を経ずに兄の兼通《かねみち》を超越《ちょうおつ》して中納言《ちゅうなごん》、さらに天禄《てんろく》三年（九七二）には大納言に昇進したものの、同年十月に長兄の摂政太政大《せっしょうだいじょうだい》臣《じん》伊尹が病気のために上表《じょうひょう》すると、兼通が権中納言《ごんちゅうなごん》・内覧《ないらん》となり、さらに伊尹が十一月に死去すると、兼通は関白《かんぱく》・内大臣《ないだいじん》となって政務の実権を掌握してしまった（倉本一宏「藤原兼通の政権獲得過程」）。

この天延四年には、兼通は関白・太政大臣として政治を領導していたのであるが、兼家の女にこの皇子が生まれると、兼家が外戚《がいせき》としての地歩を固めるのを恐れ（兼通は女を冷泉後宮《こうきゅう》には入れられず、円融《えんゆう》後宮に入れた媓子《こうし》は皇子女《こうしじょ》を産む気配はなかった）、翌貞元《じょうげん》二年（九七七）十月には小野宮流《おののみやりゅう》の藤原頼《より》忠《ただ》に関白を譲り、兼家を治部卿《じぶきょう》に左遷《させん》したうえで死去した。

しかし、兼通が死去すると、兼家は天元《てんげん》元年（九七八）六月から出仕《しゅっし》するようになり、八月には円融天皇の後宮に女の詮子《せんし》を入れ、十月には右大臣《うだいじん》に任じられるなど、再び権力獲得に向けた動きを示すようになった。

さて、話を戻すと、この冷泉第二皇子には、天延四年のいつの時期にか、「居貞」という諱《いみな》が奉上された。「居貞」は、『皇胤系図《こういんけいず》』『皇年代略記《こうねんだいりゃくき》』『歴代皇紀《れきだいこうき》』『帝系図《ていけいず》』『帝王系図《ていおうけいず》』『日本皇帝系図《にほんこうていけいず》』などによると、「いやさだ」「うやさだ」「きよさだ」「をきさだ」など、様々な訓みが施されているが、本当のところはわからない。この本では、槙野《まきの》廣造《ひろぞう》『平安人名辞典』に従い、「おきさだ」と訓んでおく。

この天延四年は、二月の暴風雨、五月の内裏《だいり》焼亡《じょうもう》、六月の地震によって、七月十三日に改元《かいげん》されて貞元元年となるのであるが、それはこの皇子の人生の出発点として、まことに相応しい年であった。

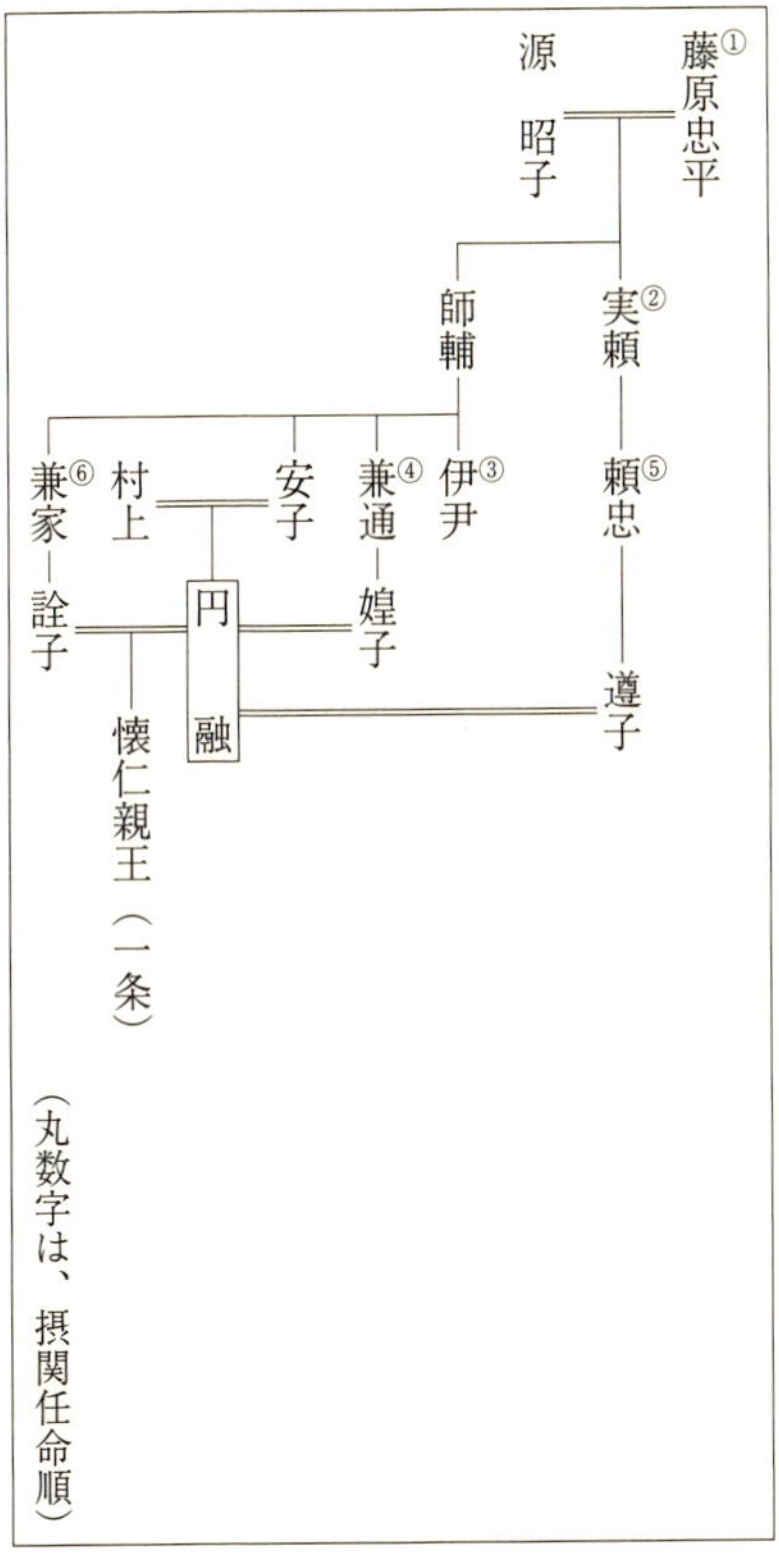

円融天皇系図

親王宣下

兼家が右大臣に任じられた翌月の天元元年十一月二十日、皇子居貞《おきさだ》に親王宣下《しんのうせんげ》が下った（『日本紀略』『大鏡裏書』）。当時は天皇の皇子であっても自動的に親王になれるわけではなく、親王宣下を経て初めて親王となるのであるが、居貞が三歳に至るまで親王とされなかったのは、すでに退位した冷泉の皇子であったことに加えて、外祖父《がいそふ》である兼家が政治的に不遇であったことによるものと思われる。

翌天元二年（九七九）十二月二十日、居貞親王の著袴《はかまぎ》の儀が行なわれた（『日本紀略』）。式次第は不明ながら、親王としての格に基づいた儀式が執り行なわれたのであろう。

以上、居貞の誕生を見てきたが、ここでいま一度述べておきたいのは、彼が皇統《こうとう》の嫡流を嗣ぐべき皇子として生まれてきたということである。結果的には、円融―一条《いちじょう》―後朱雀《ごすざく》と続く円融系皇統が皇位を嗣いできたのではあるが、歴史というものは、すでに起こってしまった結果のみをもって、過去を論じてはならない（「歴史の後智慧《あとちえ》」）。当時の情勢としては、むしろ冷泉系の方が嫡流として認識されていた可能性が強い。『大鏡《おおかがみ》』に見える様々な冷泉の「狂気説話」にも、円融系を嫡流と主張したいという政治的な作為の匂いが感じられるのである。

円融と兼家、そして詮子との間のぎくしゃくした関係、そして東三条第《ひがしさんじょうてい》で養育されていたことからも窺えるような居貞・為尊《ためたか》親王（貞元二年誕生）・敦道《あつみち》親王（天元四年誕生）と兼家との緊密な関係からは、兼家が円融や懐仁《やすひと》親王（後の一条天皇。天元三年誕生）よりも、冷泉系の皇子の方に、一層強いミウチ意識を抱いていたことを窺わせる。『大鏡』に、居貞（三条《さんじょう》）が烏帽子《えぼし》をかぶった様子が兼家に似ていたという記述があるのも、こういった意識の残映であろうか。

円融の退位と皇統

永観《えいかん》二年（九八四）の円融の退位の背景には、兼家との対立を想定する考えが有力であるが（目崎徳衛《めざきとくえ》「円融上皇と宇多源氏」）、それに加えて、円融は譲位《じょうい》と引き替えに懐仁を立太子《りったいし》させ、一代限りという情況にピリオドを打ったという側面も考えられる（沢《さわ》田《だ》和久《かずひさ》「円融朝政治史の一試論」）。ただし、兼家がもっと長命であったなら、外孫《がいそん》の一条との間に微妙な情勢を生じさせ、居貞をはじめとする冷泉系が皇統を嗣ぎ続けた可能性も高かったはずである。

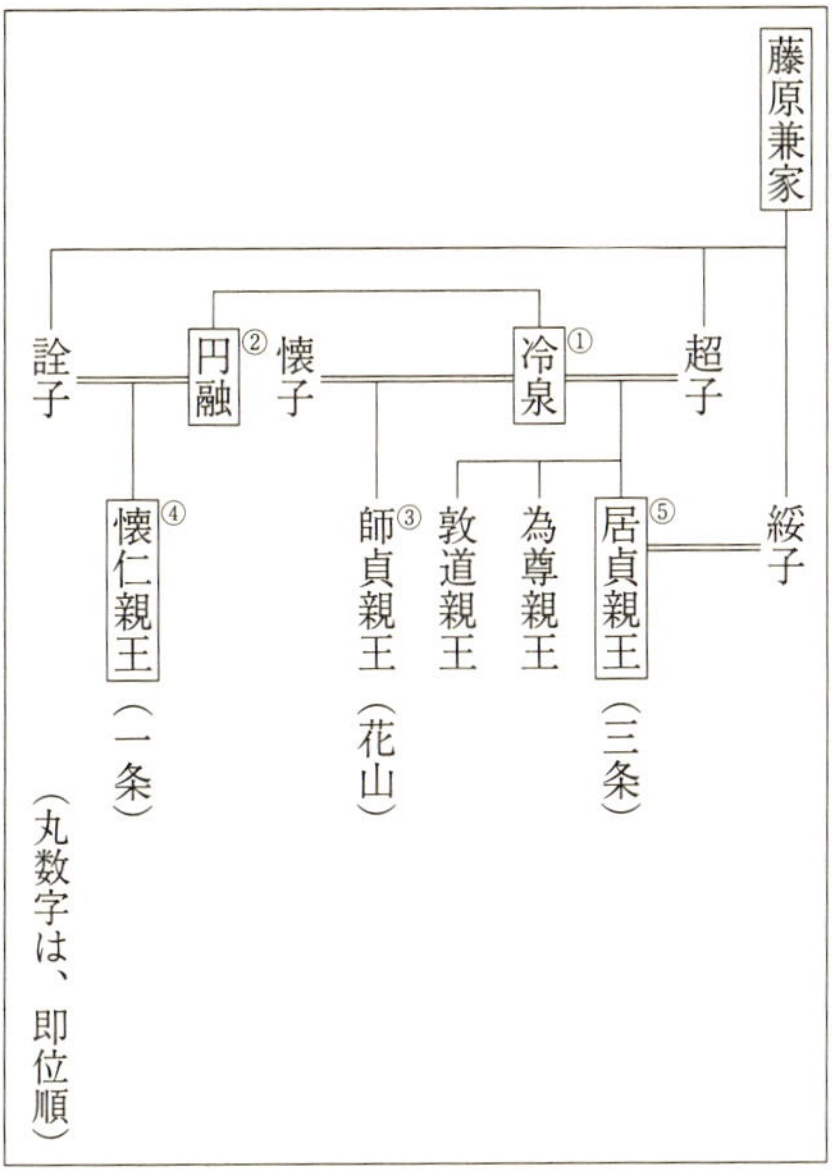

藤原兼家と冷泉・円融系皇統系図

また、それ以降にも、数々の局面において、冷泉系が嫡流の地位を確立する可能性は存在した。詳細は後に述べるにしても、たとえば花山があれほど早く退位しなかったならば、為尊や敦道が早世《そうせい》しなかったならば、逆に病弱な懐仁（一条）が早世したならば、一条が彰子《しょうし》との間に皇子を残す前に死去したならば、妍子《けんし》と三条との間に生まれたのが皇子であったならば、そして三条が道長よりも後まで生きて敦明《あつあきら》皇太子が即位したならば、事態はまったく異なる方向に向かっていたはずである。
つまり三条は完全な敗者ではなく、その死去の時までは勝利の可能性を有していたのであり、裏返せば道長は完全な勝者ではなく、その死去の時までは敗北の可能性を有していたということになるのである。

生母の急死

再び話を戻すと、居貞が七歳になった天元五年（九八二）の正月二十八日、彼の運命に決定的な影を落とすことになる事態が出来《しゅったい》した。生母の冷泉女御《にょうご》超子が死去してしまったのである。『小右記《しょうゆうき》』には、

「今朝、院の女御が頓滅《とんめつ》した」と云うことだ。

とあり、突然の死であったことがわかる。『栄花物語《えいがものがたり》』では、庚申待《こうしんまち》（体内の三尸虫《さんしちゅう》が庚申の日に天に昇って罪を上帝《じょうてい》に告げるのを逃れるために、眠らずに三尸虫の名を唱える行事）の明け方に、脇息《きょうそく》に寄りかかったまま、眠るようにして死去したと描かれている。その真偽はさておき、『富家語《ふけご》』や『古事談《こじだん》』などの説話には、以後、兼家一門では庚申待を行なわなかったと見えるほど、兼家家と冷泉系皇統、もちろん、居貞にとっては、大きな意味を持つ死であった。
この時点で数え年七歳であった居貞が、母の死をどのように認識したかは知る由もないが、やがて彼が即位した際に、執政者と自己とを結ぶ紐帯《ちゅうたい》が喪失してしまっていることに気付くのは、はるか

後のことだったであろう。

読書始

翌年は改元されて永観元年（九八三）となったが、八月十六日、居貞・為尊の二人は、読《どく》書始《しょはじめ》の儀を行なった。『日本紀略』によると、兼家の東三条第において行なわれたこの儀は、左少弁《さしょうべん》菅原資忠《すがわらのすけただ》を侍読博士《じどくはかせ》とし、『御註孝経《ぎょちゅうこうきょう》』を読むというものであった。その際、冷泉は南《なん》亭《てい》（東三条第南院《なんいん》）に出御《しゅつぎょ》し、両親王は庭中に出て拝舞《はいぶ》を行なった。

東三条第模型

これらの儀は、通常と変わるところはなかったが、二人の親王の読書始が同時に行なわれているという点、やはり在位中の天皇の皇子ではないということによるものであろうか。

永観二年には、先ほど述べた円融の退位が行なわれた。居貞の異母兄である十七歳の師貞が即位して花山天皇となり、円融の唯一の皇子である五歳の懐仁が皇太子に立った。

花山天皇の時代

花山の時代は、成人の天皇・ヨソ人の関白（藤原頼忠）・地位の低い天皇の外戚（藤原義《よし》懐《ちか》）・大臣ではない天皇の姻戚《いんせき》（藤原為光《ためみつ》）という複雑な権力構造を呈していた。引き続き関白となった頼忠は政務に携わることができず（『公卿補任《くぎょうぶにん》』『大鏡裏書』『小右記』）、義懐主導の新政が実現した。

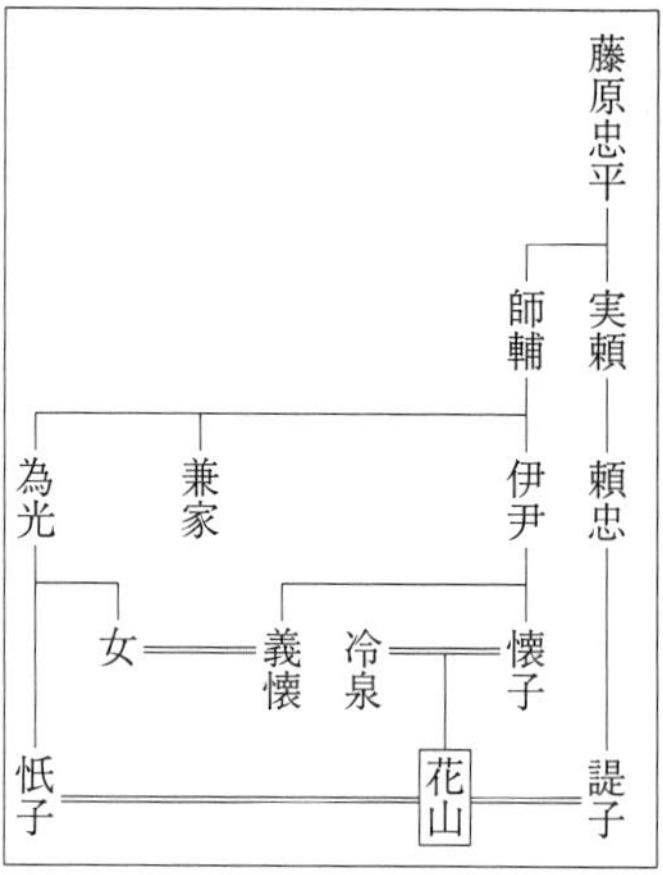

花山天皇系図

このような政治情況を好ましく思っていなかったのは、右大臣の兼家や公卿《くぎょう》層に共通する認識であったに違いない。この時期、公卿や太政官《だいじょうかん》人の不《ふ》参《さん》や遅参《ちさん》によって外記政《げきせい》（太政官候庁＝外記庁における公卿聴政《ちょうせい》）が中止されたことを伝える記事が頻出するのも（『本朝世紀《ほんちょうせいき》』）、そういった雰囲気の反映であろう。

特に兼家としてみれば、すでに成人している花山が、関白頼忠の女である諟子《ていし》、あるいは為光の女である怟子《しし》から皇子を儲け、冷泉系皇統内部における超子所生の皇子（居貞・為尊・敦道）の比重が低下するのを恐れていたであろう。個性的な政治を主導し始めている花山や、積極的な政治を推進して異《い》数《すう》の昇進を始めた義懐の存在も気になっていたはずである。

ここは何としても花山に退位してもらい、外孫の懐仁を天皇に、そして同じく外孫で嫡流の居貞を皇太子に据え、その次には為尊・敦道、そしてやがて生まれるであろう居貞の皇子、懐仁の皇子を後見することによる、恒久的な政権掌握を目論んでいたものと思われる。

居貞は、そのような政治情勢を知る由もなかったであろうが、翌寛和《かんな》元年（九八五）正月五日、居貞・為尊・敦道三親王が、異母姉の宗子内親王《そうしないしんのう》を飛香舎《ひぎょうしゃ》に訪れている（『小右記』）。花山からは三親王に「小螺鈿《らでん》の細剣・御手本《てほん》二巻・高麗笛《こまぶえ》一管、各三包み」が贈られているが、それはまさに冷泉系皇統の束の間の平穏な日々であったことになる。ちなみに宗子は、同母弟の花山の退位と時を同じうするかのように、寛和二年（九八六）七月二十一日に二十三歳で死去している。

2　立太子　寛和二年（九八六）

花山天皇の出家と一条天皇の即位

寛和《かんな》二年（九八六）六月二十三日の丑剋《うし》（午前一時から三時）のことであった。花山《かざん》天皇が秘かに清涼殿《せいりょうでん》を出て、縫殿陣《ぬいどののじん》に用意してあった車に、兼家《かねいえ》三男の藤原道兼《みちかね》と同乗し、東山《ひがしやま》の元慶寺《がんぎょうじ》（花山寺《かざんじ》）に着くと、すぐさま厳久《げんきゅう》の手によって出家入道《しゅっけにゅうどう》させられた（『日本紀略《にほんきりゃく》』『本朝世紀《ほんちょうせいき》』）。

神璽宝剣《しんじほうけん》は、兼家二男の道綱《みちつな》によって凝華舎《ぎょうかしゃ》に移され、東宮懐仁親王《とうぐうやすひと》に献上された（『日本紀略』）。兼家は内裏《だいり》に参入して諸門を固め、譲国《じょうこく》の儀を行なった。それは譲位宣命《じょういせんみょう》の宣せられることのない、異例《いれい》の「譲位」であった（『中右記《ちゅうゆうき》』嘉承《かじょう》二年〈一一〇七〉七月十九日条）。一条《いちじょう》天皇の誕生である。

円融院《えんゆういん》の詔《みことのり》によって兼家は摂政となり（『葉黄記《ようこうき》』寛元《かんげん》四年〈一二四六〉十月十七日条）、念願の政権の座に就いた。しかも、藤原良房《よしふさ》以来、二人目の外祖父摂政である。五十八歳になっていた兼家にとっては、花山の譲位、あるいは死去までは、とうてい待ちきれなかったのであろう。公卿層全体の意向が反花山でまとまっていたであろうことも、言うまでもない。

そして七月十六日の巳《み》剋（午前九時から十一時）、十一歳の居貞《おきさだ》親王は、兼家の東三条第南院東《ひがしさんじょうていなんいんひがし》対《のたい》において元服《げんぷく》の儀を迎えた（『立坊部類記《りつぼうぶるいき》』所引『小右記』、『日本紀略』、『扶桑略記《ふそうりゃっき》』）。『小右記』によれば、左大臣《さだいじん》源　雅信《みなもとのまさのぶ》が加冠《かかん》、参議《さんぎ》藤原公季《きんすえ》が理髪《りはつ》を奉仕したこの儀が終わるや、居貞はすぐに父冷泉院《れいぜいいん》の許《もと》に参っている。ちなみに、十一歳という元服年齢は、平安時代の親王では、五歳の斉中《ときなか》親王（宇多《うだ》天皇皇子）を例外とすれば、もっとも低いものである（四年後の一条の十一歳での元服以降、この年齢は天皇元服儀に受け継がれる）。兼家は、よほど何かを急いでいたのであろう。

立太子

未《ひつじ》剋（午後一時から三時）、居貞は皇太子に立てられた。そして坊官除目《ぼうかんじもく》が行なわれ（『立坊部類記』所引『小右記』、『日本紀略』、『扶桑略記』、『公卿補任』）、雅信が東宮《とうぐう》傅《ふ》、藤原忠輔《ただすけ》が東宮学士《とうぐうがくし》、藤原朝光《あさてる》が春宮大夫《とうぐうだいぶ》、公季が春宮権大夫《とうぐうごんのだいぶ》、藤原誠信《さねのぶ》が春宮権亮《とうぐうごんのすけ》に、それぞれ任じられた。

これで冷泉・円融両皇統の迭立《てつりつ》状態が確立したかのように見えるが、事はそれほど簡単ではなかった。円融系皇統といっても、一条には弟はおらず、また当分は一条に皇子《おうじ》の誕生がないであろうことは明らかであった。それに対して冷泉系皇統は、冷泉皇子である為尊《ためたか》・敦道《あつみち》親王が東三条第で養育されているなど、兼家の政治的後見《こうけん》を受け続けていた。兼家が幼帝の一条しか存在しない円融系皇統を見限り、冷泉系皇統が皇位を嗣《つ》ぎ続けるという可能性も、大いにあり得たのである。円融の一代限りという事態は何とか回避したものの、今度は一代限りの一条という可能性が生じたことになる。

また、天皇よりも皇太子の方が年長の例というのも、まったく異例の事態であった。この時以前の類似の例としては、薬子《くすこ》の変で高岳《たかおか》親王が廃された後に嵯峨《さが》天皇と同年の大伴《おおとも》親王（後の淳和《じゅんな》天皇）

が皇太弟《こうたいてい》に立てられた例があるくらいである。なお、後年では、敦明《あつあきら》親王（後の小一条院《こいちじょういん》）が十四歳年少の後一条《ごいちじょう》天皇の、憲仁《のりひと》親王（後の高倉《たかくら》天皇）が三歳年少の六条《ろくじょう》天皇の皇太子に立てられた例がある。両統の迭立状態は、円融と兼家の妥協の産物であろうが、何としても無理があったと言わざるを得ない。そしてこの時点における情況としては、圧倒的に冷泉系皇統の方が優位に立っていたのである。

第二章　潜龍《せんりょう》の年月——長い東宮時代

寛和二年（九八六）—寛弘八年（一〇一一）

この時以降、二十五年にも及ぶ居貞《おきさだ》親王の東宮《とうぐう》生活が始まる。ここでは、妃《ひ》の入侍《にゅうじ》によって五つの時期に区分し、その時々の政権担当者との関係を中心として、居貞の人生を眺めていくこととしたい。

1　兼家女綏子の入侍　寛和二年（九八六）—正暦元年（九九〇）

居貞の御在所

立太子《りったいし》後の居貞親王は、内裏《だいり》に入ったものであろうが、御在所《ございしょ》となった殿舎《でんしゃ》は明らかではない。永延《えいえん》元年（九八七）二月十九日までは一条天皇《いちじょうてんのう》が東宮時代から引き続いて凝華舎《ぎょうかしゃ》にいたことや、永延元年正月二日の東宮大饗《とうぐうだいきょう》は玄輝門《げんきもん》東西廊で行なっていることから（『小右記《しょうゆうき》』）、内裏の東北の方、おそらくは冷泉《れいぜい》朝以降、東宮曹司《とうぐうぞうし》として用いられていた（『日本紀略《にほんきりゃく》』安和《あんな》二年〈九六九〉三月十一日条）昭陽舎《しょうようしゃ》（梨壺《なしつぼ》）あたりを御在所としていたものと考えられよう。

内裏故地

藤原綏子の入侍

その居貞に、まずは母方の叔母にあたる摂政兼家《かねいえ》の三女綏子《すいし》（母は藤原国章《くにあきら》の女《むすめ》）が入侍した。『大鏡《おおかがみ》』では、居貞が元服《げんぷく》した夜に綏子が添臥《そいぶし》として側に上ったとしているし、『栄花物語《えいがものがたり》』では、史実とは異なり「〔寛和二年〕十二月のついたち頃」に元服した居貞の許《もと》に、そのまま綏子が添臥として参ったことになっている。

しかし、実際に綏子が添臥として上ったのは、永延元年九月のことであった（『一代要記《いちだいようき》』『河海抄《かかいしょう》』『大鏡裏書《おおかがみうらがき》』）。『一代要記』では九月二十六日、『河海抄』所引「或記」では九月十六日のこととしているが、十二歳となったこの年の九月、居貞は初めての妃を入れたことになる。

綏子はこの年、十四歳。尚侍《ないしのかみ》に任じられ、麗景殿《れいけいでん》を局《つぼね》としたが、常時そこに侍していたわけではなかった。後に挙げる史料から考えると、すぐに里邸《りてい》に退出《たいしゅつ》したものと考えられる。

『大鏡』や『栄花物語』はもちろんのこと、『一代要記』や『河海抄』にも、綏子が居貞の寵愛《ちょうあい》を蒙《こうむ》ったことが記されているが、それが史実かどうかはわからない。いずれにせよ、当然ながら、当面は形ばかりの「妃」に過ぎなかった。

綏子が居貞の子を産むことになれば、兼家の目論見は未来へと続いたのであろうが、結局は綏子が子を成すことはなかった。この時点においては、二人ともあまりに幼すぎたがゆえに、ほとんど同衾《どうきん》することもなかったのであろう。

そのことと関連するのであろうか、翌永延二年（九八八）五月二十七日、居貞病悩《びょうのう》のことが見える（『小記目録《しょうきもくろく》』）。彼の生涯を通じて、長い付き合いとなる病悩の、これが最初の史料である。

この時の病悩はすぐに快復したらしく、八月十九日には東宮において、童相撲《わらわずまい》が行なわれている。簾中《れんちゅう》に伺候《しこう》していた兼家は、家司《けいし》の平惟仲《たいらのこれなか》を童長《わらわのおさ》に、嫡孫《ちゃくそん》の藤原伊周《これちか》を右相撲長《すまいのおさ》に配するなど、この儀を主宰《しゅさい》した（『小右記』）。

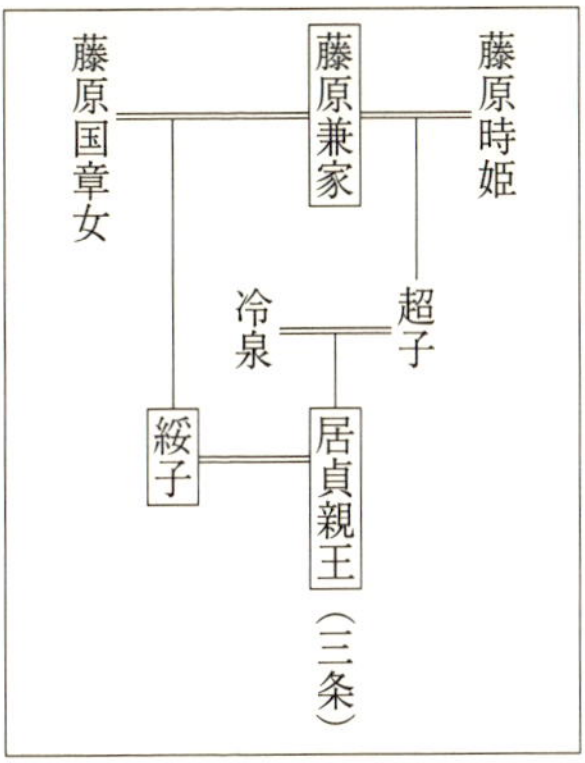

藤原綏子系図

永祚《えいそ》元年（九八九）二月二十三日には、蔵人頭《くろうどのとう》に補された藤原公任《きんとう》が、藤原実資《さねすけ》と共に居貞の許に慶賀《けいが》を啓上《けいじょう》するために参上した（『小右記』）。五月八日には、実資が東宮昇殿《とうぐうしょうでん》を聴《ゆる》されるという記事が残っている。実資は、

　東宮昇殿の事は、申請していなかったものである。ところが、この恩が有った。その理由はわからない。

と、この措置を不審に思っているが、それでも十九日に慶

賀啓上のために参上している。後年にも深い絆で結ばれることになる居貞と実資の、これが最初の縁である。この頃からすでに居貞は、蔵人頭として円融《えんゆう》・一条と兼家との間を連絡する謹厳な実資に目を付けていたのであろうか。この時は居貞が「御物忌《ものいみ》」であったので、実資は殿上《てんじょう》には昇らなかったとある（『小右記』）。

六月十八日から七日間、兼家は延暦寺《えんりゃくじ》において、八壇の修善《しゅぜん》を行なった。五壇はみずからのためとして、そして三壇は「東宮及び院の三・四親王」、つまり居貞・為尊《ためたか》・敦道《あつみち》親王のためのものであった（『小右記』）。冷泉系を重視する兼家の態度が、ここにも表われている。九月十八日に観教《かんきょう》が「東宮の功」によって法橋上人《ほっきょうしょうにん》位に叙されているのも（『小右記』）、居貞のための祈禱《きとう》が行なわれたことを示しているのであろうか。十二月十九日から二十二日にかけても、内裏で居貞のための御読経《みどきょう》が行なわれている（『小右記』）。

綏子、居貞の許に参入

この年の十二月九日、綏子が居貞の許に参入している。ということは、それまでは二人は別居していたことになり、ここで実質的に結婚したということになろうか。里邸に下っていた綏子が、ようやく大人の身体になったことによるものと思われる。なお、実資は、よく事情を勘案してみると、神今食《じんごんじき》以前は、宮中では潔斎《けっさい》を行なっている。ところが婚礼が有るというのは如何《いかが》なものであろうか。

と、この婚姻を非難している（『小右記』）。

なお、この永祚元年の七月十三日、春宮権大夫《とうぐうごんのだいぶ》であった中納言《ちゅうなごん》藤原公季《きんすえ》が、春宮大夫《とうぐうだいぶ》に上っている（『公卿補任《くぎょうぶにん》』）。

翌正暦《しょうりゃく》元年（九九〇）は、一条天皇がようやく元服し、兼家の嫡男《ちゃくなん》である藤原道隆《みちたか》の長女定子《ていし》が入内《じゅだい》した年である。ただし、この年、一条は十一歳、十五歳の定子を懐妊《かいにん》させる「可能性」はなかったはずである。

こうして、天皇一条と東宮居貞が、共に最初のキサキを入れることとなった。この二人のうちのどちらが先に皇子《おうじ》を成すかは、兼家にとっても、重大な関心事であったに違いない。

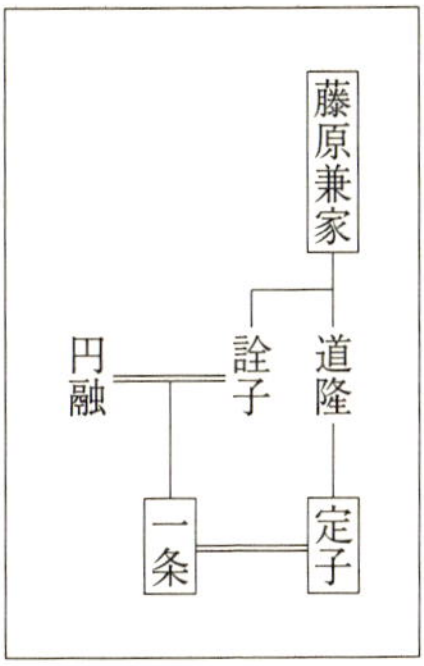

藤原定子系図

綏子、里居

しかしながら、この正暦元年ごろから、綏子は再び里邸に籠居《ろうきょ》するようになった。せっかく始まった結婚生活ではあったが、まだ居貞が幼すぎたことによって、皇子を懐妊できる情勢にはなかったことが影響しているのであろうか。

陽性な性格の持ち主だったとされる綏子の許には、訪れる貴族が多かったとされるが（『栄花物語』では、「麗景殿女御《にょうご》は里邸にばかりいらっしゃって、かんばしからぬ噂ばかり立てておられる」と語られている）、それがやがて、大きな不祥事をもたらすこととなる。

また、この年、兼家は病に倒れ、五月五日に摂政・太政大臣《だいじょうだいじん》を辞し、五月八日に出家《しゅっけ》、七月二日に死去している。考えてみれば、たった四年間の政権であった。返すも返すも、兼家がもっと長命であったなら、居貞の運命もまったく異なったものとなったはずである。代わりに嫡男の道隆が五月八日に関白詔《かんぱくしょう》を蒙り、政権の座に就いた。中関白家《なかのかんぱくけ》の世が始まったのである。

兼家、薨去

2 済時女娍子の入侍　正暦二年（九九一）―長徳元年（九九五）

綏子《すいし》との関係がうまくいかなかったことにもよるのであろうか、翌正暦《しょうりゃく》二年（九九一）、居貞《おきさだ》は新しい妃《ひ》を迎えた。実質的にはこれが居貞の最初の結婚ということになろう。

藤原娍子の入侍

選ばれたのは、藤原娍子《せいし》。大納言《だいなごん》兼左大将《さだいしょう》藤原済時《なりとき》の長女（母は源延光《みなもとののぶみつ》の女《むすめ》）である。済時は、兼家《かねいえ》の叔父にあたる師尹《もろまさ》の子で、当時の公卿社会における序列は第七位。すでに五十一歳であった。門流からも地位からも、あまりぱっとした人物ではなかったが、その女を妃に選んだということは、居貞の個人的な意思を窺わせる。

『日本紀略』では、正暦二年十一月条に、「某日」のこととして、大納言済時卿の女である娍子が、東宮《とうぐう》の許《もと》に入侍《にゅうじ》した。

とあるが、婚姻の日付も明確になっていないところに、娍子の東宮入侍が朝廷《ちょうてい》の大事ではなかったことが表われている。娍子は、この年、二十歳であったと思われるが、十六歳に達していた居貞にとっては、ちょうどいい年回りの「姉さん女房」ということだったのであろうか。

なお、『栄花物語』では、夜居《よい》の僧から娍子のことを聞いた居貞が、是非にもと所望した結果、十二月一日に、済時が準備もままならないまま、娍子を参入させたことになっている。済時の妹には、かつて中宮安子《ちゅうぐうあんし》をさしおいて村上《むらかみ》天皇の寵愛《ちょうあい》を一身に受けたとされる芳子《ほうし》がいたが、このような「美女伝説」も、その血縁につながる娍子を所望させる要因となったのであろうか。また、『秦箏相《しんそうそう》承血脈《じょうけちみゃく》』によれば、箏《そう》の琴は村上から済時・芳子、そして娍子へと伝授されたことになっている。なお、娍子は芳子ゆかりの宣耀殿《せんようでん》に入っている。

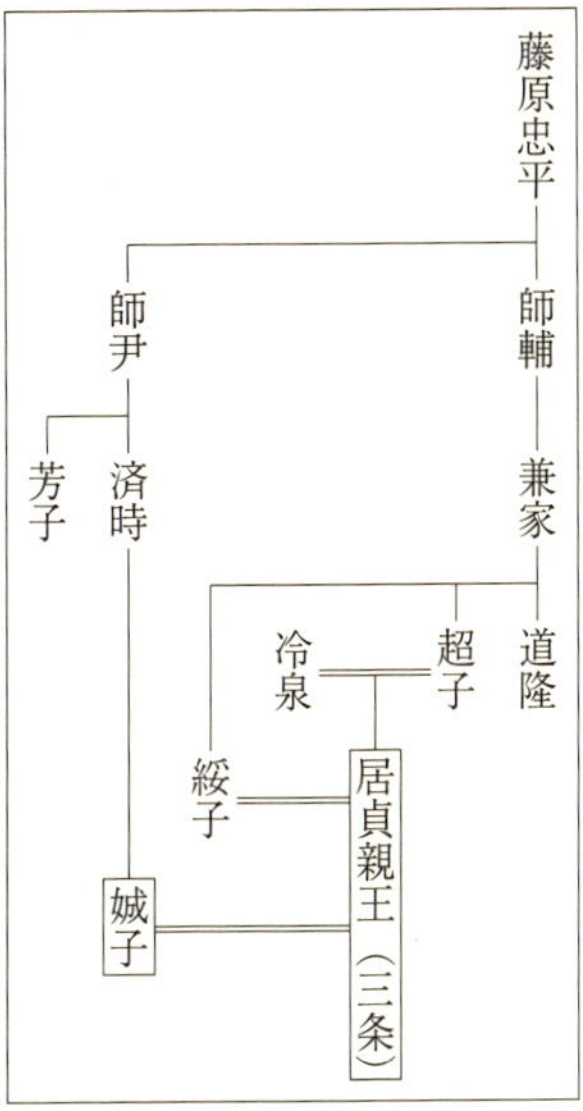

藤原娍子系図

ただし、やがて皇位に即くことが確実な居貞であってみれば、政権担当者との円滑な人間関係が、公卿社会を安定させるもっとも重要な条件となるであろうことも、十分に認識していたはずである。いくら綏子との関係がうまくいかなかったとはいえ、美女伝説につながる娍子を個人的に所望したとするならば、居貞の「我意《がい》」は、帝王《ていおう》としての自己抑制を超えていたとしか評価できないものである。

この婚姻が兼家という「足枷《あしかせ》」が外れた直後に行なわれたことの意味は、関白を継いだ道隆《みちたか》の政治力と併せて考えるべきであろう。それに一条と違って、その婚姻に大きな影響力を持つ生母は、すでに居貞にはいないのである。ともあれ、この婚姻が後に執政者となる道長との関係を決定的に狂わせる要因となることになる。

もっとも、二人の個人的な「幸福」は、それとは別の次元の問題である。六人もの皇子女《こうしじょ》を儲け、最後まで心を通じ合わせることになる娍子を得たということは、居貞にとっては、それはそれで幸いなことではあったに違いない。

娍子、居貞の許に参入

この次に居貞と娍子が諸史料に見えるのは、二年後の正暦四年（九九三）四月二十二日の、『小右記』の次の記事である。

左大将の女の東宮御息所《みやすんどころ》が、今夕、東宮に参入した。左大将の求めによって、私は御息所に車を献上した。

これを見ると、二人はそれまで同居していたわけではなかったようであるが、この日以降は睦まじく暮らしたようである。この年、居貞は十八歳、娍子は二十二歳、そろそろ王子誕生の「可能性」が生じてきていてもおかしくはない年回りであった。ただし、この年の二月二十二日、道隆二女の原子《げんし》が十三歳で著裳《もぎ》を行なっているのは、娍子や済時にとっては不気味な前兆と感じられたかもしれない。

なお、この年、娍子の父である済時は五十三歳、朝廷での序列は、摂政道隆、左大臣《さだいじん》源雅信《まさのぶ》（五月に辞官し、七月に死去）、右大臣《うだいじん》源重信《しげのぶ》、内大臣《ないだいじん》藤原道兼《みちかね》、大納言藤原朝光《あさてる》に次ぐ第六位であった。たとえ娍子が王子を産んだとしても、相変わらず頼りない後見《こうけん》であったことに変わりはなかった（しかも済時に次ぐ権大納言《ごんだいなごん》に藤原道長と藤原伊周《これちか》が控えている）。一条にしても道隆にしても、済時の地位をことさらに上げる必要も感じなかったであろう。

娍子の懐妊と師輔の霊

そのような公卿社会の現実とは関係なく、居貞と娍子の生活は続き、九月、ついに娍子は懐妊《かいにん》する。これが表沙汰となったのは、閏十月に入ってからのことだったようであるが、一条と定子《ていし》との間に、当分は懐妊の「可能性」がないであろうことが自明であった当時（一条は十四歳、定子は十八歳）、先に東宮の居貞が王子を得た場合、そしてそれが政権担当者ではない済時の女から生まれた場合、どのような政治的選択肢が生じることになるのか、宮廷社会では、様々な臆測が囁《ささや》かれていたに違いない。

そして、その囁きが現実に形となって現われたのは、閏十月十四日のことであった。『小右記』には、観修《かんしゅう》が次のような恐ろしい情報をもたらしたことが見える。

観修僧都《そうず》が来て云ったことには、「近ごろ、東宮更衣《こうい》〈左大将済時卿の女〉の修法《ずほう》を行ないましたところ、猛霊《もうれい》が忽《たちま》ち出て来て、云ったことには、『我は、これは九条丞相《くじょうじょうしょう》（師輔《もろすけ》）の霊である。存《ぞん》生《じょう》の時、或いは仏事に託し、或いは外術《げじゅつ》（妖術）を頼んで、懇切《こんせつ》に子孫繁昌《はんじょう》の祈禱《きとう》を行なった。その願は成熟した。特に、小野宮太相国《おののみやだいしょうこく》（実頼《さねより》）の子族が滅亡するようにとの願は、その時、極めて深かった。陰陽《いんよう》の術を施して、小野宮太相国の子孫を断とうと欲した。期したところは、まず六十年であった。その効験《こうげん》は、すでにあらたかである。今、他の願いは滅したので、我は苦を受けることは極めて重い。苦を抜くことは際限がない。小野宮太相国の子孫が生まれる時には、我は必ずその所に向かい、御産を妨げる。存生の時の心願によって、まず期したところは六十年であった。その残った期間は少ししかない。あの時の外術は、あと二年ほどである。その後は、この妨術を廻らせることは難しいだろう。また、この更衣（娍子）は、すでに懐妊の気が有る。そこで我はやって来て煩わせるところである。他の同胤《どういん》をも断とうとする為である』と云うことでした」と。

観修が娍子平産の祈禱をしていたところ、藤原師輔の猛霊が出現し、「子孫繁栄のために、小野宮家の子孫が滅亡するようにとの内外の祈願を行なった。小野宮家の子孫が生まれる時には御産を妨害する。（小野宮家の者ではないものの）娍子の御産の際にも、他の「同胤」を断つために、妨害するのである」と告げたというのである。

もちろん、現代の科学でもって考えれば、師輔家（九条流《くじょうりゅう》）の者が実頼家（小野宮流《おののみやりゅう》）や師尹家（小《こ》一条流《いちじょうりゅう》）の者の繁栄を喜んではいないであろうという、観修やその周辺の人々の脳内で起こった想像が形を持って現われたのが、この「猛霊」であることは、言うまでもない。しかし、当時の人々の捉え方としては、そう冷静には対処できなかったであろうし、元来が、九条流の人々が小野宮流や小一条流の繁栄を妨害したくなるのも当然であるという社会通念が存在したこと自体が問題なのであった。この噂が宮廷社会に広まり、娍子の耳に入ることによって、母胎《ぼたい》に悪影響を及ぼすことを恐れた（あるいは、期待した）向きも、当然ながら存在したことであろう。

実資《さねすけ》は、これを聞き、

今、この事を聞いて、昔の事を思い出した。骨肉《こつにく》（親族）とはいっても、用心しなければならないのであろうか。

という慨嘆を漏らしている。観修の方は、次のように実資に勧めている。

僧都が云ったことには、「すぐに大威徳尊像《だいいとくそんぞう》を造って帰依《きえ》し奉りなされよ」と。「そうすれば天運に任せることができましょう」と。

敦明の誕生

このような宮廷社会の雰囲気のなか、正暦五年（九九四）五月九日の寅剋《とら》（午前三時から五時）、居貞の第一王子が誕生した（『日本紀略』『本朝世紀』『大鏡裏書』）。後に敦明《あつあきら》と名付けられたこの王子こそ、三条天皇（居貞）の退位に際して立太子《りったいし》し、その崩後に東宮の地位をみずから降りるという、数奇な運命を辿ることになる人物である。疫病《えきびょう》の蔓延《まんえん》が始まったこの年に生まれたというのも、この王子の将来を予言させるかのようである。

『栄花物語』の記載を信じるならば、この王子と早く対面したい居貞は、「ただもう、すぐにでも参入なされとお急がせになる」と、東宮参入を急いだようである。そして、

東宮には、宣耀殿女御がお産みまいらせた若宮をお連れ申され参入なさったので、もう何もかもお忘れになって、そのままずっと若宮を抱いてお世話になりお可愛がり申しあげあそばす。

と、内裏《だいり》内で敦明を大切に育てたということになっている。

なお、この年の三月、道長の二女として、源倫子《りんし》から妍子《けんし》が生まれている。後に三条（居貞）の中宮となることになる女性である。

翌長徳《ちょうとく》元年（九九五）は、大きな政界変動の起こる年であったが、正月は例年どおり、二月の玄輝《げんき》門《もん》の東における東宮大饗《とうぐうだいきょう》で明けた。

この年の正月十三日に行なわれた除目《じもく》では、藤原実方《さねかた》が陸奥守《むつのかみ》に任じられたのであるが（別に諸説

話が語るように藤原行成《ゆきなり》と口論して左遷《させん》されたわけではない)、娍子と居貞は、実方に餞別《せんべつ》の歌を賜っている(『実方集《さねかたしゅう》』)。居貞の歌は、

わかれぢの　涙に袖も　さそはれて　いかなる道に　とまらざるらむ
〈別れの涙で袖も濡れ、どうしてこうも涙が止まらないのだろう〈君は一体どこへ行くというので都にとどまらないのだろう〉〉

というものである。別れに際しての類型的な歌であるとはいえ、その教養も、なかなかのものと考えるべきであろう。

なお、すでに関白道隆は前年から病を発《おこ》しており、この除目の際にも、簾中《れんちゅう》から出られないという状態であった(『小右記』)。来たるべき政権交代は、すぐ目の前に迫っているのであるが、最後にもう一度、居貞と道隆が関わることになる。

3　道隆女原子の入侍　長徳元年(九九五)―長保四年(一〇〇二)

藤原原子の入侍　すでに病も篤《あつ》くなっていた道隆《みちたか》は、その最晩年、二女の原子《げんし》(母は高階《たかしな》貴子《きし》)を居貞《おきさだ》の妃《ひ》として入侍《にゅうじ》させたのである。長徳《ちょうとく》元年(九九五)正月十九日の夜のこと

であった（『小右記』『日本紀略』）。『小右記』には、

「関白の二女〈内御匣殿《うちのみくしげどの》と号している〉が、今夜、東宮《とうぐう》に参入する」と云うことだ。

という伝聞記事が記されている。

原子の年齢は不詳であるが、『栄花物語』では十四、五歳であったとある。いずれにしても、当分は王子の誕生が望めなかった年齢であったことには違いはあるまい。

このような少女を東宮に入れたということは、道隆が自己の健康状態に不安を抱き、自分の存命中に円融《えんゆう》系の天皇・冷泉《れいぜい》系の東宮の両方に、女《むすめ》を入れるという既成事実を作っておきたいという思惑によるものであろう。自分の存命中にはおそらく無理であろうが、関白の女として天皇と東宮に入った女が、やがて皇子《おうじ》を産めば、円融系・冷泉系双方を、自家のミウチで固めることができ、政権委譲を予定していた伊周《これちか》の政治基盤を確固たるものにすることができるという野望を抱いたものと思われる。

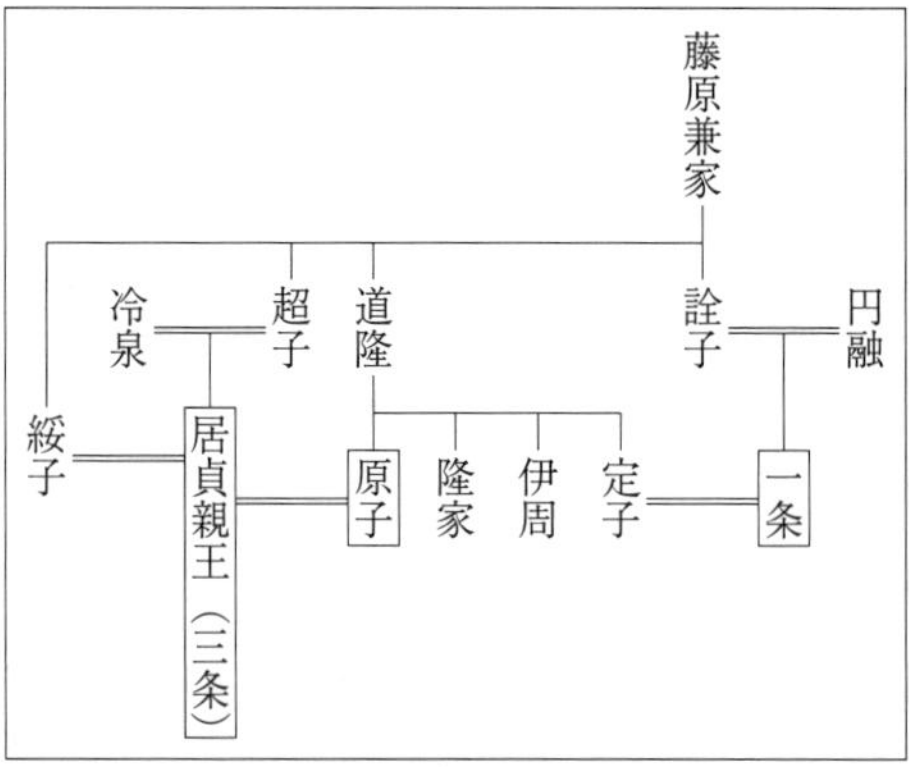

中関白家系図

『栄花物語』では、

こうして参入なさったので、宣耀殿《せんようでん》（娍子《せいし》）は退出なさった。中姫君（原子）は淑景舎《しげいしゃ》にお住まいになる。

と描かれ、原子の入侍にともなって娍子が退出したかのように記されているが、それが事実であったとしても、娍子にとってみれば、当分は懐妊《かいにん》の「可能性」がない原子が居貞の近辺に侍していたとしても、それほどの脅威とは感じられなかったであろう。自身の父親の地位に対する寂しさ、それに女性としての個人的な嫉妬心は、また別の問題ではあるが……。

ついでに『栄花物語』を眺めると、居貞は原子に対して、次のような感想を持ったと描かれている。

長い間、宣耀殿をお見申しあげた東宮の心地《ここち》には、この淑景舎女御（原子）は事にふれて時世をさきがけるようなお方と思わずにはいらっしゃれない。女御もこのようにふるまおうとなさっているのではないけれども、御召物の重なっている裾の具合や袖口などを、東宮はたいそうおみごとなものとご覧になるのであった。

これが事実であったかどうかは定かではないが、確かに娍子よりも九歳年少、そして自身にとっても初めての年下の女性は、すでに成人している居貞にとっては、新鮮な経験だったことであろう。それに、今を時めく（しかも派手好きな）関白家の女と、この時点でもなお序列が第六位の大納言（源《みなもとの》

(雅信《まさのぶ》が死去したものの、大納言済時《なりとき》らを超越《ちょうおつ》して、道隆嫡男の伊周が内大臣に上ってしまっていた)の女とでは、華やかさがまったく異なっていたはずである。

『枕草子』の世界

『枕草子』の「淑景舎、東宮へまゐりたまふほどの事など」は、この頃の中関白家《なかのかんぱくけ》最後の栄華を謳いきったものである。居貞(三条)関係の描写が『枕草子』に見られるのは、きわめて珍しいので、少し長いが次に引用する。

淑景舎(原子)が東宮の妃として入内《じゅだい》なさるころのことなど、どうして、すばらしくないことは何一つない最高のものであった。正月十日に参上なさって、お手紙などは頻繁に通うけれども、まだご対面はないのを、二月十日過ぎの日に、中宮《ちゅうぐう》様の御方においでになるはずのご案内があるので、いつもよりもお部屋のお飾りつけを特に気を入れて磨きをかけ立派に整え、女房《にょうぼう》なども、みな緊張して心構えをしている。夜中のころにお越しあそばされたので、いくらの時もたたないうちに夜が明けてしまう。登華殿《とうかでん》の東の廂《ひさし》の二間《にけん》に、お迎えするお飾りつけはしてある。

関白殿と北の方が、夜明け前のまだ暗いころに、一つの御車で参上なさった。翌朝、とても早く御《み》格子《こうし》をすっかりお上げ申しあげて、中宮様は、お部屋の南に四尺の屏風を、西から東に御敷物を敷いて、北を正面に向けて立てて、そこに御畳や、御敷物ぐらいを置いて、御火鉢をお入れ申しあげてあるところにいらっしゃる。……

原子が居貞の許《もと》に参った頃が、何から何まで結構であったと述べ、正月十日（これは清少納言《せいしょうなごん》の記憶違い）に参入した原子が、二月十余日（『枕草子』勘物《かんもつ》所引『信経記《しんけいき》』によれば十八日）の夜中に定子《ていし》の御《ご》在所《ざいしょ》である登華殿に渡って来た。翌日にも滞在していたところ、道隆と室の高階貴子が参内《さんだい》してきた。

まだこちらで中宮様の御髪などのお手入れをしてさしあげている時、「淑景舎はお見申しあげたか」とおたずねあそばされるので、「まだどうしてお目にかかる折がございましょう。御車寄せの日に、ただ御後ろ姿ぐらいをちらっと」と申しあげたところ、「その柱と屏風とのそばに寄って、私の後ろからこっそりと見なさい。とても愛らしい方よ」と仰せあそばすので、うれしく、拝見したさがつのって、早くその時が来ないかと思う。……お召しになっている御衣装の色が特別で、そのままお顔のつやつやとしたお美しさが映え合っていらっしゃるのは、やはりもうお一人のすばらしいお方（原子）もこのようできっといらっしゃるのだろうと、お目にかかりたい気持ちになる。中宮様は、それから御席へと膝行《しっこう》してお入りあそばされてしまったので、私は、そのまま御屏風にぴったりと寄り添ってのぞくのを、「それはよくないでしょう。気がかりなことね」と中宮様のお耳にはいるように言う女房もおもしろい。御襖障子がたいへん広く開いているので、とてもよく見える。……淑景舎は北に少し寄って、南向きにおいでになる。紅梅の袿《うちき》を、たくさん濃いの薄いのを重ねて、その上に濃い綾《あや》の単衣《ひとえぎぬ》のお召物、少し赤い小袿《こうちぎ》は蘇枋《すおう》の織物《おりもの》で、萌黄《もえぎ》の若々しい固紋《かたもん》の御表着をお召しになって、扇をずっとお顔にさし隠していらっしゃるご様子は、とてもすばらしく、なるほどほんとうにご立派でおかわいらしいとお見えになる。

髪の手入れをしていた定子は、清少納言に、原子を覗き見るように勧める。女房たちと共に原子を見た清少納言は、その愛らしい様子に感動する。

殿は、薄い紫色の御直衣《のうし》、萌黄の織物の指貫《さしぬき》、下に紅の御袿を何枚か召され、直衣の御紐をきちんとしめて、廂の間の柱に背を当てて、こちらの方に向いておいでになる。中宮様と淑景舎の女御とのすばらしいご様子を前ににこにこして、いつものように冗談をおっしゃっていらっしゃる。淑景舎が、とてもかわいらしげに絵に描いてあるようなご様子でお座りあそばしていらっしゃるのに対して、中宮様はたいへん落ち着いて、もう少し大人びておいであそばされるお顔のご様子が、紅のお召物に美しく輝き合っておいでなのは、やはり匹敵するお方はどうしてあろうかとすばらしくお見えあそばされる。……

自身の寿命を知ってか知らずか、相変わらず女房を相手に冗談を言いかける道隆とは対照的に、絵に描いたようにきちんと座っている原子が描かれる。

松君《まつぎみ》がおもしろく何かおっしゃるのを、だれもかれも、おかわいがり申しあげなさる。殿が「中宮様の御子《みこ》たちだといって人前に引き出したところで、劣ることはございますまいよ」などと仰せあそばすのを、「本当に、どうして中宮様には今までそうしたことがおありにならないのか」と気がかりで待ち遠しい。……

伊周の子である松君（後の「荒三位《あらざんみ》」道雅《みちまさ》）を見て、「中宮の子だと言って人前に出してもおかしくないのに」などと猿楽言《さるごうごと》を吐く道隆に対して、「どうして今まで懐妊がないのだろう」と（事情を知っていながら）不思議がる清少納言の心配は、何とか道隆の存命中に、（原子は無理にしても）定子に皇子を儲けさせたいという、彼らに共通する思いであったに違いない。この後、一条も登華殿にやって来て定子を御帳台《みちょうだい》に引き入れ、道隆や殿上人《てんじょうびと》の至近における、「未《ひつじ》の時ばかり（午後一時から三時）」から「日の入るほど」までの、白昼の定子との交歓を繰り広げる。これはむしろ、なかなか皇子を儲けられない一条の、中宮の父を前にしての精一杯のパフォーマンス、あるいは道隆の主導による公卿社会への決死のアピールだったのであろう（「自分が死んでも、一条と定子はこんなに仲がいいのだから、お前らが女を入内させても無駄だぞ」という意味）。

中宮様が今夜清涼殿《せいりょうでん》におのぼりあそばされるようにとの主上《しゅじょう》（一条）の御使いとして、馬の内侍《ないし》のすけが参上している。「今晩はとても」などとお渋りあそばす時に、殿がお聞きあそばして、「はなはだよくないことだ。早くおのぼりなさいませ」と申しあげなさっていると、東宮の御使いがしきりにある、その間、たいへん騒がしい。お迎えに、主上付きの女房、東宮の侍従《じじゅう》などという人も参上して、「早く」とおのぼりになることをおすすめ申しあげる。「先に、それでは、あの淑景舎の君をあちらへお渡し申しあげなさって、それから」と殿に中宮様が仰せあそばすと、「それでもどうして私は先には」と淑景舎のお言葉があるのを、「私がお見送り申しあげましょう」などと中宮様が仰せあそばす折のその場の様子などにつけても、とてもすばらしく、おもしろい。「それならば遠いお方を先にしたほうがよいだろうか」ということで、淑景舎がそちらへお越しになる。殿などがそのお供から中宮様のもとへおもどりあそばされてから、中宮様はおのぼりあそばされる。そのお供の道中も、殿のおどけたご冗談に、女房たちなどはひどく笑って、ほとんど打橋《うちはし》からも落ちてしまいそうである。

夜も清涼殿に上るようにとの一条から遣わされた使者に対して渋る定子に対し（懐妊の「可能性」を達せられない一条との「交歓」は苦痛だったのであろう）、早く上るように道隆が促していた時、居貞から原子を召す使者も参ってくる。居貞としても、道隆に気を遣っているのであろう。「先に原子を東宮の許に帰してから」という定子の意向に、遠慮する原子であったが、見送りをするという定子に急《せ》かされて、原子は帰っていくのである。

退出する際にも冗談ばかり言っている道隆に対して、笑い転げて打橋から落ちそうになった、と記している清少納言であったが、それはまさに中関白家最後の光芒《こうぼう》であった。すでに二月五日、道隆は第一度の関白辞任の上表《じょうひょう》を行なっていたのである。

政権交代

病の篤くなった道隆は、二月二十六日に第二度の上表を行なっているが（『小右記』）、この長徳元年三月時点、道隆政権末期における公卿層上層部の顔ぶれは、次のようなものであった。

関白	正二位	藤原道隆	四三歳	（四月十日、薨去）
左大臣	正二位	源　重信	七四歳	（五月八日、薨去）
右大臣	正二位	藤原道兼	三五歳	（五月八日、薨去）
内大臣	正三位	藤原伊周	二二歳	
大納言	正二位	藤原朝光	四五歳	（三月二十日、薨去）
	正二位	藤原済時	五五歳	（四月二十三日、薨去）
権大納言	従二位	藤原道長	三〇歳	
	正三位	藤原道頼	二五歳	（六月十一日、薨去）
中納言	従二位	藤原顕光	五二歳	
	正三位	源　保光	七二歳	（五月八日、薨去）
	正三位	藤原公季	三九歳	

驚くべきことに、これらのうちで疫病を免れて生き残ったのは、伊周・道長《みちなが》・顕光《あきみつ》・公季《きんすえ》の、たった四人に過ぎなかったのである。

この顔ぶれの中では、道兼《みちかね》や道長といった道隆の弟へと政権を兄弟継承させるのが順当なところであったが、道隆から嫡子《ちゃくし》の伊周へと世代交代させるという選択を一条が行なうことも、考えられないことではなかった。

道隆や伊周、それにその外戚《がいせき》の高階《たかしな》氏の策動があったものの、一条は結局は伊周の関白就任を許さなかった。国母《こくも》である詮子《せんし》が、道隆→道兼→道長という兄弟順の関白就任を望んでいたことに、一条が配慮したためであろう。

四月六日早朝、実資《さねすけ》の許に、道隆が死去したとの情報がもたらされた。実資が調べてみると、暁方の寅《とら》剋(午前三時から五時)に出家したとのこと。この日の夕方には、定子や原子(「東宮息所」)も、父の最期を看取るために内裏を退出することになった(『小右記』)。

そして四月十日亥《い》剋(午後九時から十一時。戌《いぬ》剋〈午後七時から九時〉ともある)、ついに道隆は入滅《にゅうめつ》した。時に四十三歳(『小右記』)。兼家《かねいえ》から譲られてから、わずか五年間の政権であった。

かろうじて「関白の女」として居貞に入侍した原子ではあったが、これで早くもその後見《こうけん》を失うことになった。伊周が政権の座に就けばともかく、そうでなければ、次期政権を手に入れた者の女が、居貞の妃として新たに浮上してくるのは必至の情勢であった。

道隆の次の政権担当者を決定するまでには、その死去から十七日の時間を要したが、四月二十七日、一条は道隆の弟の右大臣道兼を関白に選んだ（『日本紀略』）。当時の兄弟継承の慣例に従えば、伊周よりも上位にあって一条の外舅《がいきゅう》にあたる道兼が選ばれたことは、至極順当なところではあった。伊周への世代交代を阻止し、すでに病悩《びょうのう》していた道兼の次に道長へと継承させるための、詮子の深謀《しんぼう》であった可能性も高い。道兼には、尊子《そんし》という女がいたが、居貞がその女性を意識することはあったのであろうか。

済時、薨去

この間、娍子の父である済時が、四月二十三日に死去した。五十五歳であった。『今《こん》昔物語集《じゃくものがたりしゅう》』の「忠輔《ただすけ》中納言、異名《いみょう》を付さるる語」には、常に空を仰いでいたために「仰《あお》ぎ中納言」と称されていた藤原忠輔が、「ただ今は、天には何がありますか」と揶揄《やゆ》した済時に対して、「ただ今、天にはあなたを犯す星が現れたぞ」と答え、幾ばくもなく済時が死去したという説話が見える。

いずれにせよ、これで娍子の後見はほとんどいなくなったわけであり（当時、同腹の兄である相任《すけとう》はすでに十六歳で出家しており、異腹の兄の為任《ためとう》は蔵人右少弁《くろうどうしょうべん》、弟の通任《みちとう》は右少将《うしょうしょう》兼春宮権亮《とうぐうごんのすけ》に過ぎなかった）、その立場をますます脆《もろ》くさせていた。済時があと数箇月でも、何とか生き残ってさえいれば、道兼政権か伊周政権か道長政権において、右大臣くらいの地位に上ることは可能だったはずであり、娍子の格も格段に上がったはずであるが、運命はそれを許さなかったということであろう。

これによって、居貞の三人の妃は、いずれもその父を喪《うしな》ってしまったことになる。いずれも後見の弱い妃しか持たなくなった居貞の権力基盤もまた、脆弱《ぜいじゃく》なものとなったことは否定できないことになる。

道長政権の成立

そして五月八日、道兼も死去した。時に三十五歳（『日本紀略』）。それからわずか三日の後、五月十一日に、一条は道長に内覧宣旨《ないらんせんじ》を賜った（『小右記《しょうゆうき》』『朝野群載《ちょうやぐんさい》』『日本紀略《にほんきりやく》』『公卿補任』）。道長の関白任命を求める詮子と、それを喜ばず、定子の兄である伊周の政権担当も視野に入れる一条との間に、様々な交渉や妥協が行なわれたことを窺わせる。権大納言に過ぎず、氏長者《うじのちょうじゃ》でもなかった道長を執政者とするには、関白に任じるというわけにはいかず、そこに内覧という地位が、兼通《かねみち》以来二十三年振りに浮上してきたのであろう。この時から、長年に及ぶ道長と居貞との関係が始まったのである。

ただし、詮子も一条も、それに道長自身も、この時点では、あれほどの長期政権になるとは考えていなかったと思われる。道長自身は病弱であり、加えて長女の彰子《しょうし》は幼少（長徳元年では八歳）、嫡男の頼通《よりみち》（共に倫子《りんし》所生）はさらに幼少（同じく四歳）となると、道長が次の世代にまで政権を伝えられると考えた者もいなかったはずである。道長の次に伊周政権や顕光政権が成立した場合を想定すると、彼らと居貞との関係がどうなっていたかは、興味深いところである。

六月十九日、道長は右大臣に任じられ、太政官首席《だいじょうかん》、氏長者となった（『御堂御記抄《みどうぎょきしょう》』『公卿補任』）。それでも道長は関白の地位には就かず、それによって、伊周を抑えて太政官一上《いちのかみ》も兼ね、公卿議定《ぎじょう》を主宰《しゅさい》できることになり、その権力を万全にしたのである（山本信吉《やまもとのぶよし》「一上考」）。なお、道長は、居貞の許も訪れ、大臣就任の慶賀《けいが》を啓上《けいじょう》している（『小右記』）。

そのような情勢下においても、八月二十八日の除目《じもく》では、一条は伊周に東宮傅《とうぐうふ》を兼ねさせるなど（『公卿補任』）、伊周の地位にも配慮を見せているのであるが、政治的地位が失墜してしまった伊周を東宮傅として迎えた居貞の心情は、いかなるものであったのだろうか。

九月五日、居貞は道長の「上東門院京極第《じょうとうもんいんきょうごくてい》」（土御門第《つちみかどてい》）に遷御《せんぎょ》した（『為房卿記《ためふさきょうき》』康和《こうわ》五年〈一一〇三〉八月二十一日条）。道長と居貞（三条）の関係が、本来は良好的なものから始まったことを示唆する史料である。

土御門第故地

「長徳の変」

翌長徳二年（九九六）には、正月十六日の花山院《かざんいん》の従者と藤原隆家《たかいえ》の従者との闘乱に始まる、いわゆる「長徳の変」が起こり（『三条西家重書古文書《さんじょうにしけじゅうしょこもんじょ》』所引『野略抄《やりゃくしょう》』〈『小右記』〉）、中関白家の没落は決定的となった。一条中宮の定子はもちろん、居貞の妃である原子の政治的地位もまた、危機に瀕《ひん》してしまったのである。

定子は、二月二十五日に内裏の凝華舎から職曹司《しきのぞうし》に退出（『枕草子』「返る年の二月二十余日」）、次いで三月四日、一条の綸旨《りんじ》によって実家の二条北宮《にじょうきたみや》に遷御したものの（『小右記』）、三月から四月にかけて、再び内裏に参入し、第一子である脩子《しゅうし》を懐妊した。定子は一条に伊周・隆家の赦免《しゃめん》を直接嘆願していたのであろうが、皮肉なことに、その時期に最初の子を宿したことになる。この年、一条は十七歳であった。

定子の嘆願も空しく、四月二十四日、一条の御前《ごぜん》で除目があり、伊周を大宰権帥《だざいのごんのそち》、隆家を出雲権守《いずものごんのかみ》に降すという決定が下され、五月一日に隆家、四日に伊周は配所に下った。この間、定子はみずから出家している（『小右記』）。

一条後宮の変化

中関白家の没落と軌を一にして、一条の後宮《こうきゅう》に初めて変化が現われた。次々と有力公卿の女《むすめ》が入内したのである。詮子や道長としても、彰子が成人するまでは、定子の対抗馬として彼女たちに期待したのであろう。まず七月二十日、筆頭大納言公季の女で二十三歳、一条より六歳年上の義子《ぎし》が入内し、八月九日に女御《にょうご》とされた（『日本紀略』）。ただ、一条は義子との間に懐妊の「機会」を遠ざけたようである。

次いで十一月十四日、右大臣顕光の女で十八歳かとされる（角田文衞《つのだぶんえい》『承香殿の女御』）元子《がんし》が入内し、十二月二日に女御とされた（『日本紀略』）。この時期、定子は内裏を退出しており、元子の入内は一条の強い「人間的」意志と天皇としての責任感を感じさせる。居貞がすでに娍子から敦明《あつあきら》を儲けている以上、自己の皇統《こうとう》を存続させるためには、一条としては定子以外のキサキとの間にも懐妊の「機会」を設ける必要があったのである。道長の女がいまだ幼少であり、かといってあまり地位の低い公卿の女から皇子を儲けても、皇嗣《こうし》となる資格がない。公季女の義子から懐妊の「機会」を遠ざけたとすると、残る選択肢は、無能とはいえ、いま一人の大臣である顕光の女しかなかったのである。

なお、長徳四年（九九八）二月十一日には、故道兼の女で十五歳の尊子が、御匣殿別当《みくしげどののべっとう》として入内

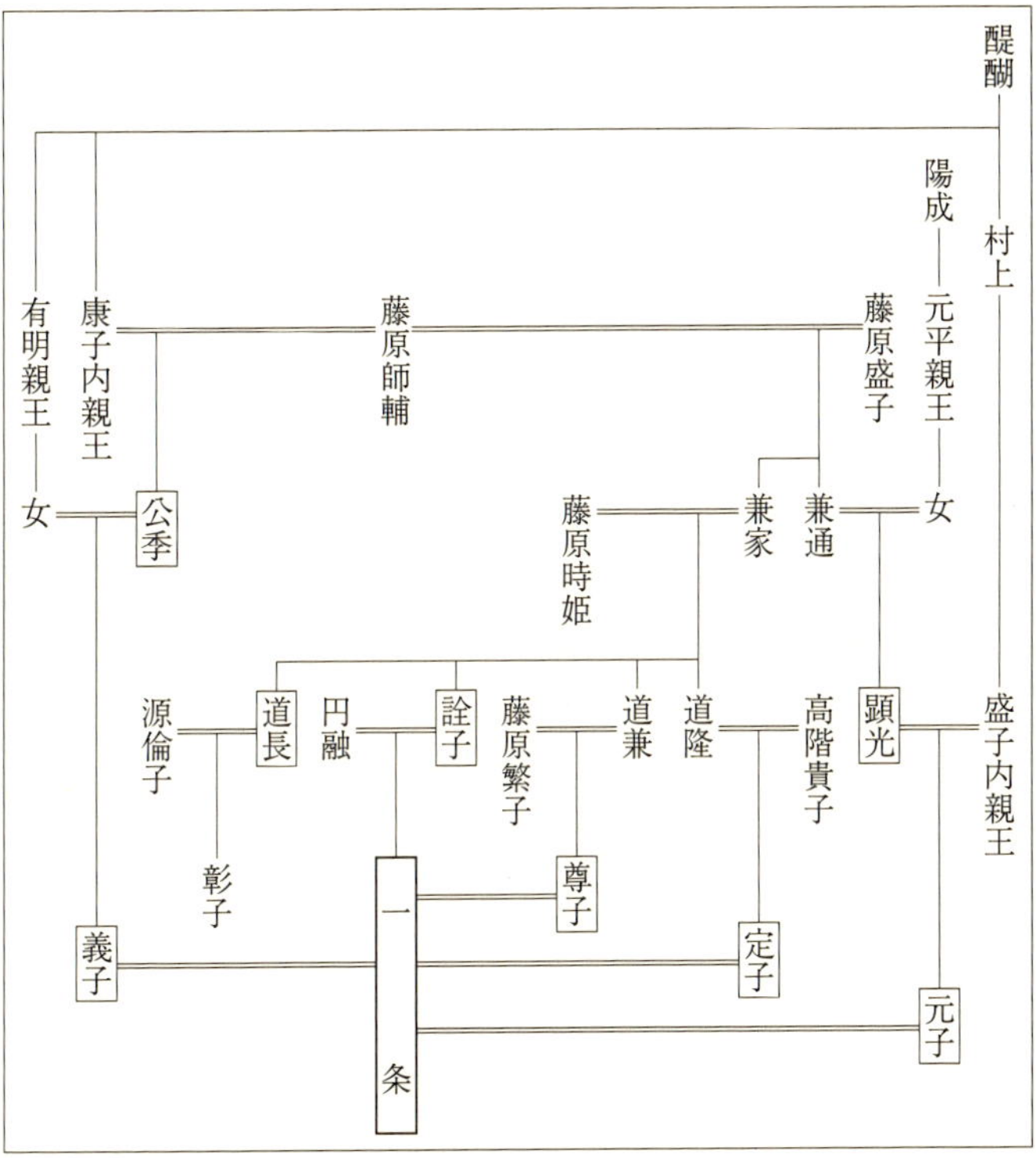
醍醐
村上
陽成
元平親王
女
藤原盛子
藤原師輔
康子内親王
有明親王
女
公季
兼通
兼家
藤原時姫
顕光
盛子内親王
道隆
高階貴子
道兼
藤原繁子
詮子
円融
道長
源倫子
彰子
一条
尊子
義子
定子
元子

一条天皇後宮系図

しているが（『日本紀略』）、一条が尊子を「寵愛《ちょうあい》」した形跡は見えず、女御となったのも長保《ちょうほう》二年（一〇〇〇）のことであった。

居貞の方に目を戻すと、長徳二年の七月二十日、道長を左大臣、顕光を右大臣に任じる除目が行なわれたが、その際、中納言に任じられた実資は、顕光・大納言藤原時中《ときなか》・参議《さんぎ》藤原正光《まさみつ》と共に、居貞と原子に慶賀を啓上している（『小右記』）。原子について、「女御〈内裏にいらっしゃる〉」と記されているのは、この時点でもなお、原子が内裏にいたことを示す史料である。

ただし、居貞の「寵愛」を受けていたのは、娍子の方であった。いつの時期にか、内裏に戻ってきていたのであろう。そしてこの八月、娍子は再び懐妊する。この年、居貞は二十一歳、娍子は二十五歳、そして原子は十六歳であった。

敦明、著袴の儀

年も押しつまった十二月十四日、東宮王子敦明が著袴《はかまぎ》の儀を行なった（『小右記』『日本紀略』）。まったくの偶然なのか、定子が一条の第一子である脩子を出産することになる十二月十六日と近接する日時であった。罪を得た伊周の妹、しかも出家していた定子が、もし皇子を産むことにでもなれば、公卿社会の目はそちらに向いてしまう。それに他の慶事《けいじ》を重ねて、それに公卿を参列させるという手法は、後年に道長がよく使った手ではある。

高年の菅原輔正《すがわらのすけまさ》一人を除いた公卿が参集したこの日の儀では、『小右記』に、左大臣は、お召しによって東宮の御前に参った。これは王子の袴《はかま》の腰を結ぶことによるのであろうか。

と記されているように、道長と居貞・敦明との良好な関係が繰り広げられていた。後年のこの三者の関係を思い併せると、隔世《かくせい》の感がある。

明けて長徳三年（九九七）、四月十七日に花山院の院司《いんじ》が狼藉《ろうぜき》をはたらいた際、一条は検非違使《けびいし》に花山院《かざんいん》を囲ませた（『小右記』）。一条朝には、円融院《えんゆういん》が死去してからも、冷泉・花山という二人の冷泉系上皇《じょうこう》が存命していたが、皇統を異にし、一条に親権《しんけん》を及ぼすことができなかったこの二人は、一条朝において政治力を行使することは、まったくなかった。一条は、特に気ままな行動をとる花山に対しては、峻厳《しゅんげん》な態度で臨むことが多かったのである。

敦儀の誕生

五月十九日の子剋《ね》（午後十一時から午前一時）、居貞の第二王子敦儀《あつのり》が誕生した（『小右記』『日本紀略』『一代要記』）。いっこうに皇子に恵まれない一条とは対照的に、居貞は二人の王子を擁することになったのである。ただし、その生母の地位から考えると、将来の皇位継承に不安の残る王子たちではあった。このとき、御釼《みはかし》が奉られた際に、道長が次のような歌を結び付けたと、『後拾遺和歌集《ごしゅういわかしゅう》』には見える。

よろづ代を　君がまぼりと　祈りつゝ　たちつくりえの　しるしとを見よ
（万代までもわが君をお守りしようと祈りながら鍛えた、しるしの太刀・作り柄と御覧ください）

随分と頼もしいことであるが、これに対する居貞の返歌は、

いにしへの　近きまもりを　恋ふるまに　これはしのぶる　しるしなりけり

（昔の近衛大将済時を恋しく思っていたので、この太刀は彼を偲ぶしるしであるよ）

というものであった。やはり道長よりも、王子のミウチである済時の後見が望ましかったのであろう。

一方の一条は、六月二十二日、脩子を伴った定子を再び職曹司に遷御させた（『小右記』）。天下は、感心しなかった。「中宮の人々は、『中宮は出家なさっておられない』と称している」と云っているそうだ。はなはだとんでもない事である。

という宮廷社会の評判はさておき、この後しばらく、一条は定子の許をしばしば訪れたり、内裏に参入させたりして「寵愛」を続け、再び定子を懐妊させる。

また、女御の元子に対する一条の「寵愛」も続き、この年の八月頃、元子は懐妊した。やっと居貞に対抗できそうになった一条ではあったが、定子や元子から皇子が生まれそうな情勢に対して、道長は複雑な心境であったに違いない。

なお、この長徳三年の七月九日、大納言藤原道綱《みちつな》が春宮大夫《とうぐうだいぶ》に任じられている（『公卿補任』）。この

後、居貞は後年に至るまで、道綱を深く頼みとすることになる。

長徳四年は、年末まで、居貞に関する史料が見えない。なお、この年、道長はにわかに腰病を発し、三月三日に出家の意を奏した（『権記《ごんき》』）。この時の道長の辞表（『本朝文粋《ほんちょうもんずい》』）に、

> 私は声望が浅薄であって、才能も荒蕪《こうぶ》（いいかげん）である。ひたすら母后《ぼこう》（詮子）の兄弟であることによって、序列を超えて昇進してしまった。また、父祖の余慶《よけい》によって、徳もないのに登用された。……二人の兄（道隆・道兼）は、地位の重さによって夭逝《ようせい》した。

とあるのは、道長の偽らざる本音であろう。このまま道長が、長女の入内や長男の元服より以前に、死去したり出家したりしていれば、まさに一代限りの中継ぎ政権に終わったはずである。この年、彰子は数えで十一歳、頼通はわずか七歳であった。

六月は元子の産月にあたっていたが、臨月を過ぎても出産することなく破水してしまう（『台記《たいき》』仁《にん》平《ぴょう》三年〈一一五三〉九月十四日条、『栄花物語』）。もともと想像妊娠や別の病気であったのかもしれないが、この時、第一皇子を産んでいたならば、道長家の栄華もどのような方向に向かっていたかは、まったく想像もつかない。

綏子、密通

その一方で、居貞の身辺には、大変な事態が起こっていた。正暦《しょうりゃく》元年ごろから里居《さとい》を続けていた綏子《すいし》が、長徳年中、源頼定《よりさだ》と密通するという事件を起こしてしまったの

である（角田文衞『承香殿の女御』）。長徳四年で綏子は二十五歳、彼女もまた、不幸な結婚の犠牲者であった。『僧官補任《そうかんぶにん》』に見える頼定の子・頼賢大僧都《らいけんだいそうず》の母は綏子であるとされる。『大鏡』には、綏子の懐妊を知った居貞が、道長を遣わし、乳房をひねってそれを確かめさせたなどという説話が見えるが、もとより史実とは考えられない。

さて、年末の十二月二日、居貞は東宮御所において管弦《かんげん》の宴を催していたが、「盃を酌み交わすこと限りなく、深夜に及んだ」頃、娍子の御所である宣耀殿に強盗が入るという事件が起こった（『権記』）。

或る者が云ったことには、「宣耀殿に強盗が入った。女房たちの衣裳を奪った。東宮は驚いて宣耀殿に使者を遣わされた。宮臣たちは皆、御供に候じた。尋問したところ、盗人五人は西面の北戸から入って、その所において強盗をはたらいた」と云うことだ。時に丑《うし》二剋（午前一時半から二時）であった。すぐに使者は天皇の御所に参って事情を奏上《そうじょう》した。また、検非違使を召し遣わした。また、諸陣に見参《げんざん》を取らせた。諸衛府《えふ》に宿直《とのい》の官人たちを召問《しょうもん》させた。

とあるように、大事には至らなかったとはいえ、宮廷の治安の弛緩《しかん》は、蔽《おお》うべくもなかった。

また、年末の頃、大雪が降って各所で雪山が作られたようであるが、『枕草子』の「職の御曹司におはしますころ、西の廂に」では、蔵人源忠隆《ただたか》の言葉として、

「今日は雪山をお作らせにならない所はありません。主上の御前の壺庭《つぼにわ》にもお作らせになっていらっしゃいます。東宮でも弘徽殿《こきでん》でもお作りになっていらっしゃいます。京極殿《きょうごくどの》（土御門第）でもお作らせになっていらっしゃいました」

という情報が載せられている。

長徳五年（九九九）は、正月十三日に天変・炎旱《えんかん》によって長保と改元《かいげん》された年である（『日本紀略《にほんきりゃく》』）。この年の二月九日、道長の長女である彰子は著裳《もぎ》の式を迎えた（『御堂関白記《みどうかんぱくき》』）。いまだ十二歳ながら、これで入内の資格を持つ大人ということになったわけである。

御射の儀

居貞の方はというと、三月二十六日に御射の儀を行なったことが『御堂関白記』に見える。生涯を通して、居貞と弓とは深い関わりを持つのであるが、これが史料に見える初例である。なお、この年から本格的に記し始められた『御堂関白記』に、東宮御射の儀の記事が多く見られるのは、道長との関わりでこれらの儀が開かれたことを示唆している。

次いで三月二十九日、藤原統理《むねまさ》の出家に際して、和歌を贈っている（『今鏡《いまかがみ》』）。

忘られず　思ひ出《いで》つつ　やま人を　しか恋しくぞ　我もながむる

（私も山人のそなたのことを忘れられず、そのように恋しくじっと山を眺めて偲んでいるのだ）

というものである。この歌は、『後拾遺和歌集』にも収められている。『新古今和歌集』では、次のような歌を詠んだことになっている。

月かげの 山のはわけて 隠れなば そむく憂き世を われやながめん
（月が山の端をかき分けて沈んでしまったら、月の見捨てた闇のこの世をひとり私はじっと物思いに沈みながら見つめていることでしょうか）

なお、三月から閏三月にかけて、娍子が三度目の懐妊をしている。

閏三月には弓関係の記事が続く。五日には、次のように見える（『御堂関白記』）。

弾正宮《だんじょうのみや》（為尊《ためたか》）が御射の儀の負態《まけわざ》（勝負に負けた側からの勝った側への饗応）を奉仕された。弾正宮の御前の食膳が有った。殿上《てんじょう》の所々に酒肴《しゅこう》の用意が有った。大雨であったので、弓を射ることは無かった。賭物《かけもの》は東宮（居貞）が献上された。東宮から春宮大夫（道綱）を介して、弾正宮に献上された。春宮大夫に御衣《おんぞ》を賜った。弾正宮の御書状によって、弾正宮の御所である東院《とういん》に参上した。同車して東院に参上した。公卿たちも同じく伺候《しこう》した。

冷泉系皇族の主宰した行事として行なわれたようであるが、弓というものが単なる遊芸ではなく、王者としての徳を象徴する営為であったのならば（伊藤喜良《いとうきよし》『中世王権の成立』）、これらは冷泉系皇統の正統性と、執政者である道長との友好的な関係を公卿社会に示すデモンストレーションであったことになる（道長の側からも同様であろう）。

この後も、閏三月九日に御射の儀が開かれ、翌十日に道長がその負態を奉仕している（『御堂関白記』）。

> 季御読経《きのみどきょう》が終わって、東宮に参上した。先日の御射の儀の負態を奉仕した。東宮の御前の食膳、殿上の饗宴《きょうえん》、女房の屯食《とんじき》、帯刀《たちはき》の陣の屯食、弓場《ゆば》の衝重《ついがさね》を用意した。賭物《かけもの》は女装束《おんなしょうぞく》一具《よろい》であった。負態が終わってから、東宮の御賭物として御馬一疋を献上した。

という記事からは、道長も居貞の正統性の認定に積極的に関わる姿が窺える。

内裏焼亡

そのような雰囲気のなか、六月十四日の深夜、内裏が焼亡《じょうもう》した。以後の一条朝から三条朝にかけての道長政権下において、幾度も見舞われた内裏焼亡の、これが最初の例であった。居貞は、太政官庁《だいじょうかんちょう》の「天皇の御在所の東舎」に避難している（『日本紀略』『本朝世紀』）。

一条は六月十六日に一条院《いちじょういん》に遷御したが、居貞は修理職《しゅりしき》の曹司に遷御し（『本朝世紀』）、七月八日に東三条第《ひがしさんじょうてい》に移御《いぎょ》した。『小右記』の七月七日条には、

太政官故地

春宮属良正《とうぐうさかんよしまさ》が云ってきたことには、「明日、東宮は東三条院に移御される。行啓《ぎょうけい》に扈従《こしょう》しなさい」と。私は所労《しょろう》（病気）が有って伺候することができないということを申させた。

と見え、居貞から実資に移御に供奉《ぐぶ》するよう命じてきたものの、実資がこれを断わっていることがわかる。それでも、移御の当日の八日には、

東宮から使者が来て、命じられて云ってきたことには、「馬一疋を、酉《とり》剋（午後五時から七時）以前に献上するように」と。同じく令旨《りょうじ》を奉った。ただし、鞍を加えて調進《ちょうしん》するよう、重ねて東宮の仰せ事が有った。

とあって、実資に鞍付きの馬を献上するよう求めているように、しきりに実資を頼りにしている。移御の翌日、実資は、次のような情報を得た。

源相公《しょうこう》（俊賢《としかた》）が云ってきたことには、「昨日の行啓には、春宮大夫（道綱）・藤中納言（時光《ときみつ》）・宰《さい》

相中将《しょうちゅうじょう》（斉信《ただのぶ》）が扈従した。春宮大夫〈右大将《うだいしょう》〉は、弓箭《きゅうせん》を帯していなかった。初度の行啓の際には、帯していた〈太政官から修理職に御出《ぎょしゅつ》なされた際である〉。一定していないようである」と。相公が、また談《かた》って云ったことには、「左衛門督《さえもんのかみ》〈藤原誠信《さねのぶ》〉は、螺鈿《らでん》の釼《たち》を着していた。人々は嘲弄《ちょうろう》した」と云うことだ。

どうも、様々なことがあった移御だったようであるが、供奉した公卿が三人だけだったということは、どうにも寂しい行啓だったようである。これも居貞が生涯を通じて、しばしば感じるところである。

新制十一箇条

焼亡した内裏の造営を定めた御前定《ごぜんのさだめ》は七月十一日に行なわれたが、同時に攘災《じょうさい》の手段として過差禁制《かさきんせい》を定めた新制《しんせい》も議している（『小右記』『権記』）。この結果は、二十五日に新制十一箇条として下されている。神事・仏事の違例《いれい》、僧尼の京都止住《しじゅう》の禁止、美服《びふく》・調度品・乗車・饗宴といった過差（ぜいたく）の禁止、官人の賄賂《わいろ》の禁止に関わるものである（『新抄格《しんしょうきゃく》勅符抄《ちょくふしょう》』『政事要略《せいじようりゃく》』）。

この新制は一条の政治意欲の発現であり、従来の新制にない新条項が大部分で、ほとんどは後世の新制に継承されるものであったとされる（水戸部正男《みとべまさお》「平安時代の公家新制」）。居貞としても、一条のこの政治姿勢は、意識せざるを得なかったことであろう。

八月五日には、居貞は、一双の筆を蔵人頭《くろうどのとう》藤原行成《ゆきなり》に下賜《かし》している（『権記』）。公卿社会とも良好な関係を築こうとしているのであろう。

さて、御産が近づいた定子は、八月九日に平生昌《たいらのなりまさ》邸（竹三条宮《たけさんじょうのみや》）に移御することになったが、一条の召しにもかかわらず、公卿はことごとく故障《こしょう》（さしさわり）を申して参入してこなかった（『小右記』『権記』）。この時、道長が宇治の別業《べつごう》に卿相《きょうそう》を招いて遊覧し、これを妨害したのであるが、この道長の手法を、居貞はどのような心持ちで眺めていたことであろう。後年、道長が三条（居貞）に対して、しばしば用いることになる手である。

定子の産む子の性別をめぐって、様々な思惑が交錯していたであろう宮廷社会とは裏腹に、居貞の周辺では、慶事が相次いだ。八月十九日、第二王子敦儀が、著袴の儀を行なっている。ただし、この儀においては、一条が出した新制によって、饗禄《きょうろく》は停止《ちょうじ》されている（『小右記』）。

敦平の誕生

次いで十月十九日、娍子が居貞の第三子敦平《あつひら》を「平産」した（『権記』）。なかなか皇子を得られない一条とは対照的に、これで居貞は三人の王子を儲けたことになる。十月二十七日に迎えた東宮御読経結願《みどきょうけちがん》に多くの公卿が参列しているのも（『小右記』）、居貞に対する支持の表われであろう。

道長の方は、十一月一日に長女の彰子を入内させ、彰子は七日に女御となった（『御堂関白記』『権記』『小右記』）。いまだ数えで十二歳に過ぎない彰子と一条との間に懐妊の「可能性」がなかったことは、誰の目にも明らかであったが、定子から皇子が生まれる前に、何とか形だけでも自分の女を一条のキサキとし、一条にプレッシャーをかける必要を、道長は感じたのであろう。

敦康の誕生

しかし、何という偶然か、彰子が女御となったのと同じ十一月七日の卯刻《う》（午前五時から七時）、定子は待望の第一皇子を出産していた（『小右記』）。これで一条は、一代限りという情況を打開する可能性が開けてきたことになり、やっと居貞に対抗できることとなったのである。

当分は彰子から皇子懐妊の「可能性」がなく、居貞には娍子から三人もの王子が誕生しているといった情況のもとでは、詮子や道長といった権力中枢は、東宮候補としてこの第一皇子敦康《あつやす》を後見するしか、選択肢は残されていなかった。

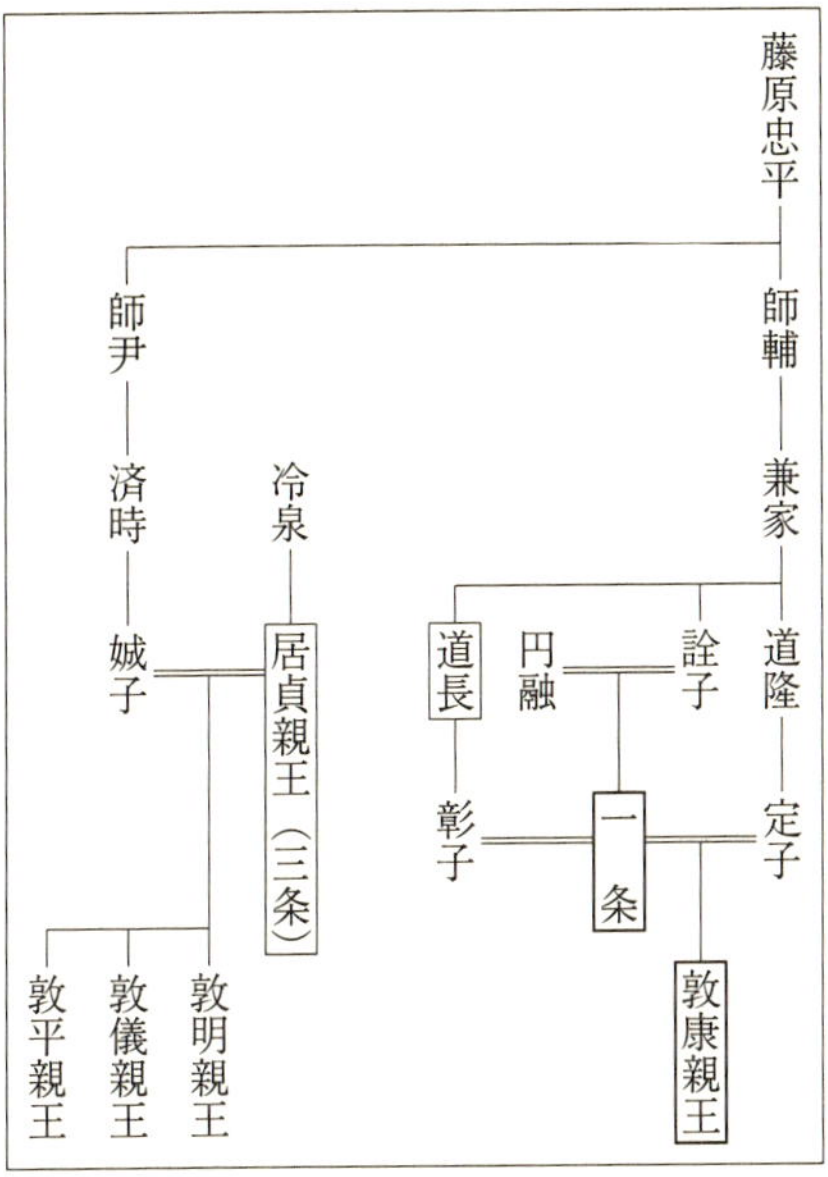

敦康親王系図

明けて長保二年（一〇〇〇）、道長は、詮子を動かし、彰子の立后《りつごう》を一条に認めさせた（『権記』『御堂関白記』）。敦康を後見しながらも、彰子の存在を高めようという意図からであろう。

道長との和歌の応答

この年の二月三日、居貞は、為尊・敦道《あつみち》といった弟や、道長をはじめとする公卿を集め、弓と蹴鞠《けまり》の御遊《ぎょゆう》を催した。『御堂関白記』には、東宮において弓・蹴鞠の御遊が有った。

としか記されていないが、『権記』には詳細な記事が残されている。そして、道長が退出しようとしていた時、居貞と道長との間に、次のようなやりとりがあったことが記されている。

左大臣が退出された。その時、殿の前の梅の樹の南枝が、早くも開いていた。東宮殿下がおっしゃって云われたことには、「花の色が、新たに開いた。空しく通り過ぎてはいけない」と。左大臣は、すぐに跪《ひざまず》いて、そのお言葉を承《うけたまわ》った。花の下に進んで、ねじって一枝を折り、それを東宮に献上した。東宮がおっしゃって云われたことには、

君折れば　匂ひ勝れり　梅の花

（君が折ったので、色が勝っている。この梅の花は）

と。左大臣がすぐに啓上して云われたことには、

思ふ心の　有ればなるべし

（君を思う心が有るからでしょう）

と。左大臣が、また啓上して云われたことには、

栽ゑ置きし　昔の人の　詞にも　君が為とや　花に告げけむ

（この梅を栽えておいた昔の人の詞にも、「君の為」と花に告げたのでしょう）

と。この事は、これは即妙のことであって、感興はこの上なかった。

後年の道長と三条（居貞）との確執を思うとき、この二人は、立場を越えた人間同士としては、まったく「うまの合う」関係であったのだと実感できる。後宮関係を巡るいざこざさえ存在しなければ、実は一条よりも居貞の方が、道長と「うまが合い」、良好な関係を構築できたのではないかとさえ思われてならない。

その一条周辺では、二月十八日に定子所生の敦康の百日《ももか》の儀が催される一方、二十五日には、彰子立后の儀が行なわれた。そして、定子が最後の子である媄子《びし》を懐妊したのは、この頃のことであった。彰子が立后したとはいえ、一条の「寵愛」を受けていたのは、もちろん定子の方だったのである。

居貞の方は、道長をはじめとする公卿層と、良好な関係を続けていた。三月十二日には、行成に書四巻を奉るよう命じている。翌十三日、行成はこれを書き、献上させたものの、居貞が「御寝《ぎょしん》」していたので、人に託している（『権記』）。四月十四日には、道長を召して、敦明のために物見の車を奉らせている（『御堂関白記』）。

道長、重病

ところが道長は、この頃から重病を患《わずら》ってしまった。四月二十七日をはじめとして、翌二十八日、五月一日、三日と、一条や居貞から見舞いが遣わされているが（『御堂関白記』）、五月九日に辞任の上表を行なうほどの弱気を見せた（『本朝文粋』）。道長邸から厭魅《えんみ》・呪詛《じゅそ》の物が掘り出されたり、今回の道長の病は式神《しきがみ》によるものであるという噂が流れたり（『小記目録』）と、慌ただしい動きが続いたが、十九日には道長に道兼の霊が取り憑《つ》き、二十四日と翌二十五日には、道長は何と、伊周を本官《ほんかん》・本位《ほんい》に復すべしという「邪気《じゃけ》の詞《ことば》」を一条に奏上させた（『権記』）。左・右・内の三大臣が存在するなかでの伊周の内大臣復帰は、道長の引退を意味することになる。道長はこの年いっぱい、不調が続いている。

居貞周辺でも、七月二十一日に娍子が病むなど（『権記』）、疫病の影響も見られたが、何とか持ち直し、十二月二日に道長も参列するなか、東三条第において敦明の読書始《どくしょはじめ》の儀を開くことができた（『権記』『日本紀略』）。

なお、この年、月日は不明であるが、娍子は第一王女当子《とうし》を出産している。

新造内裏に入御

そして十二月十三日、道長以下の供奉するなかで、居貞は新造内裏の昭陽舎《しょうようしゃ》に入御《にゅうぎょ》した（『権記』『日本紀略』）。一条と彰子が内裏に遷御してから、二箇月後のことであった。

その直後の十二月十五日、定子は皇女媄子を出産したものの後産《のちざん》が下りず、翌十六日の寅の終剋（午前五時前）の頃、ついに死去してしまう。一条は「皇后宮《きさいのみや》は、すでに頓逝《とんせい》してしまった。はなはだ悲しい」と語り、悲しみを隠そうとはしなかったが、参内を命じられた道長は、土御門第の詮子の許に参上してしまった。十二月二十日に一条が行成に見せた感情は、「仰せられた事は、はなはだ多かった。心中に我慢されることがおできになれない事であった」というものであった（『権記』）。

これで一条の後宮は、実質上、彰子ただ一人という情況となった。ただし、彰子からまだ皇子の誕生が望めない以上、道長や詮子、彰子にとっては、定子の残した敦康を後見することしか、円融系皇統を存続させる道はなかったのである。

長保三年（一〇〇一）、天下は諒闇《りょうあん》であり、節会《せちえ》、叙位《じょい》などは停められた。また、この年にも疾疫《しつえき》の流行は続き、朝廷《ちょうてい》では様々な措置が執られていた。六月二日の夜半からは居貞も病悩したが、この時の御悩《ごのう》は、前大僧正観修《さきのだいそうじょうかんしゅう》の祈禱《きとう》によって、やがて平癒《へいゆ》したようである。なお、十九日、年来、居貞に伺候していた厳孝《げんこう》法師が一条の勅勘《ちょっかん》を受けていて居貞の病床に候宿《こうしゅく》できない旨が、居貞から道長に訴えられた。道長から奏聞《そうもん》を受け、驚いた一条が、さっそくに勅勘を解くという一幕もあった（『権記』）。

九月三日、春宮権亮、次いで春宮権大夫《とうぐうごんのだいぶ》として居貞を支え続けていた藤原誠信が、同母弟で一条や道長の覚えがめでたい斉信に権中納言《ごんちゅうなごん》を超越《ちょうおつ》されたのを恨んで神明に「盟言《うけいごと》」し、除目から七日目に死去した（『権記』『小記目録』『公卿補任』）。居貞の未来に、何やら暗い影を落とす事件である。

この頃、敦康は彰子の猶子《ゆうし》といったかたちで、道長の後見を受けることとなった。八月三日、敦康は彰子の上御廬《うえのおんろ》に移御し、十一日に敦康の魚味始《まなはじめ》が行なわれた。十一月十三日には、彰子の御在所である飛香舎《ひぎょうしゃ》において、一条臨幸《りんこう》のもと、敦康の著袴が行なわれている（『権記』）。

内裏焼亡

そのような宮廷社会の雰囲気と関係があるのか、前年の十月に遷御したばかりの内裏が、十一月十八日、またもや焼亡してしまった。一条と彰子、そして敦康は、職曹司、次いで土御門第に移り（『権記』『日本紀略』）、二十二日には一条院に遷御して里内裏《さとだいり》としているが（『権記』）、居貞は焼亡の当日に縫殿寮《ぬいどのりょう》に（『日本紀略』）、二十二日には東三条第に移御した（『権記』『日本紀略』）。

この道長政権下における相次ぐ内裏焼亡は、十一月七日の彰子入御、あるいは十三日の敦康著袴の直後であることを考えると、もはや災害の域を超え、ほとんど政治的な問題であると言えよう。

そのような雰囲気のなかではあったが、十二月二十九日、居貞第三王子敦平の著袴の儀が行なわれた（『権記』）。彼らにとっても、束の間の慶事であった。

翌長保四年（一〇〇二）三月十九日の陣定《じんのさだめ》では、陰陽師《おんようじ》に「禁中《きんちゅう》に頻《しき》りに火事有るは何故《なにゆえ》か」を勘申《かんじん》させているが（『権記』）、それは朝廷全体を覆う嘆きであったに違いない。道長政権に対する無言の抵抗というこの政治行動は、皆が何となく感じている性格のことだけに、彼らの上に暗く覆い被《かぶ》さるものであった。ちなみに勘申の結果は、「多くはこれは、倹約《けんやく》で以て、その災いを消すべきである」というものであった（『権記』）。

居貞、重病

五月四日、居貞は重い病悩を患った（『権記』『小記目録』）。道長と行成が見舞いに訪れているのも、それが予断を許すものではなかったことを示している。『小記目録』では、十二日には病悩が「危急《ききゅう》」となったことを伝えている。この病悩は長く続いたようで、六月二十三日にも行成と源道方《みちかた》の見舞いを受けている（『権記』）。

この頃、娍子も病を受けていたと伝えられているのも（『栄花物語』）、東宮周辺で病悩が蔓延していたことによるのであろう。

また、同母弟の為尊も病に倒れ、六月十三日に至って死去してしまった。時に二十六歳。これで居貞と冷泉系皇統は、後継者を一人、失ったことになる。

居貞と娍子の病悩は、秋になると平癒したようで、八月三日には、娍子の病悩平復《へいふく》の報賽《ほうさい》として、居貞が馬を観修に賜うという記事が見える（『権記』）。道長が深く帰依している観修が、居貞や娍子の病悩を加持《かじ》しているということは、それが道長の紹介によるものであることを示唆するものである。

原子、急死

このように、何とか平穏な日々を迎えつつあった居貞周辺であったが、八月三日、原子が急死するという悲劇が襲った（『日本紀略』）。『権記』には、

晩方、〔平〕為文《ためふみ》朝臣が来て、告げたことには、「淑景舎女御は、東三条院東対《ひがしのたい》の御曹司に於いて、頓滅《とんめつ》された」と云うことだ。聞き悲しむことは極まり無かった。

と記されている。享年二十二歳。七年間の結婚生活であった。

日頃から病悩の史料が見えないことから、まったくの急死であったが、当然のこと、様々な噂が流れることとなった。『栄花物語』は、死亡の様子として、

御鼻や口から血をお流しになって、ただあっという間に亡くなられたのです。

と記した後で、

宣耀殿女御（娍子）はたいそうな重病であられたのが平癒なさって、こうした意外な御有様について、「宣耀殿女御が尋常ならざることを仕掛け申されたものだから、こんなことになられたのだ」と、ただ聞きづらいことまで申しているが、「ご自身はあれこれとお考えつきになるはずもない。少納言《しょうなごん》の乳母《めのと》などがどうにかしたのではなかったか」など人々は取沙汰しているらしいけれど、……

と、病悩が平癒した娍子の周辺から呪詛が起こったという噂を記している。もちろん、これが事実であるかどうかは問題ではなく、このような記述がなされるという居貞後宮の雰囲気が重要なのである。もっとも、もともと後見が弱いものの多くの王子を産んでいる娍子と、後見が弱体化してしまった原子との争いは、根本的なものではない。娍子にとっては、いずれ居貞の許に入ることになるであろう若年の道長の女こそが、基本的な仮想敵となるであろうことは、すでに意識されていたことであろう。

4 娍子との日々　長保四年（一〇〇二）―寛弘六年（一〇〇九）

綏子《すいし》が里居《さとい》を続けていることに加え、原子《げんし》が死去したことによって、居貞《おきさだ》の近辺には、娍子《せいし》のみが侍することとなった。道長の二女である妍子《けんし》が成人して入侍《にゅうじ》するまでの七年余りの間、二人だけの日々が続いたのである。

まず、原子の死去にともなって、死穢《しえ》を避けるためか、居貞は八月四日に乳母《めのと》の宅に御出した（『小記目録』）。その後、東三条第《ひがしさんじょうてい》に戻ったようであるが、十四日、今度は道綱《みちつな》の大炊御門第《おおいみかどてい》に遷御《せんぎょ》している（『権記』『小記目録』『日本紀略』）。『権記』によると、移御《いぎょ》は酉剋《とり》（午後五時から七時）に予定されていたものの、車の揃うのが遅れて、亥《い》・子剋《ね》（午後十一時前後）の頃に及んだとある。供奉《ぐぶ》するはずの外記《げき》も現われず、違例《いれい》続きの遷御となったようである。なお、『日本紀略』では、遷御したのは、去春以来の病悩《びょうのう》によるとされている。

十月二十三日には、十六日に室を亡くした行成《ゆきなり》に対して、藤原挙直《たかなお》を遣わして弔問している（『権記』）。相変わらず、公卿《くぎょう》層との良好な関係の維持に努めていたのである。

なお、この長保《ちょうほう》四年の暮れ、一条《いちじょう》の生母である詮子《せんし》の病悩（「腫物《はれもの》」）が危急《ききゅう》となり、閏十二月二十二日、ついに死去した（『権記』）。時に四十歳。一条の人生と道長の政権に対して、深く重く関わってきた国母《こくも》の死によって、一条と道長は、二人で王権を維持しなければならなくなったのである。

長保五年（一〇〇三）に入っても、居貞の周辺では、射儀関係の記事が目に付く。二月二日に東宮《とうぐう》御弓始《おんゆみはじめ》を行ない、九日、二十八日と、東宮御射の儀の記事が続く。

五月九日には御在所《ございしょ》である大炊御門第が放火され、これを撲滅《ぼくめつ》したと見えるように（『小記目録』）、不穏な空気も窺えるが、十月七日には、この年の二月に春宮権大夫《とうぐうごんのだいぶ》に任じられた藤原懐平《かねひら》が、小野道《おののみち》風《かぜ》の書と行成の書、合わせて二巻を居貞に献上しているなど（『権記』）、公卿層とは円満な関係が続い

藤原道綱大炊御門第故地

ている。これも後年とは隔世《かくせい》の感がある。

新造内裏に入御

さて、長保三年十一月に焼亡《じょうもう》して以来、造営が進められていた内裏《だいり》が、この頃完成し、十月八日に一条は彰子《しょうし》と共に新造《しんぞう》内裏に遷御した（『権記』）。居貞も、この時、新造内裏に入御《にゅうぎょ》している（『日本紀略』）。

なお、この年、月日は不明であるが、娍子は三十二歳で第二王女禔子《ていし》を出産している。

長保六年（一〇〇四）は、炎旱《えんかん》によって改元され、寛弘《かんこう》元年となる年であるが、居貞周辺では、正月二日の東宮大饗《とうぐうだいきょう》に始まり、二十七日の一条と脩子との対面に居貞も参上するなど（『御堂関白記』）、平穏に年が明けたかのようであった。道長の方も、前年の長保五年二月に元服した嫡男の頼通《よりみち》が正月九日に昇殿《しょうでん》を聴《ゆる》され、二月五日には春日祭勅使《かすがさいちょくし》として奈良に下向するなど（『御堂関白記』）、ようやく後継者がその歩みを始めた頃であり、まずはひと安心といったところであった。

綏子、薨去

ところが、二月七日の亥剋（午後九時から十一時）、奈良から帰ってきた頼通の還饗《かえりあるじ》が行なわれていた頃、居貞の妃《ひ》であった綏子が死去してしまった。『御堂関白記』は、次のようにその死を伝えている。

還饗が終わって、子剋（午後十一時から午前一時）の頃、大和守《やまとのかみ》（藤原）景済《かげなり》朝臣が来て云ったことには、「尚侍《ないしのかみ》（綏子）が、亥剋の頃に亡くなられたということです」と。「数箇月の間、病悩されて、去る三日から不覚《ふかく》（人事不省《じんじふせい》）となり、有って無いようなものでした」ということである。これは希有《けう》な事である。

この年、三十一歳。十六歳で添臥《そいぶし》として居貞に入侍して以来、ほとんどは里居を続けた妃であったが、思えば綏子も、兼家《かねいえ》の思惑に翻弄された不幸な結婚の犠牲者であった。

道長も行成も、その葬送《そうそう》や法事に意を尽くしているが（『御堂関白記』『権記』）、居貞の動きは、諸史料からは窺えない。やはり居貞としても、様々含むところがあったのであろうか。

ともかく、これで居貞の妃としては、まったく娍子のみが残されたことになる。道長の女《むすめ》が入侍するまでの六年の間、名実共に二人だけの日々が続くことになったのである。

この年の居貞の動きとしては、三月九日に道長が参入して東宮殿上人《とうぐうてんじょうびと》を定めている（『御堂関白記』）。十六日には、前夜に仁和寺《にんなじ》に立て籠った盗犯殺害《とうぼんさつがい》犯人の大国安方《おおくにのやすかた》が東宮領柴島庄《くにじましょうじ》司の子であり、柴島庄に共犯者がいるらしいということで、検非違使《けびいし》を派遣すべきかどうかについての伺いを居貞にたてたところ、「派遣しなさい」というのが、居貞の返答であった（『御堂関白記』）。公私の別を弁《わきま》えた態度ではあるが、これ以降にも、居貞や敦明《あつあきら》の周辺には、行儀のよろしくない連中が集まることになる。

五月二十二日には故東三条院《ひがしさんじょういん》詮子のための法華八講《ほっけはっこう》に諷誦使《ふじゅし》を遣わし、二十六日には自身の不断《ふだん》御読経《みどきょう》を始めている（『御堂関白記』）。六月九日には道長の頭痛に際して見舞いを遣わし、七月二十九日には道長二男の頼宗《よりむね》（明子《めいし》所生）を東宮に昇殿させている（『御堂関白記』）。この時には敦明が見物に来るなど、道長家と居貞一家の円満な関係が続いている。

当子、著袴の儀

八月二十三日に三大臣臨席の下、第一王女当子《とうし》の著袴《はかまぎ》の儀が行なわれ、道長が袴の腰紐《こしひも》を結んでいるのも（『御堂関白記』『小右記』『権記』）、その表われである。居貞から諸卿には莫大な禄物《ろくもつ》が下賜《かし》されたが、道長には大褂《おおうちき》に居貞の御衣《おんぞ》が添えられ、別に小野道風の手本《てほん》が入った本筥《ほんばこ》二合《ごう》と馬一疋が下賜された（『御堂関白記』）。

閏九月二十五日には、居貞は霍乱《かくらん》（下痢・嘔吐を主症状とする急性胃腸炎）を病んだが（『御堂関白記』）、大事には至らなかったようである。

寛弘二年（一〇〇五）正月二日、東宮大饗において、定めがあったにもかかわらず、酔いに任せて、諸卿が靴を着さなかったというのも（『御堂関白記』）、和やかな雰囲気の表われであろうか。

三月二十六日には、大江挙直《おおえのたかなお》を東宮御給《ごきゅう》によって叙爵《じょしゃく》していることが見えるが（『御堂関白記』）、翌二十七日、一条と敦康《あつやす》との対面と、脩子の著裳《もぎ》の儀が行なわれた。その際、一条が実資《さねすけ》に命じ、二十日に「后腹《きさいばら》女親王の 笄《こうがい》 日記」を書き出させているのは、この儀式を「后腹」皇子女《こうしじょ》のものとして、より荘厳《そうごん》にしようとしていることを示している。この日の儀式では、道長が終始敦康を「扶持《ふじ》」しており（『小右記』）、この時点では道長は敦康の後見《こうけん》の役を勤めている。

居貞の動きを見ると、五月十九日に東宮御読経に右大臣以下が参入し（『小右記』）、七月二十八日の相撲召合《すまいのめしあわせ》に居貞も参上している（『御堂関白記』）。翌二十九日の東宮相撲御覧においては、居貞が綾《りょう》綺殿《きでん》を経て参上した際に東宮の宮司《みやづかさ》が権大夫だけしか供奉せず、また居貞の座について、一条・実資・道長の間に論議があるなど（『小右記』）、いささか違例の儀となったようである。

師明の誕生

三十四歳の娍子がこの年に産んだ、最後の子である第四王子師明《もろあきら》の誕生日は不明であるが、『異本本朝皇胤紹運録《いほんほんちょうこういんじょううんろく》』『仁和寺御伝《にんなじごでん》』『後拾遺往生伝《ごしゅういおうじょうでん》』では、八月一日のこととしている。

八月十七日からは居貞は病悩しているが（『御堂関白記』『小記目録』）、二十一日に実資が見舞いに訪れたところ、「この数日は、とても宜《よろ》しくいらっしゃる」ということであった（『小右記』）。

一方、敦康の読書始《どくしょはじめ》が、彰子御在所において十一月十三日に行なわれた。一条は秘かに渡御《とぎょ》し、「詩を講じていた時、天皇は秘かに御屏風をどけられた」とあるように、強い関心を持って見ていた（『小右記』）。道長はこの時、「我が親王（敦康）は、天皇の命を受けて以来、私の孫と異ならない」という詩を敦康に献じている（『本朝麗藻《ほんちょうれいそう》』）。

内裏焼亡、神鏡焼損

このような雰囲気のなか、十一月十五日の子剋、折からの月蝕も元に復した頃に内裏の温明殿《うんめいでん》と綾綺殿の間から出た火は、瞬《また》く間に内裏を包み込み、神鏡《しんきょう》を焼損《しょうそん》した（『小右記』）。

一条は彰子と二人だけで徒歩の脱出行を行ない、まず中和院《ちゅうかいん》、次いで職曹司《しきのぞうし》、そして太政官《だいじょうかん》朝所《あいたんどころ》に落ち着いたが（『御堂関白記』『小右記』）、居貞の方は内裏の桂芳坊《けいほうぼう》に留まっていた（『小右記』）。

後世「三種の神器《じんぎ》」の一つとされることになる八咫鏡《やたのかがみ》を、自分の代で焼損させてしまった一条、および道長の苦悩は、想像に余りあるが、居貞はこれをどのような気持ちで見ていたのであろうか。

十一月二十七日、一条と彰子は東三条第に、そして居貞は東三条第南院《なんいん》の東対に移御した（『御堂関白記』『小右記』）。東三条第南院で過ごすのは、これでいったい何回目になるだろうか。

造宮定《ぞうぐうさだめ》は十二月二十一日に行なわれ、造営以前の成功重任《じょうごうちょうにん》を求める申文《もうしぶみ》を出す受領《ずりょう》も登場するなど（『御堂関白記』）、いささかの議論も存在したが、結局は一条の入ることのなかった内裏の造営が始まった。

それはさておき、寛弘三年（一〇〇六）の初頭の頃、十九歳に達した彰子と二十七歳の一条との間に、ようやく皇子懐妊《おうじかいにん》の「可能性」が生起したものと思われる。もちろん、それはただちに道長に知らされたであろう。ここに至って、ようやく一条と道長とは、真の意味でのミウチ意識によって結ばれたことになる。これ以後の一条後宮《こうきゅう》においては、彰子がただ一人のキサキとして「寵愛《ちょうあい》」を受けた。二人に残された時間は、あと五年余りに過ぎなかったし、定子《ていし》を追慕する一条の心情は、また別のものであったが……。

この年も、道長は正月三日に東三条第南院で行なわれた東宮大饗に参入している。二月八日には頼宗に、十三日には顕信《あきのぶ》（明子所生）に東宮昇殿を聴すなど、居貞と道長との円満な関係が続いた（『御堂関白記』）。

枇杷殿に移御　三月四日、東三条第において花宴《はなのえん》が開かれ、その後、一条と彰子は一条院《いちじょういん》に遷御し、居貞は枇杷殿《びわどの》に移御した（『御堂関白記』『権記』『日本紀略』）。枇杷殿はこの後、居貞と深い関係を持つ邸第となるのであるが、これが関わりの始まりであった。十一日には、さっそく御射の儀を行なっている（『御堂関白記』）。

この年あたりから、七月四日、八月六日、七日、十四日など、道長が居貞の許《もと》を訪れている例が目に付く（『御堂関白記』）。これは八月七日条に記しているように、「東宮一宮《いちのみや》」つまり敦明の元服に関しての打ち合わせを行なっていたのであろう。

土御門第行幸　八月二十九日、一条は、道長の土御門第に行幸《ぎょうこう》して競馬《くらべうま》を覧《み》ることを道長に提案した（『御堂関白記』）。一条は九月三日には、

天皇がおっしゃって云われるには、「行幸の日に、東宮も参られるかどうかを聞きなさい」と。そこで、東宮にそのことを啓上《けいじょう》した。

と、居貞も参るように指示するなど、相変わらずの気配りを見せている。道長からそれを伝えられた居貞は、

「参りますということであった。東宮の御機嫌は、極めて宜しかった。悦《よろこ》びの様子が有った。」とあるように、それを上機嫌で受け入れている（『御堂関白記』）。

行幸は九月二十二日に行なわれ、一条は彰子や敦康と共に競馬を覧、居貞も行啓《ぎょうけい》を行なった（『御堂関白記』『小右記』『日本紀略』）。西門から入った居貞は、まず御在所に定められた西対《にしのたい》に上り、次いで西廊《にしろう》と仏堂《ぶつどう》の簀子《すのこ》・中島《なかじま》を経て、馬場殿《ばばどの》の後廊《こうろう》に着し、競馬を覧た。その後、西対に戻り、寝殿《しんでん》の御前《ごぜん》に参るべしとの書状を承《う》けて、一条の御前に参上した。銀の高坏《たかつき》二脚と沈香《じんこう》の折敷《おしき》に盛られた御膳が供された後、再び西対に戻った。道長からは贈り物として笙《しょう》と笛がもたらされた。そして居貞の乗った輿が西門から退出《たいしゅつ》しようとした時、次のようなやりとりがあった（『御堂関白記』）。

中宮大夫《ちゅうぐうだいぶ》（斉信《ただのぶ》）が、中宮《ちゅうぐう》（彰子）の令旨《りょうじ》を承って、東宮警護の啓陣《けいじん》に、東宮の御車を東宮御在所の近くまで入れさせるよう命じられた。「ところが東宮は、西中門《にしちゅうもん》の外に御車を立てて退出された」ということだ。

車を西対まで入れて、御在所から直接乗るようにとの彰子の提案があったものの、居貞は西中門の外に車を立て、そこまで歩いて車に乗ったというのである。彰子や居貞の人柄が窺える例である。

敦明、元服

一方、敦明の元服は、十一月五日に枇杷殿で行なわれた（『権記』『日本紀略』『百練《ひゃくれん》抄《しょう》』）。道長は太平楽《たいへいらく》を舞うなど（『百練抄』）、上機嫌であったが、彼は一条・居貞の次の世代まで視野に入れていたのであろう。この時に居貞から道長に下賜された馬は、十二月五日の二男頼宗（明子所生）・五男教通《のりみち》（倫子《りんし》所生）兄弟の元服の儀に際して、加冠《かかん》を勤めた右大臣顕光《あきみつ》に賜っている（『御堂関白記』）。

居貞の方は、十二月二十六日に道長が行なった法性寺《ほっしょうじ》の五大堂供養《ごだいどうくよう》に際して、源《みなもとの》済政《なりまさ》を使者として遣わしている（『御堂関白記』）。

なお、完成した新造内裏に十二月二十六日に還御《かんぎょ》することが、いったんは十一月二十五日に決まったものの（『御堂関白記』）、結局は沙汰止みとなってしまった。一条が内裏に戻ることは二度となく、この内裏に入ることになったのは、寛弘八年に即位《そくい》した三条天皇（居貞）であった。

東宮司に変動

寛弘四年（一〇〇七）正月二十七日に、一条の再三の催促によって道長が執筆《しゅひつ》（除目の上卿《しょうけい》）を勤めた除目《じもく》において、居貞の宮司に変動があった。大納言の道綱が春宮《とうぐう》大夫《だいぶ》から東宮傅《とうぐうふ》に昇任し、参議で春宮権大夫の懐平が代わって春宮大夫に、さらに道長嫡男の頼通が春宮権大夫に任じられたのである。

いまだ十六歳に過ぎない非参議《ひさんぎ》の頼通では、一見すると心許ないかのようにも思えるが、当然ながらその背後には道長が存在するのであり、これは道長の居貞重視の人事と言えよう。道長は正月二十九日に居貞の許を訪れ、頼通の権大夫任命の挨拶を啓上している（『御堂関白記』）。

さて、東宮傅というのは、本来は「道徳を以て東宮を輔《たす》け導く」（『養老東宮職員令《ようろうとうぐうしきいんりょう》』）という、師範のような官で、いわば名誉職なのであるが、三月十四日、居貞は傅に任じられた道綱に、これまでと変わらず春宮坊《とうぐうぼう》を管轄させせよとの令旨を下した（『御堂関白記』）。相変わらず道綱を頼りにしている居貞であったが、向こうの方から手を差し伸べてきている道長に対して、全面的に身を委ねることには躊躇《ためら》いがあったのかもしれない。三月二十四日に道綱の大炊御門第が焼亡しているのは（『御堂関白記』）、まったくの偶然だったのであろうか。

なお、道長は、二月十七日、二十三日、三月九日、十二日、十八日と、頻繁に居貞の許を訪れている。三月十二日は居貞が射儀の負態《まけわざ》を行なったようで、道長も三月二十日に負態を奉仕している（『御堂関白記』）。

この年、道長は彰子の懐妊祈願のため、一世一代の金峯山詣《きんぷせんもうで》を行なったのであるが、八月十一日に蔵王権現《ざおうごんげん》御在所において、一条・冷泉院《れいぜいいん》・彰子・居貞のために経を奉納《ほうのう》している。十四日に帰京した道長は、一条に次いで居貞の許を訪れている（『御堂関白記』）。

また、この頃から道長は、敦康をはじめとする定子所生皇子女に対する対応を変化させている。一条と彰子の間に懐妊の「可能性」が生じたことによるものであろうが、まだ彰子が実際に懐妊するかどうかもわからない段階で（もちろん、無事に出産を遂げるかどうかや、生まれるのが皇子か皇女かも）、すでに彰子から生まれるに違いない（と一人で思った）皇子を一条後継者と定め、長年後見を勤めてきた敦康に見切りを付けるなど、まさに道長の面目躍如といったところであろう。

敦道、薨去

この頃、居貞同母弟の敦道《あつみち》が病を受け、十月二日に死去してしまった。時に二十七歳。和泉式部《いずみしきぶ》との関係で知られる敦道であるが、実はその妃は道隆《みちたか》三女と済時《なりとき》二女だったのであり、いずれも居貞の妃の次の妹であった。敦道が冷泉系皇統《こうとう》の最後の切り札であったことが窺えるが、その死によって、冷泉系皇統は決定的な打撃を受けることとなった。居貞にとっては、自分の次に皇位を嗣ぐべき弟はこれでいなくなったのであり、生母の地位に問題の残る自己の王子を後継者とできるかどうかが、残された問題となったのである。

さて、道長の居貞に対する気配りはその後も続き、十二月十一日には、前日の法性寺三昧堂《さんまいどう》供養において公季《きんすえ》から得た馬二疋を、居貞に献上している。二十六日には、居貞の第四王子師明および第二王女禔子の著袴の儀において、道長が二人の袴の腰を結んでいる（『御堂関白記』）。

実はこの寛弘四年の十二月頃、彰子はついに懐妊していたのである。道長の機嫌の良さも、一つにはこの点に起因したものであった。

花山院、崩御

そのこともあってか、寛弘五年（一〇〇八）は例年になく平穏に迎えることとなったが、その頃、花山院《かざんいん》は死の時を迎えつつあり、二月八日、ついに死去した（『権記』『御堂関白記』）。一条に親権を及ぼすことのできなかった花山院の死は、その治世《ちせい》にとってはさしたる影響はなかったが、居貞と冷泉系皇統にとっては、大きな影響をもたらした。これで冷泉系皇統に属する者は、冷泉院と居貞、そして娀子の産んだ居貞の王子女たちだけになってしまったのである（花山院が退位《たいい》後に乳母とその女に産ませた二人の「皇子」を除いて、であるが）。道長の女である彰子が円融《えんゆう》系皇統である一条の皇子を宿した矢先に、冷泉系皇統の者が一人、姿を消したということは、皇統の移動という点において、まことに象徴的な出来事であった。

二月十八日に道長は居貞の許（枇杷殿北対《きたのたい》）を訪れたが、居貞は前日から御簾《みす》を垂れて喪に服したままであった。なお、道長は、三月十六日、四月二十五日、五月八日と、居貞の許を訪れている（『御堂関白記』）。

皇統観の変化

この頃、七月十日に、一条が厄年《やくどし》をいつ迎えるかで、算博士《さんはかせ》三善茂明《みよしのもちあきら》の勘申《かんじん》が行なわれているが、その結果には、一条は「反正《はんぜい》の主」つまり「草創主《そうそうしゅ》」であるといった文言が盛られていたという（『山槐記《さんかいき》』安元《あんげん》元年〈一一七五〉七月二十八日条）。後文では、「反正の主」とは光仁《こうにん》天皇や光孝《こうこう》天皇など、皇統を正に反《かえ》し、新たな皇統を創出した天皇のこととしている。

一条は皇統を本流に返したのであり、後一条《ごいちじょう》天皇（敦成《あつひら》親王）誕生以前から円融系を「正」とする皇統観があったという考えがある（岡村幸子《おかむらさちこ》「平安時代における皇統意識」）。これまで冷泉系皇統が正統と認識されていたことを考え併せると、それは一条がみずからの治世の中で一歩一歩築き上げ、皆に認識させていったということになるが、為尊《ためたか》・敦道親王に加えて花山院が死去し、一条の後継者である敦成が生まれたこの寛弘五年こそ、皇統認識の転機をもたらした重大な年であったことになる。

敦成の誕生

そして九月九日夜半、彰子に産気が起こり、十日が明けると、道長の招集に応じた諸卿が続々と駆けつけ、寝殿の簀子敷《すのこじき》に候じた。ところがこの日は、邪気《じゃけ》（物怪《もののけ》）が出現するばかりで、いっこうに御産はなかった。この日、道長は土御門第を訪れた顕光と公季に面談したが、その後に伊周《これちか》が参入しても会おうとはしなかった。実資は「何か事情があったのであろうか」と曰くありげに記しているが（『小右記』）、これまでの一条後宮の推移を考えると、物怪の正体が何者であるか、そして道長が何故《なにゆえ》に伊周を怖れるのかは、誰の目にも自明のことであった。

翌九月十一日の午剋《うま》（午前十一時から午後一時）、「御物怪がくやしがってわめきたてる声などの何と気味悪いことよ」（『紫式部日記』）という状況のなか、彰子は「平安《たいらか》に」皇子敦成を出産した（『御堂関白記』）。勅使《ちょくし》を遣わし、御釼《みはかし》を持たせてはいるものの（『御産部類記《ごさんぶるいき》』所引『小右記』）、かつての敦康の誕生時とは異なり、諸史料に一条の喜びの言葉は残っていない。

これで敦康は、道長にとってまったく無用の存在、むしろ邪魔な存在となったのである。そればかりか、外孫《がいそん》を早く立太子《りったいし》させたいという道長の願望は、やがて一条、そして居貞との関係も微妙なものとすることとなる。彰子所生の皇子が生まれるまでは、一条に在位し続けてもらわねばならなかった道長であったが、皇子が生まれたとなると、今度は一刻も早いこの皇子の立太子（すなわち、一条の退位＝居貞の即位）、そして即位（すなわち、三条の退位）を望むようになるのは、時間の問題であった。

寛弘六年（一〇〇九）が明けてすぐの正月三十日、何者かが彰子と敦成を呪詛していたことが発覚し、二月二十日には伊周の朝参《ちょうさん》を停めるという決定が下された（『権記』）。心労《しんろう》が重なった一条は二月十八日から病悩し、二十五日には御手水間《おちょうずのま》にへたり込むという状態となった。四月六日にも風病《ふうびょう》が発《おこ》り、殿上《てんじょう》の作文会《さくもんかい》（漢詩を作る会）を延引《えんいん》している（『権記』）。

このような状況にあっても、驚くべきことに、一条はこの年の二月、彰子を再び懐妊させている

(『御産部類記』所引『小右記』)。その責任感の強さには、いつもながら驚かされる。

居貞に話を戻すと、五月八日、御在所としていた枇杷殿の北辺に火事があったが、大事には至っていない。行成はその子細を娍子に報告させている(『権記』)。

道長は七月一日、十三日、二十日、八月二十三日、九月一日と居貞の許を訪ねているが、九月四日には冷泉院が痢病《りびょう》を悩《や》むということがあって、道長を慌てさせている(『御堂関白記』)。

一条院内裏焼亡

そのようななか、十月五日に一条が里内裏《さとだいり》としている一条院も焼亡してしまった。一条はすでに三年前の寛弘三年十二月には完成していた新造内裏には入らず、御在所を議定《ぎじょう》した結果、「方忌《かたいみ》(方角についての禁忌)が無いので、枇杷殿に渡御すべきであろう」ということになった(『御堂関白記』)。

道長は諸司《しょし》に命じて修築を加えることとなったが、問題なのは、この何年か枇杷殿に居住している居貞の居所である。道長は、あっさりと、

あの枇杷殿には、東宮が、この何年か、いらっしゃった。ところが、他所に移られるべきであるという決定があった。

と記している。道長は翌十月六日に、居貞の許に参って事情を啓上し、御所とすべき所を定めた後、東宮の御所として相応《ふさわ》しい様に室礼《しつらい》を行なうよう、諸司に命じているのではあるが(『御堂関白記』)、

せっかく馴染んだ居所を一条のために明け渡させられた居貞の心情は、また別の問題であろう。枇杷殿に一条を迎えた道長は、「枇杷殿の造営は未だ終わっていないのではあるが、内裏の体裁を頗《すこぶ》る写すことができた」などと自慢している（『御堂関白記』）。

一条第故地

一条第に遷御

十月十四日、居貞は枇杷殿から頼通の高倉第《たかくらてい》に遷御した（『御堂関白記』）。その後、高階業遠《たかしなのなりとお》の宅に遷ったようであるが（『日本紀略』）、二十二日には、かつて源雅信《まさのぶ》の領有していた一条第《いちじょうてい》に遷御している（『御堂関白記』『日本紀略』）。二十六日には居貞の御所の西の町にあたる源満正《みつまさ》宅が焼亡するという事件が出来《しゅったい》したが（『御堂関白記』）、事なきを得ている。

敦良の誕生

これらの騒ぎも収まった十一月二十五日、彰子は一条の第三皇子を出産した。これが結果的に皇統を嗣ぐこととなる後朱雀《ごすざく》天皇になる敦良《あつなが》親王である。

この年の年末、居貞と道長との間に、ちょっとした問題が生起している。十二月十八日、居貞は道長を召した。それに応じた道長が二十日になって居貞の許を訪ねると、居貞は次のように語った。

「自分が枇杷殿から移御する際に、私は『これまでの例によって、賞を賜うべきであるということを天皇に奏上《そうじょう》させなされよ』と云ったのであるが、汝《なれ》（道長）が『今は都合の悪い時機です』とおっしゃったので、その事を奏上しなかった。今、すでに年が過ぎようとしているのだから、奏上させては如何《いかが》であろう」

居貞移御の際の叙位《じょい》を、道長が一条になかなか奏上しなかったというのである。道長の返答は、

「先日は都合の悪い時機でしたので、奏上なされるべきではないと啓上しました。ところが重ねて仰せが有りました。あれこれ仰せられたことを定めることにします」

というものであった。

ところが道長は、具体的な内容を一条に奏上せず、居貞には何か奏上したいことがあるとだけ奏上したようなのである。しかし、一条は翌十二月二十一日、すぐに蔵人頭《くろうどのとう》を道長に遣わして、次のように問うた。

〔源〕道方《みちかた》朝臣が来て、天皇の仰せを伝えて云ったことには、「東宮には、奏上なさりたい事が有るというが、それは何であるか」ということだ。また、道方が天皇の許から帰って来て、仰せを伝え

て云ったことには、「『賞すべき人の名を指定して申上《しんじょう》してきなさい』ということでした」と。

ここに至ってやっと、道長は一条に居貞の希望を伝え、それに応じて一条が、叙位に預かる人々の名簿《みょうぶ》を申上するよう、命じてきたのである（『御堂関白記』）。一条の配慮によって、かろうじて居貞と道長との関係が維持されたといったところであろうか。道長は十二月二十三日、居貞に叙位に預かる人々の名を啓上したうえで、居貞の許に参って慶賀《けいが》を申させ（『御堂関白記』）、二十六日に、頼宗と、妍子の乳母の藤原高子《こうし》が加階《かかい》を賜っている（『権記』『公卿補任』）。

ほんの些細な行き違いが、それまで友好的な関係を続けていた人間同士の心情に影を落とすということは、よくあることである。来たるべき妍子の入侍を直前に控えて、居貞と道長との間には、微妙な隙間が生じることになった可能性も考えられよう。そして、些細なことに必要以上に執着する居貞の性格と行動パターンもまた、このようなやりとりを通じて露《あら》わになってきたのであった。

5　道長女妍子の入侍　寛弘七年（一〇一〇）―寛弘八年（一〇一一）

皇統の嫡流

寛弘《かんこう》七年（一〇一〇）の元旦、敦成《あつひら》と敦良《あつなが》の御戴餅《いただきもちい》の儀が行なわれた。頼通《よりみち》が二人の皇子を抱き、道長が餅を取り次いで一条《いちじょう》に渡し、一条が皇子たちの頭に「戴《いただ》かせたてまつらせなさった」という儀式は、確かに「見もの」だったに違いない（『紫式部日記』）。この時点ではもはや、この皇子たちの方が、皇統《こうとう》を嗣《つ》ぐべき嫡流《ちゃくりゅう》と認識されていたことは、誰の目にも何となく認識されていたことであろう。

藤原妍子の入侍

しかし、道長は、冷泉《れいぜい》系皇統にも目配りを欠かさなかった。二女の妍子《けんし》（母は源倫子《みなもとのりんし》）を居貞《おきさだ》に入侍《にゅうじ》させることによって、円融《えんゆう》・冷泉の両皇統に自己の外孫《がいそん》を擁することを期したのである。それは兼家《かねいえ》も道隆《みちたか》も行なった後宮《こうきゅう》政策だったのであるが、円融系皇統で決着しかかっているこの時期に及んでも、なお両皇統を自己の懐中に収めたいという道長の意志は、やはり特筆に値するものであろう。自己の女《むすめ》を入侍させることによって、他の公卿が女《むすめ》を居貞の許《もと》に入れ、両皇統の対立情況を作ることを抑止しようとしたとも考えられる。

敦良の五十日《いか》の儀が行なわれた正月十六日、早くも道長は、妍子の東宮《とうぐう》入侍の日時を勘申《かんじん》させ、二月二十日と定まった（『御堂関白記』）。『栄花物語』では、

宣耀殿《せんようでん》女御（娍子《せいし》）におかれては当然そうなるべきことが今までこうして延びていただけなのだとお思いになるので、とやかく何もおっしゃらないでいるのを、「ほんとうにどうなさってかお気にもおとめにならないのですね」とおそばの女房《にょうぼう》たちが取沙汰申しあげているけれど、「今はもっぱら宮たちのお世話をし、その隙にはお勤行をしようと思うばかり。そのために東宮の御ためにはお気の毒なことだから、尚侍殿（妍子）の参られるのが一番なのだ」などとお思いになって、まことに遠々しいことのようにしてやはり我慢していらっしゃるが、……

と描いているが、実際にも、すでに三十九歳に達していた娍子としては、現実社会の権力関係に従って、王子たちの養育に専念するしかなかったことであろう。このまま娍子が「床離《とこが》れ」を迎えた可能性も高い。

居貞は二月二日、書状を妍子の許に遣わし（『権記』）、二月二十日の亥剋《い》（午後九時から十一時）、ついに妍子は居貞の許に入侍した（『御堂関白記』『権記』『日本紀略』）。十余人の公卿を供奉《ぐぶ》させ、女房二十八人などを従えて糸毛車《いとげぐるま》に乗った妍子は、確かに道長の女に相応しい威儀《いぎ》を整えていた。

妍子は当時、十七歳。三十五歳の居貞よりも十八歳年下、当時としては親子ほども年の離れた妃《ひ》であった（何せ娍子の産んだ敦明《あつあきら》と同い年なのである）。すでに女性としては成熟のときを迎えていたではあろうが、王子女を懐妊《かいにん》するには、今しばらくの時間を要したはずである。かつて初めて年下の妃として迎えた原子《げんし》でさえ、五歳しか年齢が違わなかったのであるから、これほど年齢の離れた女性と接するのは、居貞にとって、初めての経験であった。

また、正暦《しょうりゃく》二年に娍子を迎えて以来、これは十九年振りの結婚でもあった。実質的に居貞と婚姻関係を結んだのは娍子とこの妍子の二人だけであったことを考えると、最初の婚姻からずいぶん時間を経て、壮年に達してからの二度目の婚姻ということになる。居貞としては、娍子とはまったく異なる世代のこの女性と接して、どのような感慨を抱いたことであろうか。ともあれ妍子が、居貞にとって最後の女性となったわけである。

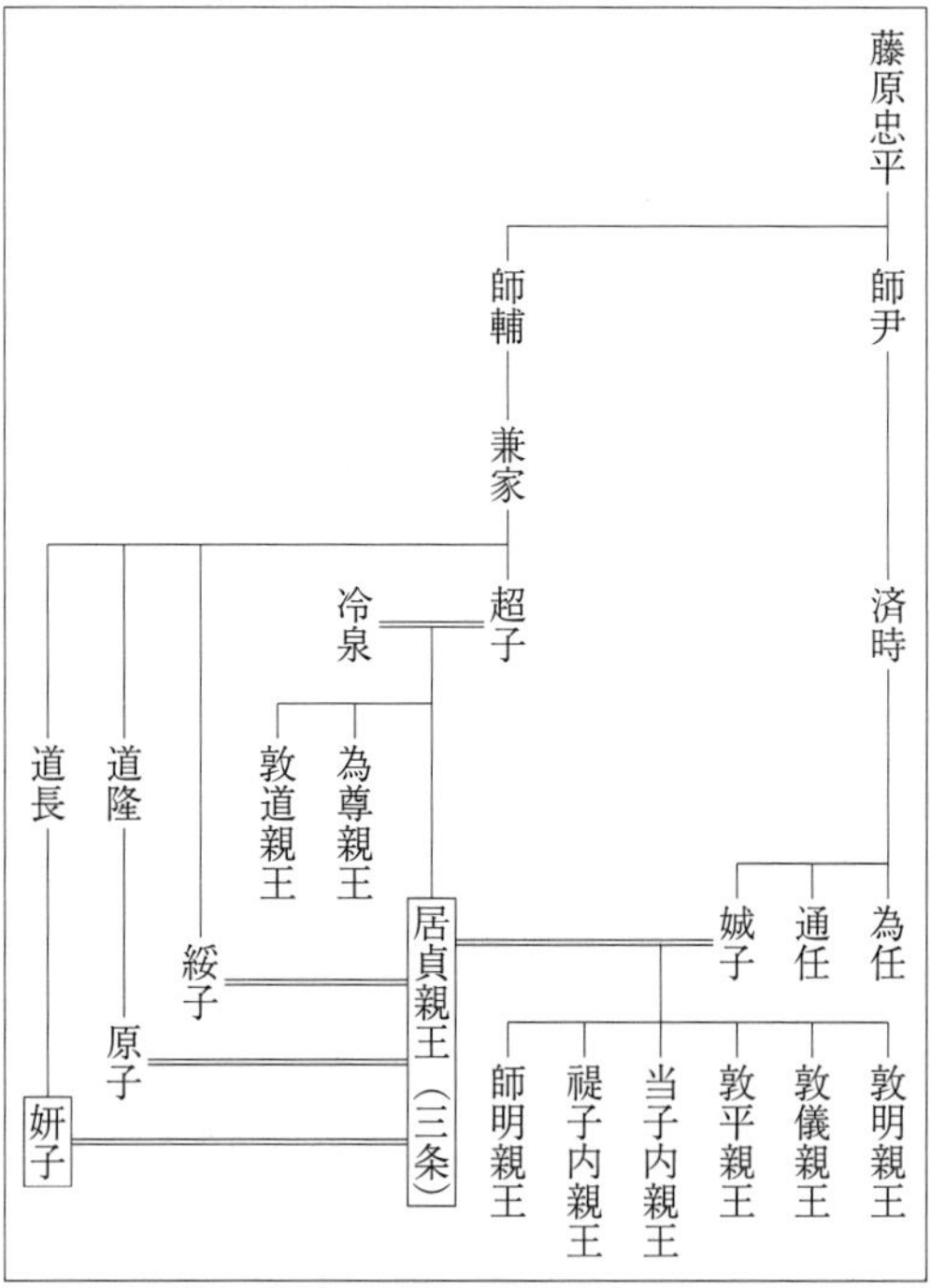

居貞親王妃系図

道長の女

しかしそれよりも、これまで政権担当者の女で入侍したのは、兼家の女の綏子《すいし》と、道隆の女の原子であったが、いずれも後見《こうけん》たる父は、すでに晩年にさしかかっていた。今回の道長は、病気がちであるとはいえ、政権担当の経験も長く、それに天皇の皇子二人を擁した、堂々たる権力者であった。居貞は、この道長と、これからどのように接すればよいのか、幼い妍子を目の

前にして、深く考えこんだことであろう（かつて彰子《しょうし》を目の前にした一条と同じ戸惑いであったに違いない）。『栄花物語』が、

東宮はひどくお年を召していらっしゃるので、まことに気恥かしくももったいなくも思われるほど、あれこれお心遣いが並一通りではない。年来、宣耀殿女御（娍子）をまたとないお方としてお扱い申しておられたのだが、驚き入るほかないほどお若い年齢であるから、もっぱらご自身の御姫宮たちを大切にお据え申しあげられておられるかのようなお気持ちでいらっしゃるのだった。幾日かお過しになるにつれて、だんだんお馴れになるご様子も、いよいよ言うに言われず可愛いお方と思い申しあげあそばす。毎夜の御宿直《とのい》はまた言うまでもなく、昼間も今はもっぱらこの尚侍殿のお部屋にばかりいらっしゃる。

と、妍子の幼さに戸惑いながらも寵愛したと語ってはいるものの、続けて、道長の準備した調度や道具、女房を見て、「時世の好みに染まって当世風のものに心ひかれるのだろうか」などと当惑する居貞の様子は、妍子という女性の個性の背後に、道長という存在を強く意識しているという、この後宮の本質を、はからずも示していると言えよう。

道長が敦康《あつやす》をあっさりと見捨てたことを目の当たりにしている居貞としては、自己の皇統を存続させるためには、妍子との間に王子を儲ける必要性を痛感したであろう。しかしそれは同時に、娍子が産

んだ敦明以下の我が子を皇位から遠ざけることにもつながるという矛盾をはらんでいる（しかも娍子は敦康の生母である定子《ていし》よりも、はるかに地位が劣る）。ここに居貞は、一条の苦悩を我が身のこととして痛感したはずである。皇統存続のための道長女からの王子誕生、すでに生まれている王子たちの未来、そして自己の健康問題、この三つの矛盾を抱えたまま、居貞は最後の女性と接することになったわけである。

居貞は、二月二十六日、さっそく妍子の曹司に渡御《とぎょ》した（『御堂関白記』『権記』）。伺候《しこう》した公卿や殿上人《てんじょうびと》、女房は多数に上り、饗宴《きょうえん》の後、道長は彼らに莫大な禄《ろく》を授けているが、居貞自身は、「夜に入って還御《かんぎょ》なされた」と、ただその座に列席したのみであった。

一方、この年の春以降、一条は行成《ゆきなり》が御前《ごぜん》に参るごとに、敦康の立太子《りったいし》の可否について下問していた（『権記』寛弘八年五月二十七日条）。伊周《これちか》の死去という事態を承《う》け、敦康の処遇については、さぞや心を悩ませていたところであろう。

居貞の方は、この頃も公卿層との友好的な交流が続いた。二月二十六日には伊予介《いよのすけ》藤原広業《ひろなり》が赴任の罷申《まかりもうし》に訪れたので、これに馬を下賜《かし》している。行成は、「東宮学士《とうぐうがくし》であるので、この恩が有ったのであろうか」と、感想を記している。六月四日には、行成が居貞の命によって、手本を書いて献上している（『権記』）。

即位への意識

なお、この時、居貞は、かつて一条の即位式《そくいしき》と朝拝《ちょうはい》に際して龍尾道《りゅうびどう》の上に立てた八咫烏《やたがらす》の向きに関して、兼家が語った言葉というのを行成に語っている。「自分は性質が愚鈍ではあるけれども、この言葉を忘れていない」と言っているが（『権記』）、すでに居貞には自身の即位に対する意識が芽生え始めていたのであろうか。なお、一条が即位した年には、居貞は十一歳であった。

一条院・別納故地

そのことと関連するのであろう、この頃から、道長が居貞の許を頻繁に訪れるようになっている（『御堂関白記』）。それは三月九日、十日、六月六日、七月十日、九月三日、十九日、二十七日、三十日、十月七日、十九日、三十日、十一月九日、十二日、二十四日、二十六日と続くが、内裏《だいり》の一条の許から訪れている点が特徴的である。十一月二十七日の妍子の東宮御所退出や、十二月二日の居貞の一《いち》条院《じょういん》別納庁遷御《べちのうちょうせんぎょ》との関連も考えられるが、やはり一条の譲位《じょうい》、すなわち居貞の即位と関連したものと考えた方がよかろう。

一条の後院《ごいん》となる一条院の造作に積極的であったことと併せ、道長の政治日程に、すでに一条の譲位と居貞の即位が組み込まれていた可能性もあるものと考えられよう。一条は十一月二十八日に、彰子を伴って、半年後に終焉の場となることになる新造一条院内裏に還御している（『御堂関白記』『権記』）。

さて、妍子と居貞の方の移御《いぎょ》であるが、まず十一月二十七日に妍子が一条第《いちじょうてい》を退出し（『御堂関白記』）、十二月二日に居貞が、一条第から一条院別納庁に遷御した（『御堂関白記』『権記』『日本紀略』）。そのうえで、十二月十四日に妍子が一条院別納庁の東宮御所に入御《にゅうぎょ》している（『権記』）。居貞の晩年には、この二人の御在所《ございしょ》をめぐっては、様々な駆け引きが繰り広げられるのであるが、道長の意向もあるのか、この頃にはまだ、すんなりと同居しているようである。

敦明の結婚

この寛弘七年に第一王子の敦明が、顕光《あきみつ》女の延子《えんし》と結婚したという伝えもある（『栄花物語』）。居貞と娍子の掌中の珠である敦明が、老齢にして愚鈍、そして野心家の顕光に婿取られるということは、居貞、娍子、そして敦明の将来に、大きな影響を与えることになるのであるが、それは後年のことである（この時にはそれを意識していなかったのであろうか）。

寛弘八年（一〇一一）は、一条に三合厄《さんごうやく》（太歳《たいさい》・太陰《たいいん》・害気《がいき》の三神が坎宮《かんぐう》で相合する年に起こるとされる災厄）の御慎みがある年であったが（『日本紀略』寛弘七年閏二月九日条、『権記』寛弘八年五月二十七日条）、実際に一条にとっては最後の年となった。彰子から皇子を儲けるまでは退位《たいい》もできず、敦成が生まれてからも、敦康か敦成か、自己の後継者選定を行なえないまま、ずるずると二十五年にも及ぶ治世《ちせい》を続けてきた一条であったが、この年で終焉を迎えることになったのである。

居貞周辺では、正月二日の東宮大饗《とうぐうだいきょう》、三日の妍子御在所での宴飲《えんいん》など（『御堂関白記』）、いつもの年と変わらないかのように明けていった。二十九日の東宮当年御給の申文《もうしぶみ》（『小右記』）、二月十日の東宮殿上定《とうぐうてんじょうさだめ》（『御堂関白記』）、三月十二日の御射の儀（『小右記』）など、平穏に時が過ぎていくかのようであった。

実は道長はこの頃、正月八日から再び金峯山詣のための長斎《ちょうさい》（御嶽詣《みたけもうで》に先立って行なう、五十日または百日間の精進潔斎《しょうじんけっさい》）を始めていた（『御堂関白記』）。その目的は、彰子からの皇子誕生の報賽《ほうさい》だけかもしれないが、それに続く敦成の立太子も道長が祈願しようとしていたと考えると、それは一条の譲位と居貞の即位を意味することにもなる。また、彰子に倣《なら》って、妍子からの王子誕生も祈願したものとも考えられよう。この金峯山詣は、数々の穢《え》や怪異《かいい》が重なって、結局は中止ということになった（『小右記』）。道長の大願《たいがん》成就に対する人々の様々な思いが、様々な形で襲いかかってきたのである。

そして一条は、五月二十二日、彰子御在所（一条院内裏東北対《とうほくのたい》）に渡御した（『権記』）。これが二人の最後の語らいとなろうとは、誰も知る由はなかったはずである。

第三章　蟬蛻《せんぜい》のとき——即位　寛弘八年（一〇一一）

1　一条天皇譲位の策動

一条、病悩

寛弘《かんこう》八年五月二十二日、一条天皇は病に倒れた（『御堂関白記《みどうかんぱくき》』『権記《ごんき》』『日本紀略《にほんきりゃく》』）。その容態は、『御堂関白記』に「天皇は、この何日か、尋常ではいらっしゃらなかった。今、頗《すこぶ》る重く病悩《びょうのう》されておられる」と、『権記』に「容体は、悩乱《のうらん》の気配がある」と、それぞれ見えるようなものであった。

ただし、幼少の頃から病気がちで、成人してからもしばしば「御悩《ごのう》」を起こしていた一条のこと、このまま一箇月後に死に至ると考えた者は、おそらくいなかったはずである。しかし道長は、この機会を逃さなかった。すでに前年から一条の譲位は政治日程に上っていたとはいえ、この病悩をきっかけとして、一条譲位→居貞即位《おきさだそくい》→敦成立太子《あつひらりったいし》を実行しようとしたのである。

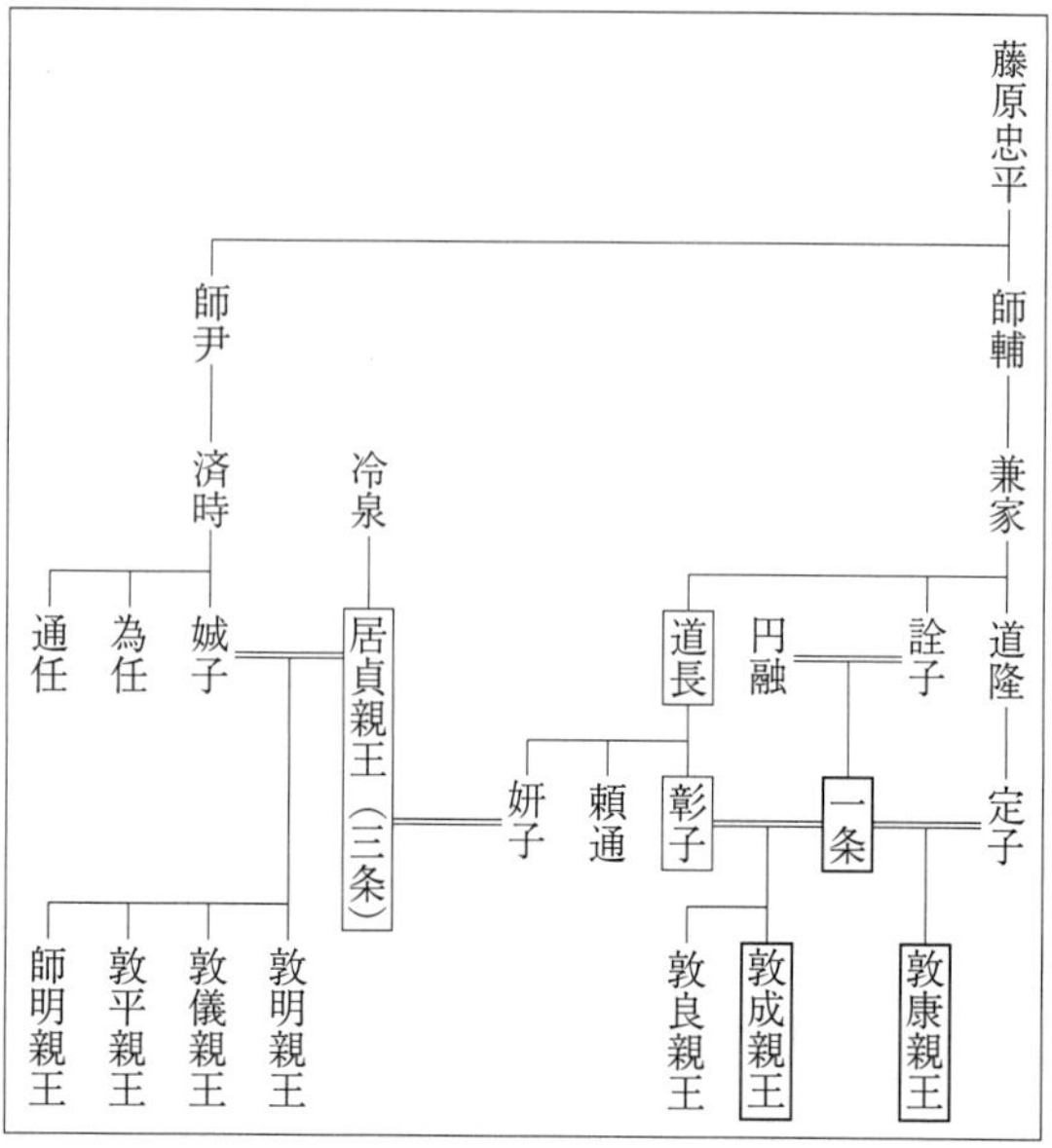

一条天皇・居貞親王系図

一条後の皇位継承構想　詳しくは倉本一宏『一条天皇』をご覧いただきたいが、迭立《てつりつ》状態にあった当時の皇位継承において、一条の次は東宮《とうぐう》居貞親王と決まっていたものの、その次、つまり一条が譲位した際に定められる新東宮は決められないでいた。一条は、定子《ていし》との間に生まれた敦康《あつやす》親王（当時十三歳）と、彰子《しょうし》との間に生まれた敦成親王（四歳）のどちらを後継者にするかという選択を保留し続けていたのである。

一条の意向としては、おそらくは第一皇子《おうじ》の敦康をまず立太子させ、冷泉《れいぜい》系の敦明《あつあきら》親王を挟んで敦成や敦良《あつなが》親王の立太子を望んでいたはずである。この時点での敦康立太子という選択肢は、別に敦成を排除するものではなく、その立太子を先送りするに過ぎない。いまだ若年の彰子（当時二十四歳）や頼通《よりみち》（二十歳）は、間に敦康を挟んだとしても、敦成の即位を待つ余裕があったであろう（権力を担う者としては、これはあまりに甘い考えであり、道長の性急さこそが、政治的には正解なのであるが）。

道長の思惑

しかし、すでに四十六歳に達していた道長としては、この時点で敦成を立太子させられないとなると、居貞―敦康―敦明（あるいは姸子《けんし》の産むはずの皇子）の次までは、とても待てなかったであろう。彰子が幼少であった時期には、唯一の円融《えんゆう》系皇子として敦康を後見《こうけん》していた道長であったが、敦成を立太子させ、病弱な居貞が譲位して敦成が即位すれば、清和《せいわ》朝の藤原良《よし》房《ふさ》、一条朝の藤原兼家《かねいえ》に次いで三人目となる外祖父《がいそふ》摂政《せっしょう》の地位を獲得できる。しかも、一条がただの譲位ではなく崩御《ほうぎょ》となれば、敦成即位の暁には、父院《ちちいん》がおらず国母《こくも》が存生《ぞんじょう》している天皇の外祖父という、およそ考え得る限り最高のミウチ的結合を獲得できるのである（実は先の話になるが、これも間違いであった。敦康は寛仁《かんにん》二年〈一〇一八〉に死去してしまうのであるから、敦康を挟んでも、敦成即位の時点まで、道長は生きていられたのである。おかげで道長は、敦康の霊に悩まされることになる。もちろん、そんなことは、この時点では予測できるはずもないが）。

ただし、敦成の立太子には、かなりの困難が予想された。天武《てんむ》朝とされる天皇制の成立以来、古代において、皇后、もしくは中宮《ちゅうぐう》が産んだ第一皇子は、十六人中、十四人が立太子している。例外は一条皇子の敦康と白河《しらかわ》皇子の敦文《あつふみ》親王の二例ということになるが、敦文は四歳で早世《そうせい》したことによって立太子できなかったに過ぎない。これを除くと、古代を通じて例外は敦康のみとなり、敦康以前には、ただの一例も存在しなかったのである。

道長の策動

一条は「昨春」以来、敦康親王家別当《あつやすしんのうけべっとう》で側近の行成《ゆきなり》に、敦康立太子の可否を諮問《しもん》していた（『権記』寛弘八年五月二十七日条）。それに対し、一条に敦康立太子を諦《あきら》めさせ、敦成立太子に持ち込むという道長の動きは突然に始まり、そして迅速に遂行された。

道長は、「御病悩は、頗る宜《よろ》しくいらっしゃる」（『権記』）という容態の五月二十五日、早くも大江《おおえの》匡衡《まさひら》に譲位に関わる易筮《えきぜい》を行なわせた（『御堂関白記』）。しかも故意ではないとは思うが、譲位どころか天皇崩御の卦《け》が出たという占文《うらぶみ》を見た道長は、崩御を覚悟し、清涼殿二間《せいりょうでんふたま》（一条院内裏北対《いちじょういんだいりきたのたい》の南《みなみ》廂《びさし》）において権僧正慶円《ごんのそうじょうきょうえん》と共に泣涕《きゅうてい》してしまった。隣の清涼殿夜御殿《よるのおとど》（北対の母屋《もや》）にいた一条は、御几帳《みきちょう》の帷《とばり》の綻《ほころ》びからこれを見てしまい、自分の病状や道長による譲位の策動を知って、いよいよ病を重くしてしまったのである（『権記』）。

五月二十六日、「主上《しゅじょう》の御病悩は、まだ宜しくいらっしゃらなかった」という状態のなか（『御堂関白記』）、早くも道長は、譲位を発議《はつぎ》した。しかもそれは、一条には知らされないものであった。翌二十七日の朝、譲位のことがようやく一条に達せられた（『権記』）。一条は、東宮居貞との対面を仲介するよう道長に命じているが、道長は、

天皇は、私を遣わして、東宮と御対面なされるということをお伝えになられた。これは御譲位に関する事であろうか。東宮が内裏に参られる際の御室礼《しつらい》について、すぐに承《うけたまわ》って奉仕させた。

などと白ばくれている（『御堂関白記』）。

行成の進言

　そしてこの後、一条は行成を召し、敦康の立太子について最後の諮問を行なったのである（『権記』）。一条の心中としては、行成はおそらくは敦康の立太子を支持してくれるものと期待していたのであろう。ところが行成は、「この皇子（敦康）の事について、お思いになられてお歎きになられるところは、もっとも当然のことです」と一条に同情しながら、いくつもの理由を挙げて敦成立太子を進言し、一条にそれを認めさせた（『権記』）。

　その理屈というのは、第一に、皇統《こうとう》を嗣《つ》ぐのは、皇子が正嫡《せいちゃく》であるか否かや天皇の優寵《ゆうちょう》に基づくのではなく、外戚《がいせき》が朝家の重臣《じゅうしん》かどうかによるということ。第二に、皇位というものは神の思《おぼ》し召しによるものであって、人間の力の及ぶところではないということ。第三に、定子の外戚である高階《たかしな》氏は、「斎宮《さいぐう》の事」（在原業平《ありわらのなりひら》が伊勢斎宮《いせのさいぐう》に密通《みっつう》し、生まれた子が高階氏の養子となったと伝えられること。もちろん事実かどうかは不明）の後胤《こういん》であるから、その血を引く敦康が天皇となれば神の怖れがあり、太《だい》神宮《じんぐう》に祈り謝らなければならないということ（この部分の『権記』は、後世の追記の可能性もある）。そして第四に、敦康を憐れむ気持ちがあるのならば、年官《ねんかん》・年爵《ねんしゃく》や年給《ねんきゅう》を賜い、家令《かれい》でも置けばよろしかろうということである（『権記』）。

　その際に、一条が「我慢できない事などがある」と語っていたという記述もある（『権記』）。道長による譲位工作に対する思いによるものであろうことは、想像に難くない。一方、道長に対して直接的な怒りを表わしたのが、彰子であった（『権記』）。敦康に同情し、一条の意を体《たい》していた彰子は、その意思が道長に無視されたことを怨《うら》んだのである。

居貞、一条と対面

六月二日、一条は東宮居貞と対面した（『御堂関白記』『権記』『日本紀略』）。その様子は『御堂関白記』に詳しいので、次に全文を掲げることにする。

一条天皇と東宮（居貞）との御対面が有った。これは御譲位の事についてである。巳剋《み》（午前九時から十一時）に、東宮が渡御《とぎょ》された。内裏（一条院）の東門《ひがしもん》から紫宸殿《ししんでん》（一条院寝殿《しんでん》）の東面《ひがしおもて》に設けた御直廬《じきろ》にお入りになった。左衛門陣《さえもんのじん》（一条院東門）から御輦車《てぐるま》を入れ、東対《ひがしのたい》の南妻《みなみつま》の戸口《とぐち》で下りられた。東宮の御直廬に入られた。

主上（一条）は、昼御座《ひのおまし》（一条院北対母屋）にいらっしゃった。〔源《みなもとの》〕道方朝臣《みちかたあそん》を介して、東宮に清涼殿（一条院北対）に参上されるよう、天皇の御書状を伝えた。

東宮は、東対と東北対《とうほくのたい》、渡殿《わたどの》を経て、清涼殿に参上された。暫《しば》くして、東宮は退出《たいしゅつ》された。

御対面の儀の際は、清涼殿南廂の御東障子《ひがししょうじ》の許《もと》に、御茵《しとね》一枚を敷いて、東宮がお坐りになられた。天皇が出御《しゅつぎょ》なされ、直ちに譲位を仰せになられた。「私の次には、東宮がおられるでしょう」と仰せになられたということだ。

私は、天皇の御前《ごぜん》に参った。次に天皇がおっしゃって云われるには、「東宮は、即位についてお聞き入れになった」と。また、おっしゃって云われたことには、「敦康親王の処遇について、あの宮（居貞）から申し出て欲しい欲しいと思っておったのであるが、東宮が早く退出されたので、聞くことができなかったのである。敦康親王に別封《べっぷう》、および年官と年爵を賜うことを、もし東宮から申す事が有るのならば、私も承諾する御用意が有るのである」と。

私は、すぐに東宮の御直廬に参って、この天皇のご意向を啓上《けいじょう》した。東宮の御返《かえ》り事《ごと》に云われたことには、「暫くは天皇の御前に伺候《しこう》していなくてはいけなかったのですが、天皇の御心地《ここち》が宜しくないということを承《うけたまわ》りまして、長い間伺候するのは憚《はばか》りが有って、早く退出したのです。敦康親王の事について仰せになられたことが有るということですが、『たとえ天皇の仰せが無くても、奉仕すべき事は心得ております』と、恐縮しているということを奏上《そうじょう》してください」と。

一条院別納《べちのう》から西隣の一条院内裏に入った居貞は、まず紫宸殿に設けられた直廬に入った。一条の召しによって清涼殿に参上した居貞は、一条から自己の譲位と、それに続く即位について要請を受けた。一条はそれに続けて、敦康の処遇について居貞から申し出てもらいたかったようであるが、居貞は直廬に戻ってしまった。

敦康の処遇を解決しておきたかった一条は、その旨を道長に語った。居貞の直廬に赴いて、一条の意向を告げた道長に対し、居貞は、一条の病状がよくなかったので早く御前から下ったことを述べ、敦康の処遇については、一条から言われなくとも心得ているとの伝言を道長に託した。

これで敦康は、一品《いっぽん》に叙されたうえで本封《ほんふう》以外に封千戸を加え、三宮《さんぐう》に准じて年官・年爵を賜ることが決まったのであるが（『権記』）、気の毒な敦康の処遇について、居貞もすでに考えていたことがわかる。居貞としては、敦康の姿に我が子である敦明の姿を重ね合わせていたのかもしれない。

道長は六月七日、譲位の日と新帝の内裏参入の日を勘申《かんじん》させた（『権記』『御堂関白記』）。結果は、譲位については十三日の午剋《うま》（午前十一時から午後一時）、内裏参入については、十三日に東三条第《ひがしさんじょうてい》、七月十日に朱雀院《すざくいん》に遷り、十一日に内裏参入ということになった（『御堂関白記』）。

2 三条天皇の誕生

居貞、受禅

そして六月十三日、いよいよ二十五年にも及ぶ長い東宮《とうぐう》生活を経て、居貞《おきさだ》が受禅《じゅぜん》する日がやってきた。「蟬蛻《せんぜい》」とは、蟬が脱け殻から脱するように迷いから抜け出て悟りの境地に達することを指す仏教用語であるが、居貞の場合、本当に何年もの間、土中に棲息した後に地上に出て羽を広げる蟬のように、長い東宮時代を経て、ようやく天皇位に即くことになったのである。もっとも、蟬が地上で生きることのできる時間がわずかであるように、居貞もまた、天皇としての時間は短いものであった。

午《うま》一剋（午前十一時から十一時半）、居貞は一条院東院《いちじょういんとういん》（別納《べちのう》）から一条院内裏《だいり》に渡御《とぎょ》し、西対《にしのたい》に設けられた御在所《ございしょ》に入った（『御堂関白記』）。「旧主《きゅうしゅ》（一条上皇《いちじょうじょうこう》）の御悩は、危急《ききゅう》であった」（『権記』）という状況のなか、紫宸殿《ししんでん》における譲国《じょうこく》の儀には、一条は出御《しゅつぎょ》できず、行成《ゆきなり》が清書した居貞の辞譲《じじょう》の表も、右大臣顕光《あきみつ》以下が一条の臥す清涼殿《せいりょうでん》に持って行った（『御堂関白記』『権記』）。一条からは、天皇としての笏《しゃく》や衣が遣わされてきた（『権記』）。

その後、譲位宣命《じょういせんみょう》が読み上げられ（『権記』）、居貞は踐祚《せんそ》して三条天皇となったのである。さっそく蔵人《くろうど》と殿上人《てんじょうびと》が定められたが、新たに蔵人頭《くろうどのとう》に補されたのは、娍子《せいし》の異母弟である藤原通任《みちとう》であった。亥剋（午後九時から十一時）、三条は東三条第《ひがしさんじょうてい》に行幸《ぎょうこう》を行なっている。

なお、平安時代の天皇の平均即位《そくい》年齢は十七・七歳であるが、三条の三十六歳という年齢は、光孝《こうこう》天皇の五十五歳、淳和《じゅんな》天皇の三十八歳に次ぐものであり、摂関期以降ではもっとも高いものである。この後も、三条よりも高年で即位した天皇は、室町《むろまち》時代の後柏原《ごかしわばら》天皇の三十七歳、正親町《おおぎまち》天皇の四十一歳、そして今上《きんじょう》天皇の満五十五歳だけである。

敦成、立太子

東宮には彰子《しょうし》所生の敦成《あつひら》が立った。この後、道長はこの外孫《がいそん》の即位を心待ちにしながら、妍子《けんし》からの三条皇子《おうじ》の誕生を期すことになる。妍子が三条の皇子を産めば、敦明《あつあきら》以下の娍子所生皇子を排して、敦成の後にその皇子を立太子《りったいし》させ、両統迭立《てつりつ》を継続させることになるし、妍子から皇子誕生がなければ、冷泉《れいぜい》系皇統《こうとう》を終わらせたうえで一条皇統を確立し、敦成の後に敦良《あつなが》を立てるという、両睨《にら》みの皇位継承構想を持っていたものと思われる（この時点で、敦康《あつやす》の存在は、すでに考慮に入れていなかったであろう）。

逆に三条の立場に立てば、自己の皇統を存続させるためには、妍子から皇子を儲けるのが最善の策、それが叶わなければ、道長と折衝を行ない、何としても敦明の立太子を期する必要があったのである。こちらも両睨みの皇位継承構想と言えようが、その際、娍子への想い、また妍子への想いが絡んで、なかなか複雑な選択を迫られるであろうことは、すでに予想できていたはずである。

一条、崩御

翌六月十四日、一条の病悩《びょうのう》は危急となり、道長に出家《しゅっけ》の意志を示した（『御堂関白記』）。出家は十九日に行なわれたが病状は快復せず、二十一日に彰子に辞世《じせい》の御製《ぎょせい》を詠んで（行成は定子《ていし》に対して詠んだものと解釈しているが）、不覚《ふかく》（人事不省《じんじふせい》）となった。そして二十二日、ついに一条は死去したのである（『権記』『御堂関白記』）。

これ以降、延々と一条の大葬《たいそう》が続くが、三条としても、いきなり葬送《そうそう》、法会《ほうえ》、廃朝《はいちょう》が行なわれることになって、肩すかしを喰わされたかたちとなったであろう。二十五年間の東宮時代に、天皇として行なうべき政治について、あれこれ考えるところもあったであろうが、その政治意思を具現化して能力を発揮することができない日々が続くことになるのである。

内裏遷幸の意志

寛弘《かんこう》三年十二月に完成していた新造内裏は、一条によって使われることはなく、三条のために残されていたものと思われる。三条は、さっそく六月二十五日、公《きん》任《とう》に内裏遷幸《せんこう》の上卿《しょうけい》を命じている。一条の服喪《ふくも》期間中の内裏遷幸に疑問を感じた公任は、行成に書状を送って相談している（『権記』）。行成も疑義を感じているなかで、七月一日、三条は道長に、遷幸の日時を定めることを命じた（『御堂関白記』）。陰陽師《おんようじ》から「八月十一日」という勘申結果を得た道長も、「移徙《わたまし》に不吉《ふきつ》な火曜日《かようにち》」に遷幸を行なうことに疑問を感じたものの、三日にその結果を三条に奏《そう》聞《もん》した（『御堂関白記』）。

一日も早く正式な内裏に入りたいという三条のフライング気味の思いと、一条の服喪中であるという公卿社会の思いとの間に、微妙なずれが生じていることを窺わせる事例である。しかもその八月十一日は、一条の四十九日の正日《しょうにち》に当たっていたのである。

政権構想の思惑

一方、新帝三条を補佐する政権に関しては、様々な興味深い情報が入り乱れていたことが、実資《さねすけ》の『小右記《しょうゆうき》』に記されている。まず、七月十一日、娍子の異母兄である為任《ためとう》が実資の許《もと》を訪れ、「新主（三条）の御事など」を談じているが、その際、「新帝に聴《ゆる》されることになる内外の卿相《きょうそう》は、左大臣（道長）・大納言《だいなごん》道綱《みちつな》・中納言《ちゅうなごん》隆家《たかいえ》・三位中将《さんみちゅうじょう》教通《のりみち》」という情報を伝えている。頼通《よりみち》ではなく教通が入っているのが注目されるが、娍子や通任あたりから流れてきた情報であろうか。次いで二十五日にある者が実資に伝えた情報として、「昨日の夕方、左大臣が参《さん》内《だい》して雑事《ぞうじ》を奏聞した。天皇は響応《きょうおう》する様子は無かった。妥協されることはなかった」とある（『小右記』）。後に表面化する道長の関白《かんぱく》就任に関わる折衝であろうか。

さらに七月二十六日、次のような情報が実資に届いた。「この数日、斉信《ただのぶ》と俊賢《としかた》の二人が、道長の直廬《じきろ》において、毎日、尊卑《そんぴ》の者を讒言《ざんげん》している。中でも俊賢は、狂ったようである」というのである。また、「俊賢は、一条の時代のように顧問《こもん》の臣となることを、書状で三条の女房《にょうぼう》の許に送った」という報も届いた。その女房が三条に奏聞したところ、三条は「天気《てんき》不快」となったとのこと（『小右記』）。実資が「あいつは、もしかしたら尋常ではないのか。貪欲《どんよく》・謀略《ぼうりゃく》の評判が、共に高い人である」と嘆くまでもなく、何ともやるせない気分になってくる情報であるが、公卿社会における昇進だけが、子孫を存続させる方途であった彼らであってみれば、とても笑うわけにはいかない。

そうこうしている間に、八月二日の夜、三条の父である冷泉院《れいぜいいん》が病に倒れた（『御堂関白記』）。「霍《かく》乱《らん》」のようであったともいう（『小右記』）。もはや三条には皇子女《こうしじょ》以外の親族はこの父院しか残っていなかったのであるが、践祚の直後に、さっそく暗雲が垂れこめてきたのである。

内裏遷御

八月十一日、新造内裏への遷御《せんぎょ》が予定通り行なわれた（『小右記』『御堂関白記』）。一条の四十九日正日に当たるこの日に行なわれた遷幸には、道長が供奉《ぐぶ》することはなかった。実資は、「思うところが有るのであろうか」と記している（『小右記』）。

また、行幸叙位《ぎょうこうじょい》をめぐって、道長と三条との間に意見の齟齬《そご》が生じた。叙位を行なうとの三条の意向に対し、道長は、「天皇の遷御に伴う叙位は、度々ございました。今回に致っては、行なわれない方が宜《よろ》しいのではないでしょうか」と奏上《そうじょう》した。叙位の対象は自分の子供や家司《けいし》になることから、道長としては謙譲《けんじょう》の意を表わしたのであろう。ところが三条は、「これまでの事は、私の与《あずか》り知るところではない」ということで、叙位を強行した。自分の関係者が叙位を受けるので、道長が上卿を勤めるわけにはいかず、また初めての叙位を次席の右大臣顕光に行なわせるのも如何《いかが》という実資の意見で、三条が単独で叙位を行なうという異例の措置となった（『御堂関白記』『小右記』）。

基本的に道長の意志を尊重してきた一条に比べて、新時代の三条の政治意思の発現は、道長や公卿層にも戸惑いを覚えさせたことであろう。自己の政治意思を実現するというのが天皇というものの本来の姿であるとはいえ、二十五年にも及ぶ一条の治世は、貴族社会を一条の政治姿勢に慣れさせてきてしまったのであろう。それに対して三条が、無意識に対抗意識を持ったとしても不思議ではなく

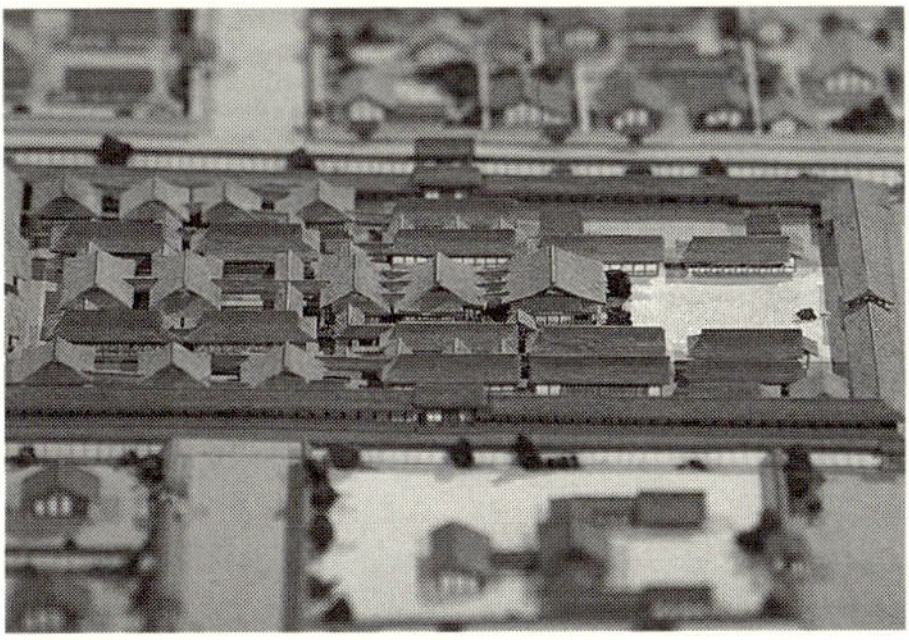
平安宮内裏模型

（「これまでの事」が一条の施政を指すことは、言うまでもない）、ますます公卿社会との齟齬を生じさせることになるのである。

道長への関白要請

この間ずっと、三条と道長との間では、道長の関白就任について、折衝が繰り返されていた。後に道長が記したところでは、「私の関白の事については、天皇が故一条院《いちじょういん》と御対面なされた後、度々仰せが有った」ということである。結局、道長は、「今年は重く慎《つつし》むべきである」という理由で、これを拒否し続けたのであるが（『御堂関白記』）、慎みが明けた翌年以降にも関白には就いていないのであるから、これはもう、自分の政治意思という他はない。道長を関白として優遇したい（もしくは、取り込みたい）三条と、あくまで左大臣兼内覧《ないらん》として太政官《だいじょうかん》をも把握したいという道長との間の、政治抗争の観を呈している。

結局、このやりとりは三条が妥協し、八月二十三日に道長に内覧宣旨《ないらんせんじ》を下すことで決着した（『御堂関白記』『小右記』『権記』『日本紀略』『公卿補任《くぎょうぶにん》』）。

妍子・娍子に女御宣旨

そして同日、妍子と娍子に女御宣旨《にょうごせんじ》が下った（『御堂関白記』『小右記』『権記』『日本紀略』）。すでに尚侍《ないしのかみ》に任じられて従二位という位階を帯している妍子はともかく、「無位《むい》」で大納言を父に持つ娍子も女御の地位に上げるというのは、三条の強い意志が感じられる。道長としても、関白問題で三条の妥協を引き出した以上、ここでは一歩譲ったといったところであろうか。逆に見れば、三条がそれを見越して娍子の女御宣下を持ち出したのかもしれない。三条はさっそく、大嘗会御禊女御《だいじょうえごけいにょうご》に、馴染みの深い娍子の方を指名している（『御堂関白記』）。

娍子周辺では、返す返すも、父の済時《なりとき》が今しばらく生き延びて、一時でも大臣になっていれば、誰に遠慮することもなく女御宣旨を受けられたものと悔やまれたことであろう。しかし、娍子の扱いが、やがてさらに大きな政治抗争につながることになろうとは、何人《なんぴと》が気付いていたであろうか。

二日後の八月二十五日、即位式《そくいしき》の際の加階《かかい》について、三条と道長は意見交換を行なった。加階についての道長の奏状を承《う》けた三条は、道長に前例を問うた。「近代《きんだい》」は加階の例が多く、今回も賜うべきであろうという道長の意見に対し、三条はよく「旧例《きゅうれい》」を勘申させるよう命じた（『御堂関白記』）。何だか内裏移御《いぎょ》の際の叙位の意趣返しの観もあるが、「近代」が一条朝を指すものであることは確実で、それ以前の例によるべきであるとの三条の意見は、一条の治世を強く意識したものであろう。否応なく、官人たちは一条と三条との時代の差異、そして天皇としての両者の姿勢の差異を意識せざるを得なかったはずである。

なお、八月二十七日には、即位を奉告《ほうこく》するための伊勢奉幣使《いせほうべいし》を発遣《はっけん》するために、三条は建礼門《けんれいもん》への行幸《ぎょうこう》を行なっている（『御堂関白記』『小右記』）。

実資の密奏

九月五日には東宮敦成の坊官除目《ぼうかんじもく》が予定されていたが、二日、実資は、五日は重日《じゅうにち》の忌みがあるということを、密々に女房を介して三条に奏上させた。その結果、除目の延期が四日に決定し、三条から実資に悦《よろこ》びの仰せが伝えられた。何故《なにゆえ》に実資がこのような密奏《みっそう》を行なったかというと、「しかるべきことを密々に奏上せよ」という仰せが、あらかじめ三条から実資に伝えられていたからであった（『小右記』）。確かに故実《こじつ》に明るい実資の意見を取り入れることは、政務や儀式の円滑な運営に資するところは多かろうが、このような秘密の行動は、宮廷社会にはすぐに知れわたるものである。その報を耳にしたときの道長や公卿たちの気持ちを考えると、あまり有効な方法とは考えられない。

建礼門（京都御所）

皇子女に親王宣下

十月五日、三条の皇子（敦明・敦平《あつひら》・敦《あつ》儀《のり》・師明《もろあきら》）・皇女（当子《とうし》・禔子《ていし》）を親王《しんのう》・内親王《ないしんのう》とするという決定が下り、敦明は三品に叙された（『権記』『日本紀略』）。これで娍子所生の皇子たちは次代の皇太子《こうたいし》となる資格を得たことになるが、それはあくまでも法制上の問題であり、政治の実状とは別個の問題であった。

同日、道長は妍子を内裏に参入させ、飛香舎《ひぎょうしゃ》に入らせた（『御堂関白記』）。多くの公卿や殿上人が扈従《こしょう》したこの行事が、

大極殿（平城宮）

娍子所生皇子女の親王宣下《しんのうせんげ》と同じ日に行なわれたことは、単なる偶然とは思えない。三条と娍子は、翌年にこの手で痛い目に遭うのである。ただ三条は、十月七日には早くも飛香舎の妍子の許に渡御している（『御堂関白記』『権記』）。

十月十日、三条は累代《るいだい》の壺切御剱《つぼきりのみはかし》を敦成に授けた。また、東宮の印も渡された（『御堂関白記』）。この壺切御剱が、当時も皇太子のレガリア（宝器）として確固たる位置を占めていたのかは、評価の分かれるところであるが、少なくとも道長は、これを皇太子位の象徴として敦成の手元に置き、後年、三条第一皇子の敦明が立太子した際にも、手放そうとはしなかったのである（敦明が東宮位から退き、敦良が立太子した段階で、敦良に授けている）。

即位式

そして十月十六日、大極殿《だいごくでん》において即位式が行なわれた。同日、東宮敦成は内裏の凝華舎《ぎょうかしゃ》に入った（『御堂関白記』『権記』『日本紀略』）。内弁《ないべん》を勧める顕光や典儀《てんぎ》の者たちの遅参《ちさん》はあったものの、つつがなく執り行なわれたこの即位式においては、「掛《かけま》くも畏《かしこ》き平安宮に御宇《あめのしたしらしめ》す倭根子天皇《やまとねこすめらみこと》が宣《の》る、此《こ》の天日嗣高座《あまつひつぎたかみくら》の業《わざ》を、掛くも畏き近江の大津の宮に御宇しし（天智《てんじ》）天皇の初めて賜ひ定め賜へる法《のり》の随《まにま》に、仕《つか》へ奉《まつ》れと仰せ賜ひ授け賜ふ大命《おおみこと》を、受賜《うけたまわ》り恐《かしこ》み、受賜り懼《おそ》り、進むも知らずに、恐み坐《ま》くしと宣る、天皇が勅《おおみこと》を、衆《もろもろ》聞食《きこしめ》さへ」といった時代がかった宣命が読み上げられ（これは恒例のことである）、晴れて三条は即位したのである。左花楼《さかろう》（蒼竜楼《そうりゅうろう》）の南庭の龍尾の欄干《らんかん》に見物の人が多く押し寄せ、欄干が落ちて人が墜落し、怪我人が出たというのも（『権記』）、その晴儀の一こまと言ったところであろうか。

冷泉院、崩御

ところが、そのような晴れがましい雰囲気も束の間、冷泉院の病悩が重くなるという事態となった（『御堂関白記』）。十月十九日に重態となった病状は、その後しばらくは諸記録に残されていないが、二十四日、ついに東三条第南院《なんいん》において死去した（『御堂関白記』『権記』『日本紀略』）。六十二歳。「狂気の天皇」と諸説話に揶揄《やゆ》されることの多い人物であったが、その実状は明らかではない。ただし、次のような、この日の道長の対応（『御堂関白記』）が、この上皇の政治的立場を如実に語っていると言えようか。

早朝、冷泉院の許に参った。御病悩が重かったのであるが、未剋《ひつじ》（午後一時から三時）に退出した。これは、この何日か、私は病悩してしまって、長い間、伺候《しこう》することができない。そこで退出した。夜に入って、〔橘《たちばなの》〕則隆《のりたか》が来て云ったことには、「冷泉院の御病悩は極めて重く、不覚です」と。そこで馳せ参った時に、崩《ほう》じなされた。必要な事を命じておいて、深夜、退出した。

ともあれ、これで三条は、すべての親族を喪《うしな》ってしまい、朝覲行幸《ちょうきんぎょうこう》（天皇が上皇・母后を拝観する

現冷泉天皇桜本陵

儀式）をする先もなくなってしまったことになる。数多くを擁していたはずの冷泉系皇統も、三条と、娍子所生の皇子女たちだけを残すだけとなってしまった。早くに執政者との間をつなぐべき生母である超子《ちょうし》を喪っていた三条であったが、弟たちに加えて父院も喪ってしまったということは、三条の政治的な立場を、極端に弱めることになったに相違ない。

冷泉崩御《ほうぎょ》にともなって数々の措置が執られたが、三条にとって大きな痛手となったのは、大嘗会《だいじょうえ》が停止《ちょうじ》となったことである（『日本紀略』）。天皇としての権威の確立が、これで一つ、大きく遅れることになったのである。

冷泉の葬送は、十一月十六日に東山《ひがしやま》の桜本寺《さくらもとでら》の前野において行なわれ、遺骨は桜本寺に収められたが（『御堂関白記』『権記』『小右記』『日本紀略』）、興味深いのは、前日の十五日、三条が特に道長に、翌日の葬送に供奉することなく、自分の許に伺候するよう命じていることである（『御堂関白記』）。当日、道長は、「私の本意《ほい》としては、故冷泉院御葬送の御供に供奉すべきであった。ところが、天皇の仰せが有ったので、御葬送には参らなかった」などと言いながら、内裏に伺候した（『御堂関白記』）。道長がどれだけの熱意で葬送に供奉したがっていたかは、怪しいところであるが、それよりも、父院の葬送に供奉するよりも、道長に自分の許に伺候していてほしいという三条の意向の方に注目すべきであろう。この時はまた、どのような気持ちの表われだったのであろうか。

敦明出家騒動

さて、先ほど、弱体化する冷泉系皇統と述べたが、それを象徴するような小さな「事件」が、十一月二十四日に起こった。敦明が出家しようとしていると、娍子が三条に奏上したというのである（『権記』）。行成はこれについて、謀計の僧たちによる仕業という情報を記しているが、いったい誰が、敦明の出家を画策し、それを敦明に教唆したのであろうか。この「事件」の顚末は、諸史料に残されていないが、皇統の行く末をめぐって、何やらきな臭い出来事である。そのことと何か関係するところがあるのであろうか、二十九日には、清涼殿昼御座《ひのおまし》の御帳《みちょう》の帷《とばり》に火が付き、一面が焼けてしまった（『御堂関白記』）。

十二月十七日から始まった除目《じもく》では、その敦明が式部卿《しきぶきょう》に任じられたのであるが、この時の除目では、様々なことが起こっている。そのなかでも、三条が蔵人頭に補したばかりの娍子の異母弟・通任を一挙に参議《さんぎ》に上らせ、その後任として道長の三男である顕信《あきのぶ》を蔵人頭に補すことを、しきりに道長に指示したということは重要であろう。それに対し道長は、通任の昇任に対する抗議の意味も含めてのことか、それを固辞したのである（『権記』）。道長の子息を側近として取り込みたい三条と、それを拒絶する道長との間の意見の齟齬が表面化したことになる。

生母に贈皇太后、国忌・山陵

十二月二十七日、三条は、生母の故女御藤原超子に皇太后《こうたいごう》を贈り、国忌《こき》・山陵《さんりょう》を置くという決定を下した（『小右記』『権記』『日本紀略』）。これで三条は、自分の生母に関して、格を上げたことになるのであるが、行成は、「国忌・山陵の廃置《はいち》は朝家の大事であって、諸卿が議定《ぎじょう》して是非を決すべきものである」との疑義を示している（『権記』）。

十二月二十九日の追儺《ついな》においては、公卿が行成しか参入せず、弁官や少納言《しょうなごん》も不参《ふさん》であった。一人でこの儀を取り仕切った行成は、「公事《くじ》の陵遅《りょうち》は、何事につけてもこのようである」と怒りを露《あら》わにしている（『権記』）。なお、この日の記事が、『権記』がまとまって残る最後のものである。

とまれ、一条の崩御と三条の即位が起こった寛弘八年は暮れていくのであるが、翌長和《ちょうわ》元年（一〇一二）は、さらに激動の年となるのである。

第四章　妍子と娍子の立后　長和元年（一〇一二）

1　妍子の立后

長和《ちょうわ》元年（一〇一二）が明けた早々の正月三日の戌剋《いぬ》（午後七時から九時）、妍子《けんし》を立后《りつごう》せよとの三条天皇の宣旨《せんじ》が、道長の許《もと》にもたらされた。妍子はさっそく亥剋《い》（午後九時から十一時）に、多くの公卿《くぎょう》を従えて東三条第《ひがしさんじょうてい》に遷り、立后の準備に入ることとなった（『御堂関白記《みどうかんぱくき》』）。

妍子に立后宣旨

即位した三条が皇后を立てるとすれば、それは当代の執政者である道長の女《むすめ》である妍子しかいないであろうということは、誰しも認識していたはずである。いくら皇子女《こうしじょ》を多く産んでおり、三条個人の寵愛《ちょうあい》も深いとはいえ、妍子をさしおいて、すでに死去している大納言《だいなごん》の女に過ぎない娍子《せいし》を立后させるなどという個人の恣意《しい》を発現するということは、とうてい公卿社会の支持を得られるはずは

なく、一国を統《す》べる天皇としては、まったくその資格を欠くものである。『栄花物語《えいがものがたり》』に、三条が娍子に、

春霞　野辺に立つらんと　思へども　おぼつかなさを　隔てつるかな
（春霞が野辺に立つようにあなたが立后なさることだろうとは思うが、しばらくお目にかからないで過ごしたものです）

と、娍子が立后するだろうという歌を贈り（『新千載和歌集《しんせんざいわかしゅう》』に採られている）、それに対して娍子が、

霞むめる　空のけしきは　それながら　我が身一つの　あらずもあるかな
（霞んでいる空の風情は春ですが、我が身一つは御寵愛も昔のようではないことです）

と詠んで、寵愛が昔のようではなくなったと返したと見えるのは、実際の政治の表面の情勢とは関わりのない局面の話であろう。

その意味では、妍子の立后という選択は、道長の希望もあったとはいえ、三条としては致し方ないところであったものと思われる。この時点では、妍子から皇子《おうじ》を儲けて、その皇子をみずからの後継者とするという皇位継承プランも現実性を持っていたはずである。ただし、三条としては、長年の間、

実質的にただ一人の配偶者として身近にあり、六人もの皇子女を産んでいる娍子と、敦明《あつあきら》親王をはじめとするその所生の皇子の処遇について、頭を悩ませていたことであろう（この時すでに、娍子の立后について考えていたのであろうか）。

そんなことには頓着しない道長は、正月十四日に立后の雑事《ぞうじ》を定めて調度《ちょうど》と御器《ごき》を造り始め、立后の実現を祈願する修善《しゅぜん》を始めた（『御堂関白記』）。

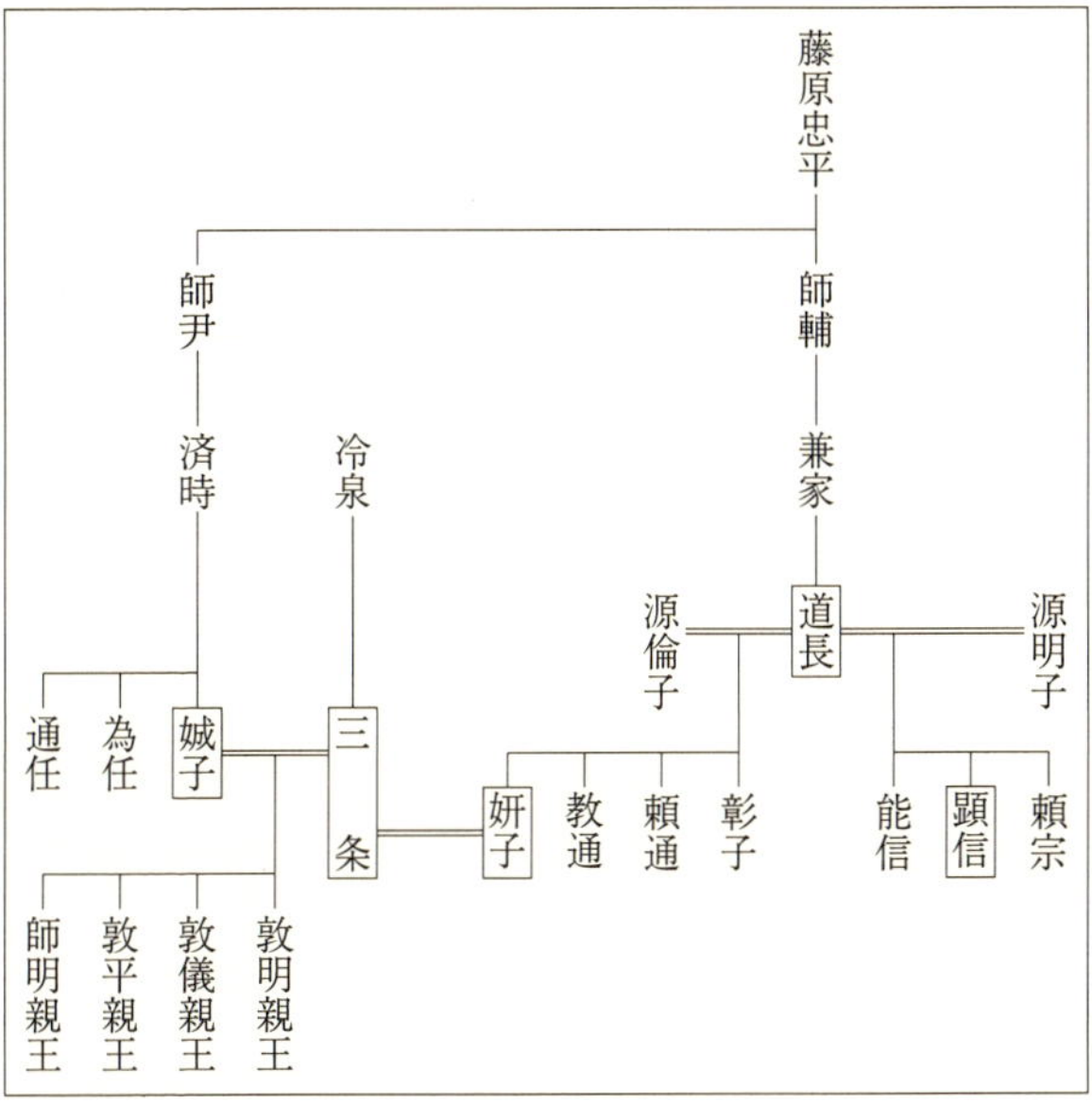

三条天皇後宮系図

顕信、出家

すべてがうまくいっていたかに見えた正月十六日、源明子《めいし》所生の道長三男である十九歳の顕信《あきのぶ》が、比叡山《ひえいざん》の無動寺《むどうじ》に登って突然出家するという事件が起こった。道長は「本意《ほい》が有って行なったものであろう。今さら云っても益の無いことである」などと言って冷静に対処しているが、心神不覚《しんしんふかく》となった明子に接すると、みずからも不覚となっている

（『御堂関白記』）。

顕信の出家の背景は判然としないが、前年暮れの蔵人頭《くろうどのとう》就任をめぐる道長の対応が一つの引き金となったであろうことは、間違いのないところであろう。三条との間に距離を置きたいという道長の高度な政治的判断など、顕信には理解できようはずもなかったのである。政治的に不遇を託《かこ》つことの多い明子腹《めいしばら》の顕信にとってみれば、やっとのことで出世の展望が開きかけた矢先に、あろう事か父の道長によって、その道が閉ざされてしまったとでも思ったのであろう。

三条の方は、二月八日に「京極《きょうごく》の辺りに住む嫗《おうな》」に歯を抜かせたのであるが、物忌《ものいみ》によって参内《さんだい》できないという道長に対し、道綱《みちつな》と隆家《たかいえ》を介して、抜いた歯を持って行かせ、これを見させている（『御堂関白記』）。どうも二人の気持ちは噛み合っていないようにも思えるのであるが（道長もびっくりしたであろう）、三条の側からは、道長との友好的な関係を維持しようとしていたのであろうか。

妍子、立后

そして二月十四日、妍子立后の日を迎えた。かつての彰子《しょうし》の立后とは異なり、何の問題もない立后ではあったが、我が女二人を中宮《ちゅうぐう》に立てた道長の感慨は、想像に余りある。冷泉院崩御《れいぜいいんほうぎょ》にともなう諒闇《りょうあん》のため、三条の出御《しゅつぎょ》はなかったものの、立后の儀式は滞りなく行なわれた（『御堂関白記』）。中宮大夫《ちゅうぐうだいぶ》に道綱を任じているのは、三条の信任の深い道綱をも、自己の陣営に引き入れようとする策であろうか。なお、中宮権大夫《ちゅうぐうごんのだいぶ》に五男の教通《のりみち》、中宮権亮《ちゅうぐうごんのすけ》に四男の能《よし》信《のぶ》（明子所生）と、道長は自分の子息を宮司《みやづかさ》に配している。能信が後年、この縁もあってか、妍子が産んだ禎子《ていし》内親王《ないしんのう》所生の尊仁《たかひと》親王（後の後三条《ごさんじょう》天皇）の即位に尽力し、頼通《よりみち》や教通など倫子腹《りんしばら》の摂関家《せっかんけ》の権力を失墜させることになろうとは、さすがの道長も、この時点では想像すらできなかったことであろう。

娍子立后の提案

事はこれで決着したかに見えたが、三月に入ると、三条は娍子の扱いについて、道長にとんでもない提案を行なった。何と娍子を皇后に立て、一帝二后《いっていにこう》を再び現出させようとしたのである。かつて一条天皇の後宮《こうきゅう》に関白道隆《かんぱくみちたか》の女の中宮定子《ていし》がおり、そこに道長が女の彰子を入れて中宮に立てたことに初例を持つこの現象は、一条朝においては、致し方ない面もあった。定子も彰子も、共に時の執政者の女であり、彰子入内《じゅだい》の時点では、定子はすでに出家していたのである。

ところが今回の場合は、娍子の父が大納言に過ぎず、しかもはるか昔に死去してしまっているのである。いくら多数の皇子女を産んでいるとはいえ、参議《さんぎ》に上ったばかりの通任《みちとう》しか後見《こうけん》に持たない娍子を皇后に立てるというのは、いくら何でも無理というものであろう。平安時代になってから、大臣の女以外の立后は、橘《たちばなの》嘉智子《かちこ》という例外しか存在しないのである（黒板伸夫《くろいたのぶお》『藤原行成』）。

ここには、娍子、ひいては敦明をはじめとする皇子たちの存在意義を低下させまいという三条の強い意志が窺える。妍子から皇子を儲ければ、自己の皇統《こうとう》を存続させることができるはずの三条であったが、やはり長い年月を共に過ごした娍子、そしてその娍子が産んだ皇子たちを見捨てることはできなかったものと思われる。妍子が皇子を産まなかった場合のことも、すでに念頭に置いていたのかもしれない。ただしその場合、道長との間にぎくしゃくした感情を生じさせ、その関係が極度に緊張をはらんだものになるであろうことも、容易に予測できたであろうが……。

この数日のやりとりは、娍子立后宣旨が下った三月七日の『御堂関白記』の次の記事から窺える。

内裏《だいり》から右大弁《うだいべん》（源道方《みちかた》）が来て、天皇の仰せを伝えて云ったことには、「今日、宣耀殿女御《せんようでんにょうご》（娍子）を皇后に立てるという宣旨を下すのは如何《いかが》であろう」と。奏上《そうじょう》させて云ったことには、「先日、その仰せを承《うけたまわ》りました。いずれにしても、仰せに随います」と云った。「宣旨が下った」ということだ。

数日前（おそらくは三月三日）に示された三条の意向にうんざりして、突き放している様子が、ありありとわかる書きようである。道長が、娍子が気の毒だからといって立后を三条に勧め、父の済時《なりとき》が大納言では不足だからと贈太政大臣宣旨《ぞうだいじょうだいじんせんじ》を下すよう提案したなどという『栄花物語』の説話は、まったく考慮に入れる必要はない。なお、済時に右大臣《うだいじん》が贈られたという史料も、『公卿補任』の長徳《ちょうとく》元年の尻付《しづけ》しか存在せず、しかも日付も記されていないなど、信憑性に疑問が残るものである。

三月二十四日に内裏触穢《だいりしょくえ》が「発生」し（女房曹司《にょうぼうぞうし》で下女《しもおんな》が死去）、二十六日に紫宸殿《ししんでん》の燭台《しょくだい》の火が落ちて、床板に付いて焼けたというのも（『御堂関白記』）、この間の宮廷の「雰囲気」が具体的な形をとって現われたものであろう。

妍子内裏参入の決定

道長としても、さらに目に見える形の手を打たなければならない。四月九日には、娍子立后の日と決まっている二十七日の亥剋に妍子を内裏に参入させることを決定した。もともと十五日に予定されていた吉田祭《よしだのまつり》に妍子が奉仕することになっていたのであるが、内裏触穢によって吉田祭が次の子《ね》の日である二十七日に延期され、それにともなって妍子の内裏参入も二十七日に延期されたのである（服部一隆《はっとりかずたか》「娍子立后に対する藤原道長の論理」）。「時剋《じこく》が前後していれば何事もないでしょう」というのが、源俊賢《としかた》が道長に教唆した手であった（『小右記《しょうゆうき》』）。確かに行事の遂行自体についてはその通りなのであるが、妍子の内裏参入の前後に延々と饗宴《きょうえん》が続き、娍子立后の儀式に参列する卿相《きょうそう》が少なくなるであろうことは、誰しも予測できたところであろう。それに二十七日以前に妍子を参入させても、何ら差し支えはなかったのであるし……。

翌四月十日、妍子が御在所《ございしょ》としている東三条第の井戸に厭物《えんもつ》（餅数枚と人の髪など）が沈められていることが発覚し、すぐさま道長が陰陽師《おんようじ》の安倍吉平《あべのよしひら》と賀茂光栄《かものみつよし》に占わせたところ、呪詛《じゅそ》と勘申《かんじん》したというのも（『御堂関白記』『小右記』）、何やらタイミングが良すぎる感がある。道長はさっそく、内裏の三条の許、および彰子の許に赴き、これを報告している（『御堂関白記』）。なお、この十日には、道長の土御門第《つちみかどてい》から明るい人魂《ひとだま》が出て巽方《たつみ》（南東）の山辺に落ちたのが、多くの人によって目撃されている（『小右記』）。

実資への恩詔

さすがにこれらの措置には、三条も我慢がならなかったのであろう、実資《さねすけ》の実兄である懐平《かねひら》が御前《ごぜん》に伺候《しこう》した際、次のような言葉を発したことが、懐平から実資の養子の資平《すけひら》を介して、四月十六日に実資に伝えられた（『小右記』）。

「左大臣（道長）は、私に対して礼を欠くことは、もっとも甚だしい。この一、二日は、寝食も通例のように摂れない」

実資は続けて、「仰せられた趣旨は、極めて多くに及んでいる。大臣の為に、天皇の御気色《みけしき》は宜《よろ》しくなかった」と記している。実際には、日記に記すことのできないような具体的な言葉が発せられていたのであろう。その次に三条が伝えさせた言葉というのは、

「右大将《うだいしょう》（実資）は、私の方人《かたうど》（味方）であると言うべきである。しかるべき人を御前に召して雑事を相談することに、また何の不都合が有るだろうか」

というものである（『小右記』）。もっとも、実資としても、道長との関係を悪化させている三条から頼りにされても、ありがた迷惑なところだったであろう。実資自身は、四月五日に一条院《いちじょういん》を見に行き、「懐旧《かいきゅう》の心は、殊に切なるものがあった」と、一条の時代を懐かしんでいるのである（『小右記』）。

三条の方は、そのようなことが重なったためであろう、四月十八日から風病《ふうびょう》を発《おこ》していた（『御堂関白記』『小右記』）。風病というのは今日の風邪ではなく、中枢神経系・末梢神経系に属する疾患の総

称である（服部敏良『王朝貴族の病状診断』）。十九日に道長が伺候すると、尋常であるかのように御台《おだい》盤《ばん》に着していたというのも（『小右記』）、やせ我慢が過ぎよう。

考えてみれば、これまで三条と道長との関係は、多少の意見の齟齬《そご》はあったにせよ、決定的な衝突にまでは至っていなかった。三条の方から言いだした、そして公卿社会の常識を逸脱した娍子立后こそが、二人の関係を決定的に悪化させる引き金となったのである。そしてこれ以降、両者の関係はけっして元に戻ることはなかった。

2　娍子の立后

娍子立后・妍子内裏参入の日

そしていよいよ四月二十七日、娍子《せいし》が皇后に立つ儀式と、中宮妍子《ちゅうぐうけんし》が内裏に参入する儀式が同日に行なわれる日がやってきた（ついでに言うと、道長の五男である教通《のりみち》と公任《きんとう》の女《むすめ》との婚姻も行なわれており、この日はこのような吉事に縁起の良い日だったのである）。

娍子立后と同日に、道長が妍子参入をかち合わせたことについては、土田直鎮《つちだなおしげ》『王朝の貴族』以来、これを道長の嫌がらせと解釈する考えが多い（近年では、大津透《おおつとおる》『道長と宮廷社会』、服部一隆「娍子立后に対する藤原道長の論理」など）。しかしながら、『小右記』に記された実資《さねすけ》の憤慨を中心として考えるという態度もまた、一面的なものであろう。娍子立后と妍子参入とは、まったく別個の場所で行なわれていたのであり、『小右記』を記した実資は娍子立后の儀に、『御堂関白記』を記した道長は妍子参入の儀に、それぞれ参列していたのである。

二人は自分の眼前で執り行なわれた儀式しか、直接には見聞していないのであり、当然ながら自分の参列した儀式を中心に、その日の記事を記すことになる。

道長・実資の立場

二つの日記を対照させ、それぞれの記主の立場をよく考えて、この日に起こったことを考えるというのが、冷静な学問的態度というものであろう。ついでに言えば、この長和元年から、道長に近い立場の行成《ゆきなり》が記した『権記《ごんき》』が残っておらず、『小右記』の筆鋒《ひっぽう》がより際立ってしまうのであろう。

ただし、道長が後見《こうけん》のない娍子の立后自体に対して、批判的な感情を抱いていたことは確実であろうし、それは公卿《くぎょう》社会全般に通じるものだったはずである（中込律子《なかごみりつこ》「三条天皇」）。また、このような場合に自分の主宰《しゅさい》する行事をかち合わせて、それぞれの出席者を確認するという「政治手法」も、道長が中宮定子《ていし》の存生《ぞんじょう》時から用いていたものである。その際に、三条や娍子がどのような感情を持つであろうかも、当然のこと予測できたはずである（「未必《みひつ》の嫌がらせ」とでも称すべきか）。三条も東宮《とうぐう》時代に見聞きして、道長のこの手法については知っていたはずであるが……。

一方、実資がその時々の執政者の、朝廷や天皇をないがしろにするかのような政治姿勢に対して、批判的な記述を行なうこともまた、いつものことである（あくまで『小右記』の世界の中でのことであるが）。それに実資にしても、前日に道長から妍子参入に使うための車を出すように命じられ、わざわざ斎院《さいいん》（選子《せんし》内親王）から借りて、道長に提供しているのである。ここでは、両者の立場や性格をよく勘案して、この日に起こったことを時間順に整理し、いったいどういうことが起こっていたのかを考えてみることにしよう。

当初、陰陽師《おんようじ》たちが勘申《かんじん》した娍子立后の時刻は子《ね》剋（午後十一時から午前一時）であった。この勘申に従って子剋に立后の儀を行なえば、亥《い》剋に妍子の内裏参入に供奉《ぐぶ》してきた公卿たちが、そのまま娍子立后の儀にも参列することができたかもしれなかったのである。ところが、それは夜半であるということで、三条は未《ひつじ》剋（午後一時から三時）に改め定めた。陰陽師たちは不審がったが（『御堂関白記』）、三条としては妍子の参入と時剋をなるべくずらし、妍子の内裏参入よりも先に娍子立后の儀を行なうことによって、多くの公卿に参列してもらいたかったのであろう。妍子に扈従《こしょう》して内裏に参入してきた諸卿が、娍子立后の儀の直前に揃って内裏から退出するという最悪の事態を避けるために、三条がわざわざ妍子参入にともなう饗宴《きょうえん》が行なわれていて諸卿の参入が少ないことの言い訳が立つこの時剋に変えたというのは、深読みのしすぎであろう。

実資の参内

その日は昨夜来の大雨であった。右大臣顕光《うだいじんあきみつ》は「所労《しょろう》」を、内大臣公季《ないだいじんきんすえ》は「物忌《ものいみ》」を、それぞれ申して立后の儀に参入してこない。そこで大納言実資の許《もと》に、巳《み》剋（午前九時から十一時）以前に参入せよとの使者が送られた。実資への配慮からか、用件は知らされていなかったようである。実資は、立后宣命《りつごうせんみょう》の内弁《ないべん》を勤めよというのであろうかと推量し、「天に二つの日は無く、土に二つの主は無い。であるから巨害を恐れることはない」と意気込んで参入した（『小右記』）。

故意によるものか、それとも本人の言うとおり「所労」によるものか、遅れて未一剋（午後一時から一時半）に実資が参入すると、諸卿や必要な諸司《しょし》は参入していなかった。実資は、自分を参入させた用件を、わざわざいま一度、三条に問うている（「何日か前に伝えてくるべきだ」と非難もしている）。

さて、妍子の御在所《ございしょ》である東三条第《ひがしさんじょうてい》に喚使《かんし》を遣わして、参内《さんだい》するよう命じても、公卿たちは使者を前に召し出し、手を打って笑ったり、口々に嘲哢罵辱《ちょうろうばじょく》したりするばかり。中でも藤原正光《まさみつ》などは石を使者に投げつけるという始末であった（どこにそんな石があったんだろう）。集団心理というのは、まことに恐ろしいものである。道長は、どのような顔をして、この狂態を眺めていたのであろうか。後にこのことを知った実資は、「狂乱したのか。神の咎《とが》めが有るであろう、天譴《てんけん》が有るであろう。至《し》愚《ぐ》の者と称すべきである」と、怒りを露《あら》わにしている（『小右記』）。

立后宣命の作成

結局、内裏に集まった公卿は、実資のほか、中関白家《なかのかんぱくけ》の隆家《たかいえ》、実資の兄の懐平《かねひら》、娍子の異母弟の通任《みちとう》の四人だけであった。それだけのメンバーで立后宣命を作成することとなり、実資は蔵人頭《くろうどのとう》に、「『中宮妍子を尊んで皇后とし、女御《にょうご》娍子を中宮とする』というのであろうか」と問うた。これは妍子を正式な皇后と見なすことを意味する。それに対し蔵人頭は、「ただ、『皇后とする』としなさい」と答えた（『小右記』）。妍子と娍子に差異を設けないというのが、三条の意向だったのであろう（定子や彰子《しょうし》の場合もそうであったが、宣命では、中宮も律令に規定された正式な后妃《こうひ》として「皇后」と称される）。この時点では、実資たちの間には妍子と娍子の身位《しんい》について、確たる見解がなかったことを示している。実資が娍子の名を、「御名は娍子か」と問うているのも（『小右記』）、娍子の存在が公卿社会に浸透しているわけではないことを示している。

こうして宣命の草案《そうあん》を作り、道長に内覧《ないらん》してもらうために、内記《ないき》を遣わして東三条第に持って行かせたが、長い時間を経ても帰参してこない。向こうには道長に取り次ぐ人がいないのだろうか、と蔵人頭たちは推測している。実資は、道長が立后を妨害しており、万人はそれに怖畏しているからだと記している（『小右記』）。もっとも、これは内裏にいた人々の見解であって、実際には東三条第では、皆で宣命の内容について協議していた可能性もある。

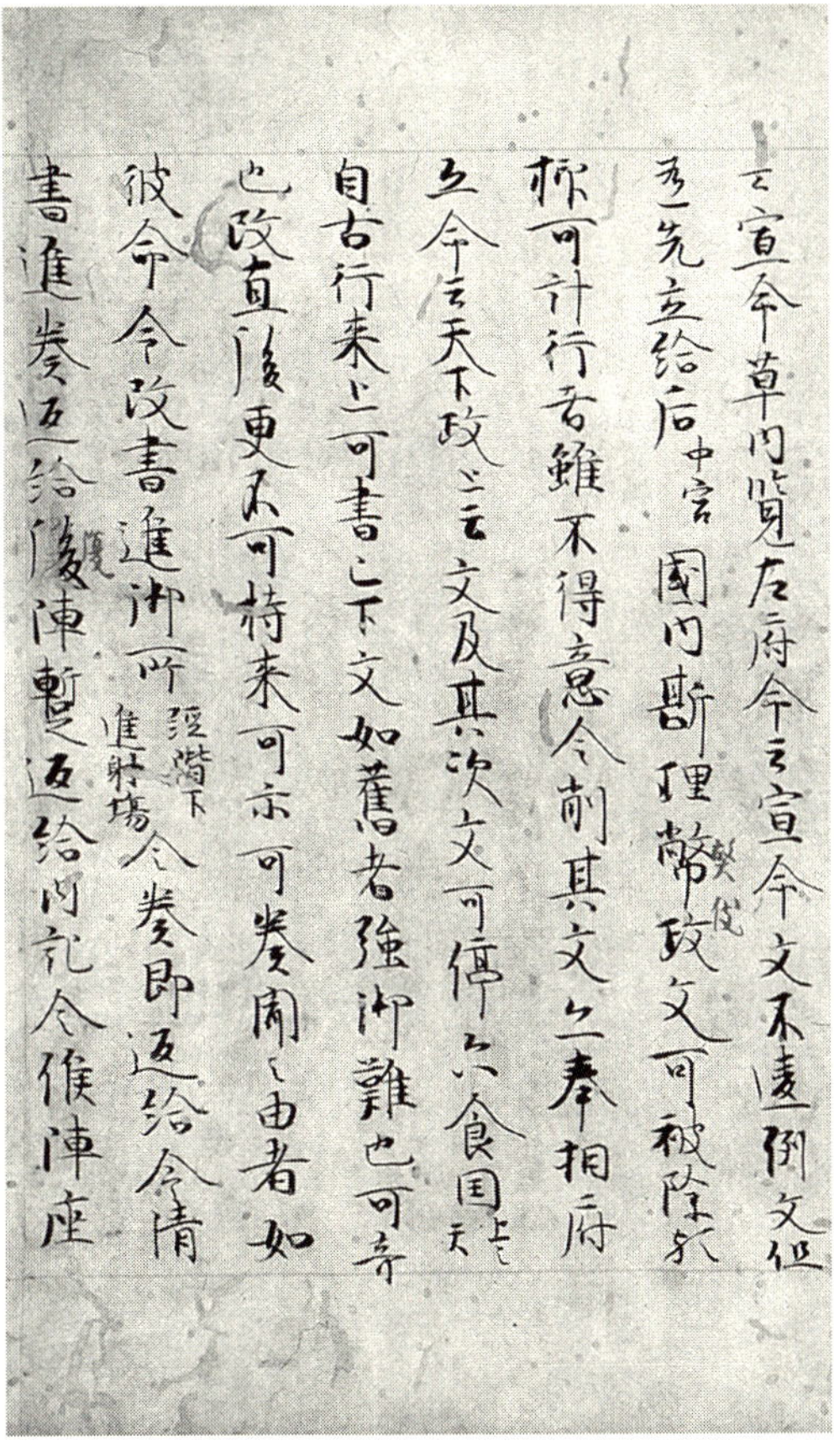

『小右記』
長和元年四月二十七日条
（前田育徳会尊経閣文庫蔵）

中《さる》の終剋（午後五時前）、ようやく内記が帰って来て言うには、道長は宣命の文の中に「後《しり》への政《まつりごと》」（政務における皇后の内助）とあるのは、先に妍子が中宮に立っているのであるから、除くべきであると命じたとのこと。実資は納得していないが（文面を変えることによって先例通りの宣命を発給できないことを恐れたのであろう）、その文を削らせて、また道長に内覧させたところ、「天の下の政」という文、およびその次の文（『儀式《ぎしき》』などを参照すると、「独《ひと》り知るべき物には有らず」という文言か）も停めよと言ってきた。また、「食《お》す国として古《いにし》へより行き来たる」と書くようにと命じ、今度は書き直した後に持ってこなくても、三条に奏聞《そうもん》するようにとのことであった（『小右記』）。これは道長の配慮と考えるべきである（また確認するのが面倒なだけだったのかもしれないが）。

実資は「無理矢理な非難である。奇妙なこととすべきである」と言っているが（『小右記』）、この宣命の件に関しては、道長の嫌がらせというよりも、宣命の不備を訂正して、正式な后妃が妍子であることを確認するためのものであったと考えた方がよさそうである。道長としてみれば、一つの不備を見付けた時点で、すぐにそれを指摘して訂正させ、また見付けると指摘したということなのであろう。道長がそれを見越して二回も往復させたとすれば、十分に嫌がらせと言うべきであろうが、彼はそういった回りくどい行動様式をとる人間ではないはずである。ただ、二月の妍子立后の際には、宣命の作成については三十分足らずで行なっているのであるから、道長が今回の宣命作成に乗り気でなかったこと、またいつもとは違って細々とした字句にまで関心を払ったことは、確かなところである。そしてそれは、東三条第に参集していた諸卿の意見を集約したものでもあったのだろう。

結果的に長い時間待たされた実資たちは憤慨しているが、最初から道長に相談していれば、このようなことは起こらなかったはずである。「後への政」や「天の下の政は独り知るべき物には有らず」という文言を削らせたのも、道長にとって見れば、正式な中宮としてはすでに妍子がいるのであるから、一帝二后という彼にとっては初めての事態に際し、妍子の優位性を強調しただけのことと思われる（定子と彰子の場合は、出家していた定子のことを、正式な中宮ではなかったと認識していたはずである）。後に発せられた宣命が有効となって、妍子の宣命が無効となることを防ぐために、これらの字句を除かせて宣命の文面上の差別化をはかったものという考えもある（服部一隆「娍子立后に対する藤原道長の論理」）。

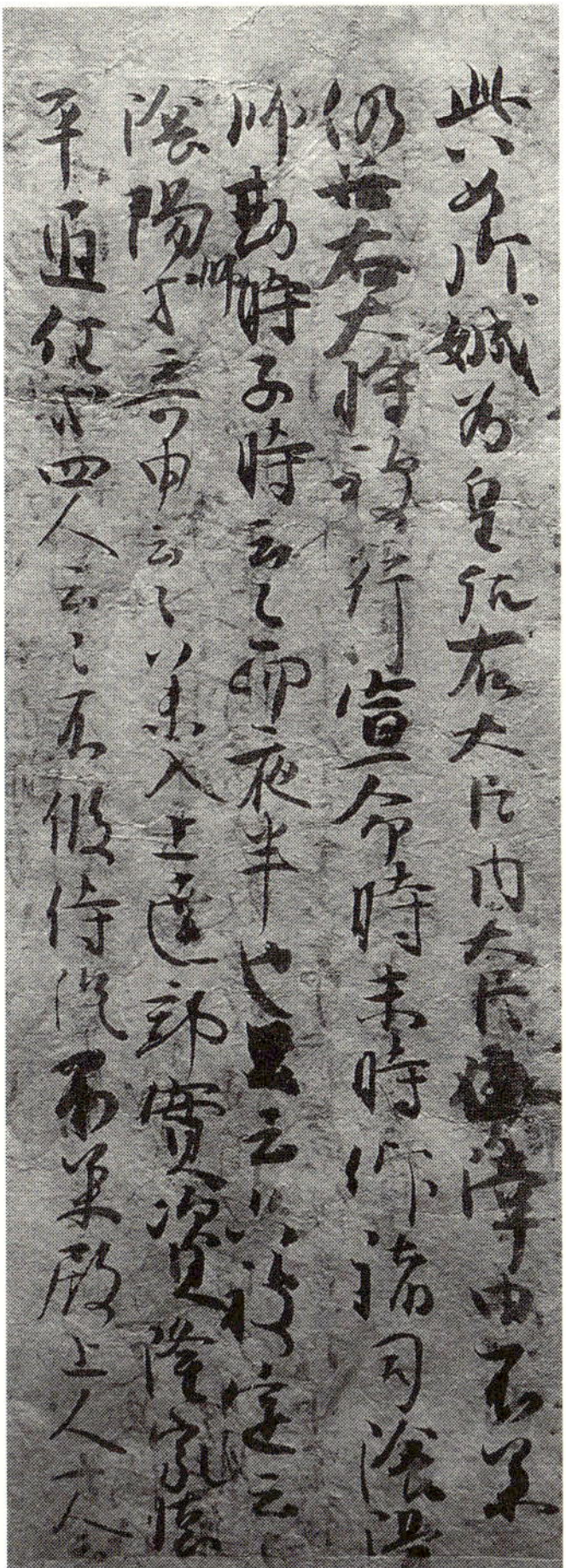

『御堂関白記』自筆本
長和元年四月二十七日条裏書
（陽明文庫蔵）

さて、何とかして宣命の宣制《せんせい》が終わり、宮司《みやづかさ》除目《じもく》が行なわれた（『小右記』）。皇后宮大夫《こうごうぐうだいぶ》に隆家、皇后宮亮《こうごうぐうのすけ》に娍子の異母兄の為任《ためとう》という布陣は、きわめて弱体なものであったが、なり手がないのであるから、仕方がない。

本宮の儀

六衛府《えふ》の次将を召して警固《けいご》の陣を引こうとしても、誰も参入しておらず、これを取りやめて、実資たちは内裏を退出した。娍子の御在所である為任宅に向かったのである。公卿はこの四人、侍従《じじゅう》や殿上人《てんじょうびと》は一人も参らないという寂しい本宮《ほんぐう》の儀であった。立后の儀に際して内裏から奉られる大床子《だいしょうじ》や獅子形《ししがた》といった調度も、（実資によれば）道長の「妨害」でやって来なかったため（これも、これらは正式な中宮にしか必要ないと考えたのであろう）、娍子側で造るという始末で、形ばかりの饗宴を行なった。

「今夜、夜は深く、客は少ない。また勧盃《けんぱい》を行なう人もいない」という状況で宴は始まり、為任が「式部卿宮（敦明《あつあきら》）をお迎えしては如何《いかが》だろうか」と提案しても、「公卿が何人もいないうえに、しかるべき人もいない。お迎えしない方が宜《よろ》しいのではないか」ということになった（敦明にみずからの立場を悟らせたくないといった配慮もあったのであろう）。こうして空席ばかりが目立つ形ばかりの饗宴を終え、皆は子剋の頃に退出した（『小右記』）。

ある程度は予想されていたことであろうとはいえ、自分の御在所に参入してきた人々の顔ぶれと人数を眼前にして、娍子はどのような感情を抱いたことであろう。娍子自身が立后を強く望んでいたのかどうかは、今となっては知る由もないが、いずれにせよ、自分を支持してくれる人々がこれだけということに、取りも直さず、自分と敦明の置かれた政治的情況を再確認したはずである。この報を受けた三条の感情もまた、同様である。公卿社会の支持を受けない后妃と、その所生の皇子《おうじ》の将来は、当然ながら予測できるものであったに違いない（道長の意図も、そこにあったのであろう）。

妍子の内裏参入

さて一方、その頃（『小右記』では「戌剋《いぬ》」、『御堂関白記』では「亥剋」）、妍子は多くの公卿や殿上人を従えて（実資によると「首を挙げて」）、東三条第から内裏の飛香舎《ひぎょうしゃ》に参入した。道長の記したところによると、指名しておいて供奉した公卿（道長が頼りにしている人たちということになる）は、藤原斉信《ただのぶ》・源俊賢《としかた》・藤原行成・藤原正光・藤原実成《さねなり》・源頼定《よりさだ》の六人、指名していないのに供奉した公卿（道長にとってありがたい人たちということか。頼通《よりみち》と頼宗《よりむね》は子息だから来て当然として指名しなかったのであろう）は、藤原頼通・藤原時光《ときみつ》・源経房《つねふさ》・藤原頼宗の四人であった（『小右記』では道綱《みちつな》と忠輔《ただすけ》も供奉したことになっているが、道長が書き落としたのか、それとも実際には供奉していなかったのであろうか）。

興味深いのは、道長が指名しておいたのに参らなかった人として、実資・隆家・懐平の名を挙げ、それぞれ注を付けていることである。実資には「『内裏に参っていた。天皇の召しによる』ということだ」、隆家には「今日、新皇后（娍子）の皇后宮大夫に任じられた」、懐平には「長年、私と相親しんでいる人であるのに、今日は来なかった。不審に思ったことは少なくなかった。思うところが有るのであろうか」というものであるが（『御堂関白記』）、実資と隆家に好意的な解釈を行なっている点が面白い。

元来が自己の主宰する儀式への出席を非常に気にする道長ではあったが（これが『御堂関白記』執筆の主たる動機であったと、私は考えている）、欠席した人に対する感慨を記すというのは、きわめて異例《いれい》のことである。娍子立后の儀の方に参入した四人も特記していることと併せ、よほどこの儀式に気合いを入れていたことの証左《しょうさ》であろう。なお、指名もせず、来もしなかった人は、顕光・公季の両大臣、兼隆《かねたか》と娍子の異母弟の通任、それに婚礼で来られなかった公任と教通である。

公任がこの日に婚礼の儀を設定したのは、妍子参入に供奉して実資に怒られるのを避けるためだったのかとも考えてしまう。『御堂関白記』自筆本によると、当初は「指名していないのに供奉した公卿」として「三位中将《さんみちゅうじょう》二人」（頼宗・教通のこと）と記していたのに、後で「二人」を消して「右」を書き加え、「右三位中将」（頼宗のこと）としている。もともと教通の出席を予定していたのに、おそらくは公任の要請によって、この婚礼が急遽、この日と定められたことを示している。

道長の目論見

このような騒ぎを経て、娍子は皇后に立ったのであったが、道長が潜在的に意識していた目的は、完全に達成されたと言うべきであろう。これは彼の個人的な嫌がらせといった次元の出来事ではなく、娍子（とその所生の皇子たち）に対する公卿社会の支持がほとんどないということを、三条や娍子、それに宮廷社会全般に周知させるための、高度な政治劇と称すべきものである。道長がどれほど意識的にそれを意図していたかは不明であるが、結果的にそうなったという、道長にとってはいつものパターンを繰り返したわけである（娍子立后を主宰することになった気の毒な実資たちにとっては、十分に嫌がらせと認識されたであろうが、それはあくまで『小右記』の世界の中での話である)。

その意味では、『栄花物語』に、立后の後、将来に対する不安を嘆いたとする娍子の気持ちを察し、同じく不安な気持ちとなった三条が、

うちはへて　おぼつかなさを　世とともに　おぼめく身とも　なりぬべきかな

(あなたに逢えず、ずっと引き続いて不安な気持ちであったが、これからも不断《ふだん》にどうなるのか気がかりな身になってしまうにちがいないことです)

という歌を贈ったと見えるのも、実状に近い感情の表われであったことになる。なお、娍子の返歌に、

露ばかり　あはれを知らん　人もがな　おぼつかなさを　さてもいかにと

(ほんのわずかでも心を共にしてくださる人がいてほしいものです。この私の不安な気持ちをさてもどうしたことなのかと)

とあるというのも、「露ばかり」も「あはれ」を知っているような人が周囲に存在しないという、弱体な後見に対する思いなのであろう。

妍子御在所の饗饌

しかし、さすがは王朝貴族、翌四月二十八日には多数が中宮妍子の御在所に伺候し、饗饌《きょうせん》が設けられた。集まったのは、実資・斉信・俊賢・頼通・隆家・行成・忠輔・懐平・経房・正光・実成・頼定・教通・頼宗の十四人。道長の記すところである（『御堂関白記』）。前日、娍子立后の儀に参入した四人の公卿のうち、通任を除く三人が馳せ参じている点に注目すべきである。彼らを完全な反対派の立場に置くことを避けるための道長の配慮と考えるべきであろう。

もっとも、実資は、饗宴の最中にも、「昨日の事を思うと、いよいよ王道は弱く、臣威が強いことを知った。嗟乎《ああ》、々々」と嘆いてはいる（『小右記』）。三条の方は二人の后に後朝《きぬぎぬ》の御使を遣わしているが、二人に対する思いは、いかなるものだったのであろうか。

再び実資への恩詔

この日、三条は、陪膳《ばいぜん》に伺候《しこう》していた資平《すけひら》に対し、「近くに伺候せよ」と命じた。御台盤の下《もと》に進み候じた資平に、三条は実資に対する感謝の意を述べ、その後、次のような重大な言葉が伝えられた（『小右記』）。

「昨日の立后の事は、大事な事と思うところである。ところが大臣（顕光・公季）をはじめとして、諸卿は参入してこなかった。大将藤原朝臣（実資）は、召しに応じてすぐに参入し、この大事を主宰してくれた。悦《よろこ》びに思うことは極まり無い。自分は久しく東宮にあって、天下を統治してこなかった。今、たまたま皇位に登ったうえからは、自分の意に任せて政治を行なうべきである。そうでなければ、愚頑《ぐがん》なことである。しかるべき時が至ったならば、大将に雑事《ぞうじ》を相談するようになるであろうこと、まずはこの事を大将に伝えておきなさい。汝《なれ》は、このことを外に漏らしてはならない。また、大将は漏らすようなことのない人である。汝は見所が有る。そこで伝えさせるところである」

これは前回の恩詔《おんしょう》で依頼された単なる政務の相談という範囲を越えて、来たるべき政権に関するものと考えた方がよいであろう。娍子立后の翌日ということもあり、三条も実資に対する感謝の意があふれ出て、このような言葉となったものと思われるが、その姿勢で一貫していたわけではない。実資は資平に対し、次のように戒めている。

「決して決して、妻子にも談《かた》ってはならないぞ。ただし、明日、必ず天皇の陪膳に伺候し、ただ恐縮しているということを奏上《そうじょう》しておくように。希有の仰せ事である」

三条の政治姿勢に微妙な「ぶれ」が存在することも、すでに実資にはお見通しであった（なお、資平の妻は道長家司《けいし》の藤原知章《ともあきら》の女である）。

第五章　「御悩」の日々　長和元年（一〇一二）―長和四年（一〇一五）

1　妍子の懐妊　長和元年（一〇一二）

公卿層との溝

このようにして、どうにかこうにか娍子《せいし》の立后《りつごう》に漕ぎ着けた三条天皇であったが、道長との間に生じた気持ちのずれは、蔽《おお》いようもなかった。そしてそれは、道長に追従《ついしょう》して娍子立后の儀に参入してこなかった公卿たちに対しても、同様であったに違いない。実際には、宮廷社会の常識を逸脱して、娍子の立后を強行した三条の方に原因があるものではあったが、いったん被害者意識に包まれると、相手の悪意ばかりが見えてくるのは、人間の常である。即位から一年足らず、三条と道長、そして公卿層との間には、埋めようもない深い溝ができてしまったのである。

長和《ちょうわ》元年四月三十日、懐平《かねひら》に対し、三条は次のように語った（『小右記《しょうゆうき》』）。

「立后の事については、右大将《うだいしょう》（実資《さねすけ》）は、私の召しに応じて参入し、事を主宰《しゅさい》してくれた。もっぱら悦《よろこ》びに思うところであって、もっぱらいとおしいと思っている。憚《はばか》り恐れるところが有って、諸卿は参入してこなかったが、右大将はそれでも参入して立后の儀を執行してくれた。このことを伝え仰すように」

両者の溝を如実に物語るものである。対する道長の方は、五月二日、藤原氏出身の后妃《こうひ》が立后した際に慣例となっている勧学院《かんがくいん》の衆《しゅ》の皇后奏慶《こうごうそうけい》を停止《ちょうじ》させた（『小右記』）。

しかし三条の方は、五月三日、六日、二十日と妍子《けんし》の御在所《ございしょ》である飛香舎《ひぎょうしゃ》に渡御《とぎょ》し、道長も九日に三条に御衣と袴《はかま》を献上するなど（『御堂関白記』）、妍子からの皇子誕生という、残された最後の糸に望みを託して、決定的な断絶には至るまいと努めている様子が窺える。

なお、五月十五日から十八日まで、すべての仏像や仏具を新造して盛大に行なわれた一条天皇追善《いちじょうてんのうついぜん》の法華八講《ほっけはっこう》や、二十七日に円教寺《えんきょうじ》で行なわれた周忌法会《しゅうきほうえ》に多くの卿相《きょうそう》が参集していることは（『御堂関白記』『小右記』）、一条を懐かしく追憶するという宮廷社会全体の雰囲気が高まってきていることの表われであろう。本来、六月二十二日が命日であった一条の周忌法会を、前倒しして五月（すなわち娍子立后の直後）に催した道長は、このあたりを意識していたのであろうか。

その道長は、五月二十三日、比叡山《ひえいざん》に登って顕信《あきのぶ》の受戒《じゅかい》に参列したが、その際、法師によって投石を受け（天台座主《てんだいざす》は、「飛礫《ひれき》は、三宝《さんぼう》が行なったところか」と言ったと、『小右記』に見える）、また顕信を見送って悲泣している。そのようなことも影響したのか、月末から重く病悩《びょうのう》した。「頭が痛いことは、破れ割れるようである」というのが、その病状であった。公卿が多く集まり、頼通《よりみち》などは簾中《れんちゅう》で涕泣《ていきゅう》する有様であった。御修法《みしほ》を奉仕するようにとの道長の命に対し、六月四日、慶円《きょうえん》は、比叡山の守護神である山王《さんのう》の祟《たた》りが有るという夢想《むそう》が有ったということで、御修法を奉仕せずに退出《たいしゅつ》してしまっている。慶円と「討論」する道長の声は、はなはだ高かったという（『小右記』）。

この時以降、三条と道長は、共に病気に悩みながら、どちらが先まで生き長らえるかの競争を続けることになる。

道長の辞表

六月四日に道長は内覧《ないらん》と左大臣《さだいじん》の辞表《じひょう》を奏上《そうじょう》したが、三条はすぐにこれを返却している。ところが八日の第二度の上表《じょうひょう》については、三条はこれをすぐに返却することはなかった。九日には、道長は実資に対し、「命を惜しむものではないが、一条を喪《うしな》った彰子《しょうし》のことだけが気がかりである」と、涙ながらに語るなどの弱気を見せたが、十七日ごろには平復《へいふく》したようである（『小右記』）。

ただし、六月八日にはまたもや人魂が土御門第《つちみかどてい》から出、九日には鵄《とび》が鼠の死骸を道長の眼前に落とし、十日には蛇が堂上に落ち、十二日には種々の厭術《えんじゅつ》が発覚するなど、道長の周辺には怪異《かいい》や呪詛《じゅそ》の噂が相次いだ。そして十七日には、「為任《ためとう》が陰陽師《おんようじ》五人に道長を呪咀させている」との落書《らくしょ》が、道長の許《もと》に寄せられた。実資は、「相府《しょうふ》（道長）は、一生の間にこのような事が、断絶することなく起こる。事に坐す者は、いつもの事である。悲歎するだけである」と、感慨を記している（『小右記』）。

六月二十日、資平《すけひら》が聞いてきた噂として実資に伝えたところでは、道長の病悩を喜悦している公卿が五人いて、それは道綱《みちつな》・実資・隆家《たかいえ》・懐平・通任《みちとう》とのことであった。実資は、娍子立后に参入したことによるものであろうかと推測している。道長からは、「そのような噂は、(隆家を除いて) 信用していない」との報が実資の許に二十九日に届いているし、七月二十一日にも道長は、「道綱と実資については信用していない」と語っている(『小右記』)。隆家にも同じように言ったのかもしれないが……。

また、六月二十八日には、不吉なこととされる虹が、彰子の御在所や道長の土御門第をはじめ、頼通・教通《のりみち》・道長家司《けいし》・源倫子《みなもとのりんし》母の藤原穆子《ぼくし》など、「左府《さふ》(道長) に相親しむ人々の宅」に立った(『小右記』)。これも怪異とされるなど、不穏な雰囲気が道長周辺に立ちこめていることが窺えるが、これらが娍子立后の後に一挙に噴出していることに注目すべきであろう。

収められたままでいた道長の辞表は、七月八日に至って、ようやく勅答《ちょくとう》と共に返却された(『御堂関白記』『小右記』『日本紀略《にほんきりゃく》』『公卿補任《くぎょうぶにん》』)。三条はそれまで、道長の病悩がこのまま平癒《へいゆ》しない場合のことを想定していたのであろうか。

瘧病を病む

その一方で、七月十三日からは三条が病悩している。瘧病《おこりやまい》とのことであったが(『御堂関白記』『小右記』)、二十日には「御邪気《じゃけ》(物怪《もののけ》)」の疑いも取り沙汰され、食事をまったく摂らないという状態が続いた(『小右記』)。

瘧病というのは温帯マラリアのことで、一定の間隔を置いて発作が起こるのであるが、七月二十二日、二十四日と発作を起こした。二十二日には「御手だけを振りなされた」という状態であったが（『小右記』）、二十六日には平癒したようである（『御堂関白記』『小右記』『日本紀略』）。道長は、仏法《ぶっぽう》の験《しるし》が有った。これらの召僧たちは、多くは私の病んでいた際に来向した僧たちであった。その験が有ったので、天皇の御病悩の際にも召したものである。感悦は、極まり無かった。元々天皇に伺候《しこう》していた僧は、面目《めんもく》を無くした。

と、その感慨を記している（『御堂関白記』）。道長としても、妍子が皇子を産む前に三条に死なれたりしたら、敦明《あつあきら》親王たちの扱いをめぐって複雑な政治情勢になるのは必至であり、ここは快復してもらわなければ困ったのであろう。

八月七日、妍子は初めて清涼殿《せいりょうでん》の上御局《うえのみつぼね》に上った。一方、この日、敦明が内裏《だいり》から退出しているのであるが、その際、わざわざ三条の仰せによって道長の車を借り、それに乗って内裏を出ている。しかし、扈従《こしょう》したのは隆家と通任のみ、殿上人《てんじょうびと》に命じても誰もやって来なかったという。三条としてみれば、敦明に道長の支持があるとでも示したかったのかもしれないが、完全に裏目に出たかたちとなった。実資はまたもや、「君（天皇）が弱く、臣（道長）が強い時代、朝威《ちょうい》は無いようなものである。歎息、々々」と嘆いている（『小右記』）。

この八月七日から、三条は隔日に発作を起こしている（『小右記』）。瘧病が平癒しきっていなかったのであろう。十五日から加持《かじ》や読経《どきょう》が行なわれ、ようやく平癒したが、この時に内裏に参らなかった慶円と明救《みょうぐ》に対し、道長は「参らなかった上臈《じょうろう》の僧たちは、面目が無くなったようなものであった」と手厳しい（『御堂関白記』）。この頃から、三条の病悩をめぐって、特に延暦寺《えんりゃくじ》の僧と道長との間の確執が始まるのである。

八月二十一日、道長三女の威子《いし》（倫子所生）が、尚侍《ないしのかみ》に任じられた（『御堂関白記』）。道長は、次に即位する東宮敦成《とうぐうあつひら》親王の後宮《こうきゅう》に関して、もう手を打ち始めていたのである。威子は十月二十日に著裳《もぎ》の儀を迎え、東宮入侍《にゅうじ》の準備は着々と整っていった。もっとも敦成は、いまだ五歳に過ぎなかったのであるが……。

九月に入ると、三条の病悩もほぼ平復したらしく、十日には道長が碁盤《ごばん》を献上し、十二日には御馬御覧が行なわれている。二十二日には僧綱召《そうごうめし》が行なわれ、多くの寺の別当《べっとう》が定められたが、三条は特別の仰せによって、梵釈寺《ぼんしゃくじ》に、兼院《けんいん》という、道長の知らない無名の僧を任じた。道長は「天皇の御乳母子《めのとご》である」という事情を記している（『御堂関白記』）。このような情実《じょうじつ》による人事は、実は三条の治世《ちせい》を通じて、しばしば見られるものである（三条主導の受領《ずりょう》人事については、寺内浩《てらうちひろし》「伊予守藤原為任」に詳しい）。

十月六日に故冷泉院《れいぜいいん》の周忌御斎会《しゅうきごさいえ》が行なわれたが、参会の公卿が少なかったというのも（『御堂関白記』）、この時期の冷泉系皇統《こうとう》の置かれた情況を表わしていると言えよう。先に行なわれた一条の周忌法会と比較すると、それは歴然としている。

妍子、懐妊

そうこうしているうち、十月八日、妍子に「病悩の気」があることが発覚した。実はついに懐妊《かいにん》したのである。道長は、「主上《しゅじょう》（三条）は、二、三度、渡御なされた。感悦は少なくなかった」と記しているが（『御堂関白記』）、道長にしても三条にしても、どれほどの感悦と安堵であったことか。そしてこれが、二人にとって、心を通じ合うことのできた最後の機会となるのである。

三条の即位にともなって、娍子所生の当子内親王《とうしないしんのう》が伊勢斎宮《いせのさいぐう》に定められることになっていたが、道長は、その著裳の儀を行なう際に、敦儀《あつのり》・敦平《あつひら》といった親王二人も、同時に元服《げんぷく》の儀を行なえばどうかと、十月二十五日に提案した。また、この頃、三条に紅雪《こうせつ》という薬を献上しているのであるが、「もう二両《りょう》、献上せよ」との三条の命にも快く応じているなど、やはり機嫌の良さが影響しているのであろう。ただし、当子の著裳の儀に関しては、正式な斎宮卜占《さいぐうぼくせん》の後に行なうべきであろうと、道長は閏十月九日に疑義を感じてもいる（『御堂関白記』）。なお、当子は十二月四日に斎宮に卜定《ぼくじょう》されている。

大嘗会

閏十月二十七日に大嘗会御禊《だいじょうえごけい》、十一月二十二日に大嘗会が行なわれた。ただ、大嘗会を執り行なうべき行事《ぎょうじ》（儀式を掌る役）と小忌上卿《おみのしょうけい》が、皆、障りを称して参入してこなかったというのは（『御堂関白記』）、いかなる思惑によるものであろうか。二十三日の辰日節会《せちえ》、二十四日の巳日節会、二十五日の豊明節会《とよのあかりのせちえ》と、三条は豊楽院《ぶらくいん》に行幸《ぎょうこう》を行なっている。ともあれ、これで三条は晴れて天皇霊を纏《まと》うことになったのである。

しかしながら、公卿層の思いはまた、別のところにあった。十二月十六日の除目《じもく》において、右大弁《うだいべん》兼蔵人頭《くろうどのとう》の源道方《みちかた》が、「下臈《げろう》の者（通任）を、不覚《ふかく》（愚か）にも私より前に参議《さんぎ》に任じられた」という理由で参議への昇任を申請した。道長は、これを道理《どうり》があるものと理解し、「参議には、読み書きのできない者も多くいた。議定《ぎじょう》を行なっている際に見苦しいものである。差し障りのある事が多くあった」ということで、道方を参議に補すこととした（『御堂関白記』）。これらは明らかに、三条の外《がい》戚《せき》である通任と、公卿社会の常識を逸脱して通任を昇進させた三条への批判である。

　年も押しつまった十二月二十五日、長和への改元が行なわれた（『御堂関白記』、『改元部類記《かいげんぶるいき》』所収『権記《ごんき》』、『改元部類』所収『不知記《ふちき》』）。「長い和」とは何とも皮肉な名前であるが、これからほんのしばらく、三条と道長との最後の安穏な日々が続くことになる。

豊楽殿故地

2 禎子内親王の誕生　長和二年（一〇一三）

長和《ちょうわ》二年（一〇一三）が明けると、正月十一日、妍子《けんし》が出産に備えて東三条第《ひがしさんじょうてい》に退出した（『御堂関白記』）。三条からは使者が往復し、また内裏女房《だいりにょうぼう》たちも御供に供奉《ぐぶ》するなど、三条も道長も、希望に満ちた年明けであったものと思われる。

正月十四日の蔵人定《くろうどさだめ》において、三条が自分の乳母子《めのとご》である源保任《みなもとのやすとう》を五位蔵人《ごいのくろうど》とした際にも、道長は保任を「不足《ふそく》の者である」としながらも、「天皇の乳母子の徳であろうか」などと妙に納得している（『御堂関白記』）。このような恣意《しい》的な人事が続くと、宮廷社会の雰囲気に波風が立つのではあるが……。

妍子、内裏退出

そのような折、正月十六日、妍子が御所としていた東三条第が三分の二ほども焼亡《じょうもう》した。折り悪しく「鼻引《はなひき》」（鼻風邪）を患《わずら》っていた妍子は、南にある東三条第南院《なんいん》に避難し、藤原輔公《すけきみ》の高松殿《たかまつどの》、そして藤原斉信《ただのぶ》の郁芳門第《いくほうもんてい》へと御在所《ございしょ》を替えた（『御堂関白記』）。この間、三条の勅使《ちょくし》が何度も往来したが、妍子をめぐる複雑な情勢を、三条も実感したことであろう。

翌正月十七日、三条は資平《すけひら》を通じて、実資《さねすけ》に「褒誉《ほうよ》の綸言《りんげん》」を賜った。三条の下問に対する資平の受け答えが、実資の示唆によるものであろうというものである。三条は、その答えが娍子《せいし》の父である故済時《なりとき》の言ったところと同じだというのであるが（『小右記』）、実資を味方に付けたいという思いによって、自己のミウチとの類似性を見出したのであろうか。実資としては、この頃、資平の任官をめぐって、道長や彰子《しょうし》にも渡りを付けていた時期であり、どのように反応してよいか戸惑ったことであろう。

二月四日に唐物御覧《からものごらん》、七日にこの年初度の官奏《かんそう》と、平穏に時は過ぎていった。二十三日、三条は道長に「徒然《つれづれ》の由」を仰せ、御遊《ぎょゆう》を行なうよう命じたのであるが、管絃《かんげん》に堪能《たんのう》な人々は参入せず、結局は中止となった（『御堂関白記』『小右記』）。三条としてみれば、御遊が盛んに行なわれた一条朝に倣《なら》おうとしたものかもしれないが、裏目に出てしまったことになる。人々の不参《ふさん》は、はたして偶然だったのであろうか。

娍子、内裏参入

この年の三月二十三日には、娍子所生の敦儀《あつのり》・敦平《あつひら》親王の元服が予定されていたが、その際に内裏に参入することになっていた娍子をめぐって、いくつかの問題が発生した。まず十六日、娍子に供奉する諸司《しょし》を定めたが、その時、皇后宮大夫《こうごうぐうだいぶ》の隆家《たかいえ》がこの官を辞退し、替わりに実資の兄である懐平《かねひら》が任じられた（『御堂関白記』）。そのときの小除目《こじもく》に際し、行成《ゆきなり》をはじめとする諸卿が、上卿《しょうけい》を勤めさせられるのを避けるために続々と退出したというのも（『小右記』）、娍子周辺に対する公卿社会の認識の表われであろう。

また、三月二十日に娍子と敦明《あつあきら》が、わずか四人の公卿を供奉させて内裏に参入したが、問題となったのは、この後であった。道長の許《もと》に、「娍子が里居《さとい》を続けていた家の者に賞を与えるべきである。通任《みちとう》と為任《ためとう》ではどうか」との三条の意向が伝えられた。道長はそれに対し、「あの家は為任の家です。

為任に賞を賜うのが道理であって、通任については極めて不都合なことです」と奏上した。そして、「娍子と天皇は、通任に賞を与えようという用意があるらしい」という情報を記した後に、「そうすれば伊賀人《いがびと》が伊勢人《いせびと》を借りたようなものである」との警句を記しているのである（『御堂関白記』）。

以前に考察したところであるが（倉本一宏「「伊賀人借伊勢人歟」について」）、道長は、「伊」勢と「伊」賀との一字の通字《つうじ》と、通「任」と為「任」との一字の通字とを、パラレルな関係に置いて対比し、道長が本来賞を与えるべきであると考えていた兄の為任を伊勢神宮も鎮座する大国としての伊勢、今回は賞に預かるべきではないと考えていた弟の通任を山中の下国《げこく》である伊賀に、それぞれ擬したものである。なお、この折の賞は、結局は為任のみに与えられたようであるが（『小右記』）、このときの正四位下が為任の極位《きょくい》となり、三十二年間もこの位階のまま据え置かれることとなる（『尊卑分脈《そんぴぶんみゃく》』では、「射殺された」という最期を伝える）。

道長のこの言葉は、とかく意思の疎通を欠きがちな三条との間に、たまたま表面化した意見の齟齬《そご》に対して、正面から三条にたててつくわけにもいかず、精一杯の皮肉を日記に書き付けたものなのであろう。

敦儀・敦平の元服

このような経緯を経て、三月二十三日、敦儀・敦平親王元服の儀が行なわれた（『御堂関白記』『小右記』）。妍子からの皇子《おうじ》誕生が期待されているこの時期、三条も出御《しゅつぎょ》して行なわれたこの儀は、娍子が産んだ皇子たちの存在を再認識させるための、政治的な儀式であったとも考えられよう。

なお、その際、御遊が行なわれたが、三条朝を通じて、楽所《がくしょ》が関与する御遊は、この時だけであったという（荻美津夫《おぎみつお》「楽所ならびに楽所人の変遷とその機能」）。音楽を修得することが天皇の尊厳性を高め、音楽に理解が深い天皇の御代《みよ》は聖代《せいだい》であるとも考えられていた当時、御遊というのは、天皇自身が楽器の奏者となってみずからの威厳を高めると同時に、殿上人《てんじょうびと》と共に音楽を楽しむという「君臣《くんしん》和楽《わらく》」としての側面があった（豊永聡美《とよながさとみ》「平安時代における天皇と音楽」）。積極的に音楽と関わらない三条の姿は、否が応でも一条との差異を、宮廷人に感じさせたことであろう。

お産を控えた妍子は、四月十三日に土御門第《つちみかどてい》に還啓《かんけい》した（『御堂関白記』）。同じ土御門第を御在所としていた皇太后《こうたいごう》彰子と妍子との対面や、紀貫之《きのつらゆき》の書いた『古今集《こきんしゅう》』などの贈物の遣り取りなど、道長にとっては、「この世をば」の一歩手前といった光景が繰り広げられた。あとは妍子が皇子を産みさえすれば、であるが……。

過差をめぐる軋轢

ところがこの頃、三条と道長との感情に、波風の立つ事態がいくつか出来《しゅったい》した。まず四月十九日、賀茂斎院御禊《かもさいいんごけい》の前駆《ぜんく》および賀茂祭使《かもさいし》の従者や童《わらわ》の人数と装束《しょうぞく》の過差《かさ》を制止するという三条の勅《みことのり》が、密々に実資の許に届けられた。しかも、人数については道長、装束については三条の発案であるという（『小右記』）。

しかし当日の四月二十一日になってみると、「過差の甚だしさは、例年よりも万倍するものであった」という状況であった。しかも、禁制《きんせい》の装束を着た者たちは、斎院御禊の行事《ぎょうじ》を勤めていた実資の見物している車の前を通る際には車に乗り込んで隠れて通り過ぎ、実資の前を抜けると車から降りたり、実資の前だけは別の道を通ったりして、その目を誤魔化そうとしたという、手の込んだやり口であった。当然のこと実資は、道長が内では過差を停めるよう三条に奏上し、外では禁制にこだわることもないと言っていると推測し、「憲法《けんぽう》は、ただ一人(道長)の御心にあるのか。万人は目くばせするのみである」と、怒りを露《あら》わにしている(『小右記』)。

道長としてみれば、敦良《あつなが》親王や三条の四人の皇子と共に見物するという栄誉に際して、せいぜい華やかな行列を皇子たちに見せたいと願っていたであろうし、そういった雰囲気は宮廷社会全体にも感得されたはずであって、「蔭でいやがらせをするという手段に出た」(土田直鎮『王朝の貴族』)わけではなかろう。「過差禁制を積極的に破らせることで、三条天皇の君徳の発現を妨げ、それによって積極的に屈辱感を与えたもの」(遠藤基郎《えんどうもとお》「過差の権力論」)というのも、考え過ぎのような気がする(結果的にはそうなったのであるが)。この件は、五月十三日に違反者の始末書が三条に提出されることで、何事もなく決着したが(『御堂関白記』)、もちろん、三条の感情としては、とても決着とは思えなかったであろう。

過差をはじめとする奢侈《しゃし》の禁制というのは、一種の天皇の徳を表わすもので、一条の時代に盛んに出されたものであった。一条を聖帝とする認識も、文芸の盛行と並んで、一つには奢侈禁制を含む新制《しんせい》の発布による部分もあったものと思われるが、一条を過剰に意識する三条が、一条と並んで同じような政策を施そうとしたとしたならば、それはますます、宮廷社会との意識の乖離《かいり》を招くことにつながりかねないものであった。

祈年穀奉幣延引をめぐる軋轢

次いで五月八日、「十日に祈年穀奉幣《きねんこくほうべい》を行なうことになったが、その日は東宮《とうぐう》(敦成《あつひら》)の御修善《みしゅぜん》があるので、祈年穀奉幣を延期させよう」との三条の命が道長に伝えられたことに、『御堂関白記』ではなっている。ところが『小右記』によると、「東宮の修善の時剋《じこく》を早めればいいのであって、これによって朝廷の奉幣使を延期するなどとは、道長の行なうところは、はなはだ非常である」ということで、三条は「『忿怒《ふんぬ》の御様子が有った』ということを実資に伝えよ」と資平に命じたのであった。

道長との交渉という表向きと、実際の感情という内向きとを使い分けるというのは、誰しも行なう「大人」の政治行動とも言えなくもないが、このように感情を他人に伝えていたのでは、いずれ道長にもわかってしまう(それをも計算に入れるほど、三条が複雑な手法を使うとは思えない)。どうも三条の方から、無意識に道長との関係を悪化させているようにしか見えないのである。

政務にも支障が生じたことがあった。五月九日、三条が、天文博士《てんもんはかせ》安倍吉昌《あべのよしまさ》の辞表と遍救法師《へんくほうし》の申文《もうしぶみ》が、道長の内覧《ないらん》を経ずに奏上されてきたことを不審とし、道長に聞いてみたところ、道長は知らないとのことであった。これは実際には蔵人の藤原隆佐《たかすけ》と藤原頼祐《よりすけ》の怠慢に過ぎなかったのであるが、道長が、「この隆佐に思うところが有るのであろうか。未だその心がわからない」と記しているなど(『御堂関白記』)、三条への不信感が表われているかのようである。

五月十八日からは、東宮敦成が重く病悩《びょうのう》することとなった。道長にとっては一大事で、連日の看病のほか、読経や陰陽道《おんようどう》の御祭《さい》を奉仕させている(『御堂関白記』)。なお、実資も敦成の病状を密々に探らせているが、実資の使者である資平に病状を語った女房は、「越後守為時《えちごのかみためとき》の女《むすめ》」、つまり紫式《むらさきしき》部《ぶ》であった。実資は、「この女を介して、前々にも雑事《ぞうじ》を皇太后宮《こうたいごうぐう》（彰子）に啓上《けいじょう》させていた」と記している（『小右記』）。

権中納言任命をめぐる軋轢

六月二十三日には小除目が行なわれたが、その際、三条は懐平の権中納言《ごんちゅうなごん》昇任を道長に諮問《しもん》した。三条としてみれば、道長五男の教通《のりみち》を権中納言に任じるということと引き替えに、自分に近い立場の懐平も昇進させようとしたのであろう。道長に語った理由というのは、「懐平は、長い間、春宮権大夫《とうぐうごんのだいぶ》や春宮大夫《とうぐうだいぶ》という東宮司《とうぐうし》として私に仕《つか》え、年も老いてしまい、気の毒に見える人である」というものであった。ところがこれに対し、道長は、中納言《ちゅうなごん》が七人にも上った例というのは、未だ聞いたことがないという原則論から反対した（『御堂関白記』）。

この後のやりとりにおける三条の言葉は、その性格の一端を語っているものと思われるので、一々挙げることとしよう。道長の反対を聞いた三条は、「やはり、懐平も加えようと思う」と語った。道長が、「それでもそのように思っていらっしゃるのでしたら、私がとやかく申すべきことではございません。『事の重大さを思わず、ただ、その人のことだけを思う』と仰せになられるというのは、首をかしげる事です。よく思い定めなされて、任じられるべきでしょう」と奏上しても、三条は、「やはり加えることにしよう」と繰り返した（『御堂関白記』）。

この件は諦《あきら》めたのか、次に道長は頼通《よりみち》の権大納言《ごんだいなごん》昇任を求めて妥協をはかろうとした（中納言の席を一つ空けようとしたのである）。ところが三条は、「大納言《だいなごん》は任じないでおこう」と取り合わない（大納言が五人に上った例もないはずである）。道長は、懐平が東宮司であったという理由で中納言に加えられることになったのならば、頼通も春宮権大夫という東宮司を勤めていたと、痛いところを衝《つ》いた。三条は仕方なく、「汝《なれ》の申したことは、道理の有るものである。同時に頼通も権大納言に任じることにしよう」と、これに応じたのである。昇進した息男二人を従えて彰子と妍子の許に慶賀《けいが》に赴いた道長は、「今日は、私は面目《めんもく》が有った」などと喜んではいるが（『御堂関白記』）、人事に関してしばしば情実を交え、しかも頑固な三条との折衝には、辟易《へきえき》したであろう。

怪異の出現

そうこうしているうちに、妍子の出産の日は近付いてきた。当然のことであるかのように怪異《かいい》が起こり、六月二十九日、内裏の御樋殿《おひどの》が風もないのに転倒した。三条は三十日に、これに関する御卜《みうら》を行なわせたのであるが、その間の事情は、道長には伝わってこなかった。これも蔵人の頼祐の怠慢によるものであったが（何と敦明と遊んでいたのであった）、道長の不信感は増幅するばかりであった（『御堂関白記』）。

なお、この御卜の占文《うらぶみ》は、当初は「帝位《ていい》に御厄《やく》が有るものではない」というものであったが、道長の命によって、「御厄の事が有るものではない。もしかしたら（天皇の）御病悩の事が有るであろうか」と書き改められた（『小右記』）。この道長の思惑は、いったい何だったのであろうか。

対する三条の方は、七月四日、内裏において慶円《きょうえん》に一字法《いちじほう》を修させていた最中、夢に吉相《きっそう》を覧《み》た（要するに、居眠りをしていたのである）。「宝位《ほうい》（天皇位）は動くことは無い」というものであった。感悦した三条は、慶円に何度もその夢のことを語ったという（『小右記』）。何ともお互い、大変なことである。

禎子の誕生

そしていよいよ、妍子のお産の日がやってきた。七月六日のことである。戌剋《いぬ》（午後七時から九時）に産気付いた妍子は、子剋《ね》（午後十一時から午前一時）、「平安《たいらか》に」女子を出産した。後に禎子《ていし》と名付けられ、後朱雀《ごすざく》天皇（敦良）の中宮《ちゅうぐう》として尊仁親王《たかひと》（後の後三条《ごさんじょう》天皇）を儲けた皇女である。尊仁の即位《そくい》によって、摂関政治は決定的な打撃を蒙《こうむ》ることになるのであるが、それは後の話である。摂関政治の申し子のような道長の女が、摂関政治を終わらせることになる皇女を産んだというのも、まことに皮肉なことである。その意味では、『栄花物語』が禎子の生まれた巻を「つぼみ花」と称しているのは、何だか意味深長である。

その『栄花物語』では、道長は皇女の誕生をたいそう残念なことと思ったが、「いずれまた、皇子を産むこともあろう」と気を取り直したことになっている。しかし、『小右記』によれば、それどころの騒ぎではなかった（ちなみに『御堂関白記』には、何の感慨も記されていない）。資平の報告によると、道長は公卿や殿上人には会うことはなかった。「悦ばない様子が、はなはだ露わであった」という報を受けた実資は、「女を産みなされたことによるのであろうか。これは天の為すところであって、人事（人間に関する事）は、どうしようもない」と記している。

七月八日には、三条から御釼《みはかし》が皇女に下賜《かし》されたが、御釼勅使を命じられた藤原公信《きんのぶ》は、「憚《はばか》るところがあって」辞退し、藤原朝経《あさつね》に替わっている（『小右記』）。なお、これが皇女誕生の場合の御釼下賜の初例とされる。

道長の不興は、五夜の産養《うぶやしない》を行なった七月十日に至っても、収まらなかったのであるが（『小右記』）、常に前向きな道長のこと、次回の皇子誕生を祈念して、ひとまずは怒りを収めたことであろう（賜禄《しろく》を行なうのを忘れてしまったりしているが）。かつての彰子の場合がそうであったように、いったん出産すると、次々と懐妊《かいにん》するものであると思っていたはずである（一条の場合がそうであったが、相手の天皇が健在であれば、である）。まさかこれが、三条の最後の子になるとは、思ってはいなかったはずである。三条との関係も、これで最後の望みが絶たれたとは、この時点では考えてはいなかったであろう。

七月二十二日、三条の土御門第行幸《ぎょうこう》の日が九月十六日か十七日、妍子の内裏参入の日が十一月十一日と、それぞれ決まった（『御堂関白記』）。三条の行幸は、かつて一条が敦成親王誕生時に土御門第行幸を行なったという故事（「寛弘《かんこう》の佳例《かれい》」）に倣ったものであろうが、道長としても、とてもその時のような気分になることはできなかったはずである（三条の方も同様であろう）。

その一方で、八月十五日に娍子は内裏から退出することになった。遷御《せんぎょ》することとなった木工寮《もくりょう》を修理させようとしたところ、木工頭《もくのかみ》の大江清通《おおえのきよみち》は、「木工寮の中にある建物は、一つしかありません。また、私は伊勢斎宮《いせのさいぐう》の野宮《ののみや》の造営を行なっておりますので、両方を皆、勤仕《ごんし》することは無理です」と言ってきている（『御堂関白記』）。

相撲節会における祈念

この年の相撲節会《すまいのせちえ》は七月二十九日に行なわれたが、この時、三条は伊勢大神宮《いせだいじんぐう》に祈念した。「自分の宝位が動くことが無いのならば、左方の相撲人が、一・二・三番と勝つように」と。その通りに左方が勝ったのを喜んだ三条は、八月三日にそれを懐平に語った。右方の大将である実資は、一・二・三番は右方に勝ち目があったのに不思議なことと思っていた。相撲人に聞いてみても、「不覚にも（思わず知らず）、どうしようもありませんでした。厭術によるものでしょう」とのこと。四日に懐平から資平を通して三条の祈念を聞き、「相撲の負けを思わず、ただ宝位が久しいことを歓んだ」としている（『小右記』）。

八月に入ってから、三条は、斎宮御禊の上卿を行成に命じていたのであったが、連日の特に甚だしい懇願にもかかわらず、道長はそれを承引しようとはしなかった（『小右記』）。これも「天皇の地位と直結する祭祀への嫌がらせ」（中込律子「三条天皇」）と考えるべきなのであろうか。行成は、「考えてみると、神の怒りが有るのではないでしょうか」と実資に語っている。この件に関しては、九月五日に、三条が道長に対して「不快の気」があり、御夢想《むそう》があったとの情報が実資に届いている（『小右記』）。

土御門第行幸

そして九月十六日、三条は土御門第に行幸を行なった（『御堂関白記』『小右記』『日本紀略』）。この行幸に関しては、実資と為任が非難しているとの風説が道長の耳に届いていたのであるが（『小右記』）、そんなことで怯《ひる》む道長ではなかった。巳剋《み》（午前九時から十一時）に土御門第に到着し、すぐに禎子と対面した三条の感慨は、どのようなものだったであろうか。この子が皇子であったならばという思いか、はたまた、これで敦明たちの地位が低下せずにすむという安堵であったか。競馬《くらべうま》を覧、饗宴《きょうえん》が終わった後、丑剋《うし》（午前一時から三時）に三条は内裏に還御《かんぎょ》した

石清水八幡宮現況

（『御堂関白記』）。

九月二十八日には、舞楽《ぶがく》を覧ることを三条が提案した。ところが、道長に伝えるよう命じられた能信《よしのぶ》はそれを怠り、楽人たちは皆、外出していた（『御堂関白記』）。実資の許には、夜になって参内《さんだい》を促す蔵人がやってきたが（『小右記』）、結局は誰も参内しなかったようで、中止ということになった。十月二十三日に行なわれた除目に際しても、二十四日に諸司の官人が参上してこず、下名《おりな》を下すことができなくなってしまった。三条と貴族層との関係を如実に物語る例である。

さて、七月二十二日に、妍子と禎子内親王《ていしないしんのう》（十月二十二日に親《しん》王宣下《のうせんげ》を蒙る）とが内裏に参入する日が十一月十一日と決まったのであるが（『御堂関白記』）、どうもこの年のうちには妍子は内裏には入らなかったようである。道長も三条も、二回目の懐妊、そして皇子誕生を願っていたはずであるが、どのような事情があったのであろうか。

十一月十六日の豊明節会《とよのあかりのせちえ》に際しては、奇獣（野猪《くさいなぎ》とされる）が紫宸殿《ししんでん》に上るという怪異が発生し、弘徽殿《こきでん》に小火事があって、上下の者は心神《しんしん》の具合が不覚になるという失態があった（『御堂関白記』）。

石清水行幸

十一月二十八日、石清水八幡宮《いわしみずはちまんぐう》への行幸が行なわれた。前年の大嘗会御禊で賀茂河原に赴いた以外は、これが三条が即位以来、京外に出た初めての例となる。山崎《やまざき》において戌剋に船に乗った三条は、八幡宮に到着し、御拝《ぎょはい》を行なった。ところが、翌二十九日に還御した頃、采女町《うねめまち》から発した火が、内裏の西廊《にしろう》に付こうとしていたが、人が多く上って、これを撲滅《ぼくめつ》したとの知らせが届いた。道長は東宮敦成のことを思い、心神が不覚となったが、大事には至らなかった。「もしかしたら人が付けたのでしょうか」というのが、道長が受けた報告であった（『御堂関白記』）。道長は、三条が内裏の外にいる間に、敦成が狙われたとでも思ったのであろうか。

上賀茂社現況

賀茂行幸

十二月九日にも、盗人が内裏の藤壺《ふじつぼ》（飛香舎《ひぎょうしゃ》）と梅壺《うめつぼ》（凝華舎《ぎょうかしゃ》）の間の渡殿《わたどの》に入るなど（これは道長の一喝により退散）、何やら不穏な情勢が続くが、十五日には大風雪の中で賀茂社《かもしゃ》に行幸を行なった（『御堂関白記』）。『大鏡《おおかがみ》』に、

三条院《さんじょういん》も、その日のことをよくお思い出しになっていらっしゃったようです。三条院のご病気中にも、「賀茂の行幸の日のあの雪は、じつに忘れがたいね」とおっしゃったとかい

います。

とある記述は、にわかには信じがたいが、実際にも三条にとって、大雪をおしての行幸は強い印象を与えたであろう。そして、この時には予想できていたかどうかはわからないが、この行幸が、実は在位中に三条が京外に出た最後の例となったのである。

神社行幸というものが、摂関の地位を示す手段であると共に天皇儀式を成立させる機縁でもあり、何より官人層が叙位《じょい》を受ける機会である以上（大村拓生《おおむらたくお》「中世前期の行幸」）、これを行なえない天皇というものが貴族社会からどのような目で見られていたかは、容易に想像できよう。

暮れも押しつまった十二月二十六日、直物《なおしもの》・小除目・僧綱召《そうごうめし》が行なわれた。僧綱召では、慶円を大僧正《だいそうじょう》、済信《さいしん》を僧正《そうじょう》、明救《みょうぐ》を権僧正《ごんのそうじょう》に任じたのであるが、その理由は、「明救が御修法《みしほ》を奉仕していた際、御夢想が有って任じるものである」とのことであった（『日本紀略』）。また居眠りしていたことになる）。興味深いのは、その間、三条が道長を御前《ごぜん》に召さなかったということである（『御堂関白記』）。

相変わらずの情実人事と、両者の関係であるが、この年はとりあえず、こうして暮れていった。

3 眼病の発症 長和三年(一〇一四)

道長との関係

長和《ちょうわ》三年(一〇一四)は、三条と道長との関係が決定的に悪化した年である。しかも、『御堂関白記』がまったく残っておらず、道長に批判的な記述をすることの多い『小右記』を基にして考えなければならない。両者の関係が、ことさらに悪くなったように感じるのも、一つにはそのためなのである(実際に悪くなったのであるが)。

正月二日に行なわれるはずの中宮大饗《ちゅうぐうだいきょう》は、妍子《けんし》が内裏にいないという理由で、停止《ちょうじ》となった(『日本紀略』)。娍子《せいし》も内裏にはおらず、寂しい年明けとなってしまった。

正月七日には、三条は二年前に歯を抜いてもらった「京極《きょうごく》の辺りに住む嫗《おうな》」に、また歯を抜かせた(『小右記』)。前回とは異なり、この時には道長に抜いた歯を見せることはなかったようである。

正月八日に行なわれた御斎会《ごさいえ》には、参入の公卿が少なく、何度催促しても三人しか集まらない有様で、行香《ぎょうこう》が行なえなかった(結局、図書寮《ずしょりょう》の官人に行なわせている)。実資《さねすけ》は、「公事《くじ》(儀式)の淩夷《りょうい》(いい加減さ)は、当今《とうぎん》(三条)の時代ほどひどいことはなかった」との感想を記している(『小右記』)。時代への批判は、取りも直さずその時の天皇への批判にもつながる。

妍子、内裏還御

さて、何故かなかなか内裏に還御《かんぎょ》してこなかった妍子は、正月十九日になって、ようやく参入してきた(『小右記』『日本紀略』)。三条とも久々の再会となったが、はたして次の子供を宿すことを期待できる情況にあったのであろうか。『栄花物語』には、春になっても参入してこない妍子に対して、三条が贈ったとされる次のような歌が載っている。

春来れど 過ぎにし方の 氷こそ 松に久しく とどこほりけれ
（春がおとずれたけれど、去年の氷は松の枝に冷たく凍りついていて、いつまでも解けないのですね）

これに対する妍子の返歌は、次のようなものとされる。

千代経《ふ》べき 松の氷は 春来れど うち解けがたき ものにぞありける
（千歳の齢を保つはずの松に宿る氷、春がおとずれても、その松の齢に引かれて容易には解けがたいものでした）

妍子にとって、「打ち解けがたい氷」とは、どのような情況を指したのであろうか。

月末に行なわれた除目《じもく》においては、道長が二男の頼宗《よりむね》を権中納言《ごんちゅうなごん》に任じるとの噂が立ち、大・中納言の多さに怒った実資は、「乱代の極みのまた極みである。悲しいことよ」と嘆いている（『小右記』）。なお、頼宗が権中納言に任じられたのは三月のこと）。なお、この除目では、娍子の異母兄の為任《ためとう》が伊予守《いよのかみ》に任じられている。彼は三月に任地に赴くのであるが、後見《こうけん》がこの有様では、娍子もさぞや心細かったことであろう。

正月二十七日から彗星《すいせい》が現われ、二月九日に天文博士《てんもんはかせ》による勘文が実資の許《もと》に送られてきた。これを見た実資は、「天皇のことは大したことではない、『焼亡《じょうもう》・大地震・執柄人《しっぺいにん》（道長）』については、その徴《きざ》しがすでに明らかではあるけれども、憚《はばか》るところがあるので、あえて記さない方がいいだろう」との返事を出した（『小右記』）。

内裏焼亡

そのような折も折、その日の亥刻《い》（午後九時から十一時）に内裏が焼亡してしまったのである（『小右記』『日本紀略』『百練抄《ひゃくれんしょう》』『扶桑略記《ふそうりゃっき》』）。寛弘《かんこう》二年（一〇〇五）に焼亡し、翌寛弘三年（一〇〇六）の年末に再建された内裏であるから、七年余りで灰燼《かいじん》に帰してしまったことになる。三条がこの内裏に入ったのは寛弘八年（一〇一一）であるから、実際にはわずか二年余りしか使用されなかったことになる。妍子がようやく内裏に入った直後の焼亡というのは、まったくの偶然だったとは思えない。

火は、人気《ひとけ》のなかった登華殿《とうかでん》の上から出た。三条は腰輿《たごし》に乗って朝堂院《ちょうどういん》に、また妍子と敦成《あつひら》は網代車《あじろぐるま》に乗って朝堂院の東廊の外に避難した。道長は、馬を馳せて陽明門《ようめいもん》から参入した。その念頭には、敦成と妍子のことがあったであろう。神鏡《しんきょう》（実は寛弘二年に焼け残った銅の残骸）は、何とか無事だったようであるが、焼死者や圧死者も数多く出た（『小右記』）。

三条たちは、朝堂院の東廊の東・太政官《だいじょうかん》の北の小道を経て、太政官の東門から入り、朝所《あいたんどころ》に移った。その間、ようやく諸卿が参入してきたが、道長室の倫子《りんし》も手輦《たごし》に乗って妍子と敦成の許を訪ね

太政官朝所故地

ているのは（『小右記』）、さすがと言うべきか。

さっそくに材木を集め、造営の準備を始めたのはいいが、三条の心労《しんろう》は重かった。すでに朝堂院において、「迷惑（どうしてよいかわからないで途方にくれること）」の様子を語っていたのであるが（『小右記』）、よほどこたえたようである。この心労が、やがて重い病悩《びょうのう》につながることになる。

除目について実資に相談

二月十六日、「大将（実資）は、自分のために用意（心づかい）のある人である。そこで伝えるのである」ということで、三条から実資の許に密々の勅語がもたらされた。近々摂津守《せっつのかみ》藤原佐光《すけみつ》が辞退するのであるが、道長が家司《けいし》の源頼親《よりちか》を後任に任じたがっているという件についてである。

「頼親は摂津国《せっつのくに》に住んで、所領がはなはだ多く、土人《どじん》のような者である。先年、大宮院《おおみやいん》（一条）の御代、平維衡《これひら》を伊勢守《いせのかみ》に任じた際、道長は維衡が伊勢国の住人であるということで停任《ちょうにん》した。道長は、その時、大いに維衡（と一条）を誹謗《ひぼう》した。自分が東宮《とうぐう》であった頃のことである。今、道長が頼親を摂津守に推挙《すいきょ》するというのは、維衡の例と同じである。もし道長が頼親を推挙してきたら、自分はこのことを言おうと思っている。大将の返事を聞いて、言うかどうか決めようと思う」

実資は、それは道理であると奏上《そうじょう》し、ついでに少々の事を加えて奏上した（『小右記』）。維衡の例というのは、寛弘三年の除目で一条が、寵愛《ちょうあい》の深かった元子《がんし》の御在所《ございしょ》を造営した維衡を、顕光《あきみつ》の申請に従って伊勢守に任じたところ、道長が「御門《みかど》（一条）のお考えは、未だよくわからない」ということで除目を中断し、後に維衡を解任したことを指す（『御堂関白記』）。この例を持ち出されては、道長も致し方ないところだったであろうが、得意げに過去の例を話す三条に対する感情は、またまた悪化したことであろう。

さて、三条や妍子の新たな御在所は、土御門第にするか枇杷殿《びわどの》にするかで一定しなかったが、結局は枇杷殿と決した。二月十八日に枇杷殿造営の雑事《ぞうじ》が定められたが、殿舎《でんしゃ》の数について、三条と道長との意見が対立した。殿舎の数を減じた方がいいという道長に対し、三条はそれを許容しなかったのである。道長の意見は、公任《きんとう》や俊賢《としかた》の意見を容れたもので（『小右記』）、いわば公卿層の多数意見である。どうもこういう点でも三条は、自分の意見に固執する嫌いがあるようである。なお、二月二十日、三条は同じ太政官の松本曹司《まつもとぞうし》に、敦成は造曹司《ぞうぞうし》に、それぞれ移御《いぎょ》している（『小右記』）。

眼病の発症

この頃から、三条の体調に大きな異変が生じたようである。もともと病弱な体質ではあったが、一連の道長との政治抗争に加えて、内裏焼亡による心労が決定的な影響を与えたのであろう。三月一日に資平《すけひら》に語ったところによると、二度も丹薬《たんやく》（『大鏡』では、不老長寿《ふろうちょうじゅ》の薬と信じられていた「金液丹《きんえきたん》」としている）を服用し、冷物を食したのであるが、この数日、「片目は見えず、片耳は聞こえない。極めて病悩しているうちに、夜は、いよいよ病悩している」という状態となってしまった（『小右記』）。砒素《ひそ》と硫化第二水銀《りゅうかだいにすいぎん》を主成分とするという丹薬の服用過多による中毒も加わっているのかもしれない。この病を、炎症性緑内障《えんしょうせいりょくないしょう》（服部敏良『王朝貴族の病状診断』）、あるいは「脳腫瘍《のうしゅよう》」（赤木志津子《あかぎしづこ》「摂関時代の天皇」）、「嗅窩か鞍結節部《きゅうかあんけつせつぶ》（左側寄り）に発生した髄膜腫《ずいまくしゅ》」（佐野圭司《さのけいじ》「脳病余話」）と診断する向きもあるが、詳しいことはわからない。

『大鏡』が語るように、

おそばの人が、お見もうしあげましたところでは、すこしもふつうの人とお変わりございませんでしたので、いつわりのようでいらっしゃいました。御瞳などもほんとうにきれいに澄んでいらっしゃいました。

という様子だったとするならば、それは『大同類聚方《だいどうるいじゅうほう》』に見える中翳目病《なかひめやみ》、裏瘡目病《うらかさめやみ》、裏側責病《うらかわせめやみ》（膿底翳《うみそこひ》）、明盲目病《あきしいめやみ》に相当するという（槇佐知子《まきさちこ》『日本の古代医術』）。いずれにしても、目と耳が不自由というのでは、天皇としての聴政《ちょうせい》がままならないということになり、政務や儀式の執行にも大きな影響が出るのは、避けられそうにもなかった。

悪いことは重なるもので（偶然なのかどうか）、三月十二日、今度は大宿直《おおとのい》・内蔵寮不動倉《くらりょうふどうそう》・掃部寮《かにもりりょう》などが焼亡し、累代《るいだい》の宝物が皆、ことごとく焼失してしまった。焼けてしまった物は、数万に及んだという（『小右記』）。どのような事情でこの火災が起こったのかはわからないが、三条の天皇としての徳を云々する声も上がってくるのは必至であった。

道長・道綱の退位要求

はたせるかな、この火災の直後に、道長と道綱《みちつな》が並んで、「天道《てんどう》が主上（三条）を責め奉ったのである」ということを三条に奏上した。三条は、二人の思うところはよく理解したという（『小右記』）。二人は言外に退位を匂わせたのであろうか。

この件に関しては、三月十四日に実資の許に達せられ、三条は実資に意見を求めている。実資は参《さん》内《だい》して意見を奏上しようとしたが、道長がいたので奏聞《そうもん》することができなかった。実資は、道長はともかく、道綱がこれに同心したことに怒りを感じ、「愚である、愚である。天譴《てんけん》は避け難いであろう」と記している（『小右記』）。

三条としても、東宮時代から自分を支えてくれていた道綱が、道長と共に自分を責めてきたということは、大きな衝撃であったに違いない。段々と味方も少なくなっていくことを実感したはずである。道長もそれを見越して道綱を連れて行ったのであろうが、易々とそれに乗ってしまう道綱も、実資の非難するように軽薄の誹《そし》りは免れまい。

三月十五日に、三条は資平の蔵人頭《くろうどのとう》任命に関する優詔《ゆうしょう》を実資に伝えているが、こうなるともう、人事権を行使して味方を取り込むしか、手立てはなくなってきているのである。その際、実資は、道長や「憚るところが有って、つぶさには記さない」ということを多く奏上しているが（『小右記』）、道長や道綱の工作に対する意見なのであろう。

この頃になると、左目に加えて鼻も効かなくなったようで、三月十六日には、呵梨勒丸《かりろくがん》や、娍子の献上した紅雪《こうせつ》といった薬を服用している。医師の清原為信《きよはらのためのぶ》は、「御目は肝臓に通じている。御飢（飢《き》渇申《かっしん》）の致すところである。腎臓もまた、補うべきである」という診察を下しているが、実資は、「御心労によるものか。子細は記さない」と記している（『小右記』）。こちらの方が正しい見立てというべきであろう。

なお、呵梨勒丸というのは、インドなどに産するシクンシ科の高木で、その果実を風邪・便通などの薬に使用するというものであり、今回の三条の病気には、あまり効き目は期待できそうもないものであった。また、紅雪の方は、水や酒に溶かして服用し、いっさいの丹石や発熱、脚気、風毒、顔や目のむくみ、熱風衝上、消化不良、嘔吐、胸腹部の脹満などに効能を持つと、万能薬のごとく使用された薬であるが（『医心方《いしんぼう》』）、この場合、あまり効果のあるものとも思えない（服部敏良『王朝貴族の病状診断』）。

道長の方も、攻勢を弛《ゆる》めることはなかった。三月二十二日には、資平の蔵人頭任命を拒絶し、藤原道雅《みちまさ》や藤原兼綱《かねつな》、また藤原経通《つねみち》の任命を求めた。三条によれば、道雅や兼綱は恪勤《かくごん》（仕事に勤勉）ではないうえに、頭の職に堪える者ではない（実際、その通りではある）ということであったが、公卿社会の人事の常識というのは、また別個のものであった。

道長の退位要求

そしてついに三月二十五日、道長は三条に、禅位《ぜんい》（譲位《じょうい》）するよう、責めたてた。いよいよ直接行動に出たのである。それに対し三条は、まったく耐えられないという仰せ事を返した。その報を受けた実資は、「奇である、怪である」と憤慨している（『小右記』）。臣下に過ぎない道長が天皇に譲位を迫るというのも、確かに実資の考えるように奇怪な事態ではある。しかし、天皇といえども、支配者層の総意に基づいて皇位に坐しているのであり、その利害を発現する義務を有する。道長が譲位を求めたのは、何も外孫《がいそん》の敦成を即位させて外祖父《がいそふ》摂政《せっしょう》として権力を一手に収めたいといった願望のみによるものではなく、病気によって政務や儀式をきちんとこなせず、人事に際していつも情実による我意《がい》を張るような天皇では、宮廷社会の信任を得ることはできないといった、執政者としての責任感から行なったという側面も、確かにあるには違いないのである。

枇杷殿に遷御

内裏焼亡にともなって御在所としていた松本曹司は手狭だったであろうが、四月九日、ようやく枇杷殿に遷御《せんぎょ》した。妍子も枇杷殿北対《きたのたい》に移御し、しばらくは同所で過ごすこととなった。なお、東宮敦成は、頼通《よりみち》の高倉第《たかくらてい》に移っている（『小右記』『日本紀略』）。実はこの日は松本曹司に移ってから四十九日目に当たるという俗忌《ぞくき》があり、また陰陽師《おんようじ》が大将軍《たいしょうぐん》の方忌《かたいみ》を申し、さらに三条自身の物忌《ものいみ》でもあるという状況、しかも神鏡を納める辛櫃《からびつ》の中から奇異の声がするという怪異《かいい》も起こったのであるが、道長の一存によって、遷御が行なわれたのであった（『小右記』）。

その頃、道長も病悩していた。四月六日に針を踏んでしまい、その後、快復しないまま、苦しんでいたのである。はじめは瘧病《おこりやまい》のようであったが、十四日に至って、他の祟りも加わったようであるとの情報が流れている（『小右記』）。道長に対する宮廷社会の思いもまた、様々な思惑に彩られていたのである。

道長の病悩も、月末には快復したようで（賀茂詣《かももうで》を行なって斎院選子内親王《さいいんせんしないしんのう》に和歌を贈ったりしている）、五月十六日には、三条は土御門第行幸《ぎょうこう》を行ない、競馬《くらべうま》を覧《み》ている。実資はこれにも、内裏造営が決まっていないのに競馬の興が有るのはよくないと、批判的である（『小右記』）。病も癒えた道長が、三条との関係を少しでも修復しようとしたと考えるよりも、競馬という、王権を象徴する儀式を道長が私邸で行なうことの意義を考えた方がよさそうである（中込律子「三条天皇」）。

蔵人頭任命

さて、道長に拒絶された資平の蔵人頭任命については、四月十四日、三条は資平本人に任命を確約したのであるが、五月十六日になると、土御門第行幸の後に、敦明《あつあきら》の懇奏《こんそう》によって、兼綱を任命した。

実資は約束が違うと憤慨し、「欠員が有ったら、必ず資平を任命すると、人を介して仰せられ、また資平にも仰せられた。ところが綸旨《りんじ》というのは汗のようなものなのに、これでは掌《てのひら》を反すに異ならないだけである。後々、私のことは頼みにしないでもらいたい。また、天皇は何度も私に仰せられた事が有るが、今になっては思い出すこともできない」と記している（『小右記』）。これまでの信任が厚かったことで、かえって裏切られたという思いが強かったのであろう（実資も三条の信任を、一面では迷惑がっていたはずであるが、人事に関しては、やはり頼みにしていたものと思われる）。

翌五月十七日、実資を御前《ごぜん》に召した三条は、「後に欠員が有ったならば、必ず資平を任命しよう。

他の蔵人頭とは比べものにならないくらい、特に親しく思うことにしよう」などと語るのであった。すっかり呆れ果てた実資は、「これは極めて軽々であり、これまで直接言ってきたことも相違したのであるから、今日、直接に後の事を仰せられても、頼みにするわけにはいかない」と、三条の対応にすっかり懲りてしまったようである（『小右記』）。

内裏造営定

焼亡した内裏の造宮定《ぞうぐうさだめ》は、五月二十四日に行なわれた。この何日か、三条は懐平《かねひら》を造宮別当《ぞうぐうべっとう》とすることをしきりに求めていたのであるが、道長の定めたのは、五男の教《のり》通《みち》と、藤原兼隆《かねたか》・藤原公信《きんのぶ》であった。実資は、「天皇の綸言《りんげん》を蒙《こうむ》った人（懐平）は、かえって摧折《さいせつ》（威勢に屈すること）の謀《はかりごと》にかかってしまった」としたうえで、「内裏造営は天下の重事であるから、年少の者には勤まらない。物の意を知る人々は、或いは耳うちし、或いは首を傾《かし》げて歎いた。天下の事は、今となってはどうなるのだろうか。大いに悲しい御代である」と嘆いている（『小右記』）。

三条としてみれば、気心の知れた（と思っている）懐平を造営の責任者としたかったところであろうが、道長の思惑は別のところにあった。とまれ、十二月二日に立柱《りっちゅう》、翌年三月までに造営を終えるようにと定まった（『小右記』）。この造畢期《ぞうひつき》をめぐって、翌年にまた騒動が巻き起こることになる。

六月十五日には御馬御覧が行なわれることになっていたが、参勤の官人や乗尻《のりじり》が少なかった。三条はそれを咎《とが》めて参入を命じたが、なかなか参入してこなかった。道長の随身《ずいじん》を兼ねている者などには、道長が辞退するよう命じる有様であったという（『小右記』）。

実資に恩詔

この頃、道長は、ある情報を得て、それを三条に問い詰めていた。その噂というのは、「実資が、自分が雑事を申すということを三条に奏上させた」というものである。三条から実資への数々の「恩詔《おんしょう》」に尾鰭《おひれ》が付いて、道長の耳にまで届いたのであろう。それは事実かと迫る道長に対し、三条は、そんなことはないと答えている。六月二十六日になって、またもや道長がやってきて、同じことを聞く。三条もまた、同じように答える、という問答が続いた（『小右記』）。

というようなやりとりがあった後に、六月二十七日、三条は資平に、この経緯を伝えた。そして、「万事を（実資に）相談するということには変わりがない。（実資には）もっとも親しみを感じており、その心は、近日、いよいよ切なるものがあるが、すでにその人（道長）がいる。あの者がいなくなった後のために、このように言うのである。もしかしたら近いうちのことかもしれない。これは懇切《こんせつ》に思ってはいるが、内心に秘めて言わない」などと伝えさせた（『小右記』）。何やら安っぽい三角関係ドラマのようであるが、実資としても、「あれこれ思慮すると、且つ恐れ、且つ怪しむ。歯外《しがい》（口外）してはならない」と記すのみであった（『小右記』）。

斎宮の託宣

なお、前日の六月二十六日、野宮《ののみや》（嵯峨野《さがの》の潔斎所《けっさいしょ》）に入っていた伊勢斎宮《いせのさいぐう》（当子《とうし》）の託宣《たくせん》が娍子の許に届けられている。「内親王を斎宮に立てるとは、近年になく志が深いから、当時（三条）の宝位《ほうい》は十八年」というものである（『小右記』）。皇位を守る斎宮の立場、父を思う娘の立場、とても涙なくしては語れぬ情景である。

七月から九月までは、『小右記』が残っていないので、三条と道長の関係を詳しく知ることはできない。八月二十日に、枇杷殿遷御の後、初めて紫宸殿《ししんでん》（枇杷殿寝殿《しんでん》）に出御《しゅつぎょ》したこと（『日本紀略』『小記目録《しょうきもくろく》』）、九月二十日に斎宮当子内親王が伊勢への群行《ぐんこう》を始めたこと（『日本紀略』）が知られるくらいである。後者では、別れの櫛《くし》を当子に賜って後、三条が振りかえって斎宮を見たことを、道長が怪しんだという説話が『大鏡』に見えるが、もとより史実かどうかはわからない。

敦明に王子誕生

十月になると、六日に敦明親王第一王子の敦貞《あつさだ》が誕生した（『小右記』）。母は顕光の女《むすめ》の延子《えんし》である。このまま娍子から皇子の誕生がなかった場合（もうすでに諦《あきら》めていたと思うが）、敦明が三条の皇統《こうとう》を嗣《つ》ぎ、顕光の外孫がその後継者になるという図式は、道長が元気であればありそうもないことではあるが、道長に万一の事態が起こったならば、まったく考えられないことではない。まだ頼通は権大納言《ごんだいなごん》に上ったばかりに過ぎず、道長の後の首班《しゅはん》は、右大臣《うだいじん》顕光がもっとも近い存在だったのである。

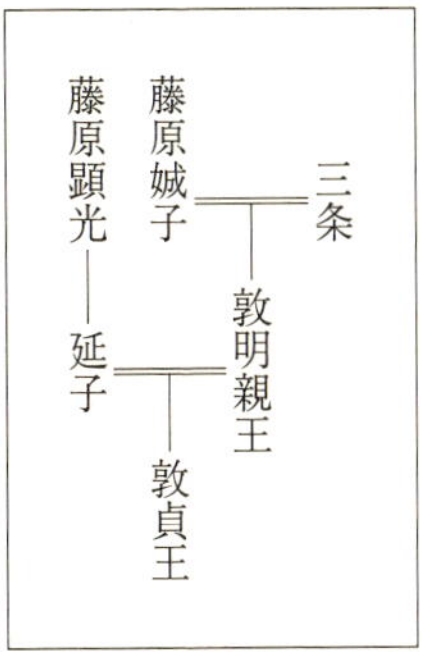

敦明親王系図

十月二十五日、一条長子の敦康《あつやす》親王は、道長の宇治第《うじてい》に遊宴を行ない、公卿・殿上人《てんじょうびと》は、皆、追従した。道長は敦康に、衣を脱いで遊女《あそびめ》に賜うよう勧め、皆にも衣を脱いで賜うよう求めた。結局、遊女四十余人には、数多くの衣と、絹百疋・米百石が与えられるという乱痴気《らんちき》騒ぎであった。密々にその出立《しゅったつ》を見物していた実資は当然、「軽々の極みである」と批判的であるが（『小右記』）、皇位を諦めさえすれば、このように皇子を優遇するという事例を、三条や娍子に見せつけるという意図もあったものか。なお、三条も、「極めて善《よ》からざる事である」と憤慨している（『小右記』）。

十一月六日、道長は天台座主《てんだいざす》に院源《いんげん》を任じることを三条に懇奏した。その際、「慶円《きょうえん》は自分の為に大いに不遜《ふそん》の者である。讐敵《しゅうてき》のようなものである。まったく推挙するわけにはいかない」と語ったという。三条が懐平に語ったところである。同様に、翌七日の小除目《こじもく》では、隆家《たかいえ》を大宰権帥《だざいのごんのそち》に任じたが、これは道長が単独で行なったものであった。実資は、三条の御前で行なうべきであったと非難している（『小右記』）。

敦成の朝覲

三条と道長との確執が深まっていく一方で、東宮敦成は、十一月十七日、初めて三条への朝覲《ちょうきん》を行なった（『小右記』『日本紀略』）。七歳の敦成は、まったく作法を失することなく、見る者は感歎し、道長は涕泣《ていきゅう》した（『小右記』）。かつて七歳で即位した一条の幼少時を重ねて見ていたのであろう。もちろん、自分の姿は外祖父摂政であった父兼家《かねいえ》と重ねていたはずである。

この年の豊明節会は十一月二十二日に行なわれたが、三条は物忌によって出御しなかった（『日本紀略』）。道長はこの時も、過差《かさ》の禁制《きんせい》を遵守する必要のないことを命じた。実資は、「王化《おうか》の薄いことによるものであろうか。はなはだ以て歎息した。弛張《しちょう》はただ、執権《しっけん》の臣（道長）の心に懸かっている」、「万人は、善に背いて悪に従っている。主（三条）を侮《あなど》って臣（道長）を敬うばかりである。愚のようなものである」と非難の声を高めている（『小右記』）。ただし、実資の非難は、天皇を侮る道長だけに向けられているわけではないはずである。臣下に侮られるような、王化の薄い天皇をも視野に入れていることは、間違いなかろう。

敦明の事件

年の暮れに入ると、敦明がとんでもない事件を起こして、病悩中の三条の宸襟《しんきん》を悩ませることとなった（六月十六日にも加賀守《かがのかみ》源政職《まさもと》を拘致《こうち》するという事件を起こしているが）。今回は十二月一日、敦明の雑人《ぞうにん》が、公任の息男である定頼《さだより》の従者と闘乱におよび、このことが三条の耳に達するや、「天気不快《てんき》」という状況になった。しかも三日になると、敦明の雑人が定頼に打擲《ちょうちゃく》されて傷を蒙ったとの報が流れた。このことを三条に知らせずに追捕《ついぶ》を行なった検非違使《けびいし》が追捕宣旨《ついぶせんじ》を止められ、一方の定頼は春日行幸《かすがぎょうこう》の行事《ぎょうじ》を勤めていたのであるが、これも止められた。この日も三条は、「天気不快」という状況であった。四日になると、敦明の方に分があるということになった。しかも、敦明の宮人《みやびと》が死去したとの報も流れ（実際に死亡したのは五日）、敦明に有利な状況が形成されていった。三条は、「定頼は、すでに殺害人である。春日行幸の行事としてはならない。また、自分の近くに伺候《しこう》させるのは、極めて不都合である」と語っている（『小右記』）。

事はこれで決着したかに見えたが、十二月八日に至り、意外な方向に展開した。何と敦明が定頼を打擲しようとしたというのである。道長はこれを聞いて大いに怒り、「無量《むりょう》の悪言」を吐いた。しかも、悪口の矛先は三条自身にも及び、聴く者は心を寒くしたという。実資は、「極めて片腹《かたはら》痛い御詞が有った」との報告を得ている（『小右記』）。道長はいったい、三条に関してどのような言葉を吐いたのであろうか。

三条の病悩の方は、日をおって脚病《きゃくびょう》が発動し、進退《しんたい》（動作）に不自由して目も見えなくなったとの報が、十二月四日、密々に実資に達せられた。三条は、「これまでの帝王《ていおう》に、このような病悩は有ったのであろうか」という例を実資に問うてきたのである。道長に問うのは憚られるし、道綱に問うても大したことを言うはずはないとのことであった（『小右記』）。病悩のなかでも、帝位にあり続けようという意思の表われであろう。

翌年は、道長が五十歳、三条が四十歳にあたる年であり、本来ならば算賀《さんが》（長寿の祝い）が行なわれるはずであった。しかし、道長は、十二月八日に至って、三条の算賀を行なえない以上、自分が算賀を行なえば謗難《ぼうなん》があるに違いないとの理由で、辞退するとの意向を示した（『小右記』）。自分が行なわない以上、三条も行なうわけにはいくまいといったところであろうか（実際には十月二十五日、彰子《しょうし》主催ということで道長五十の算賀の法会《ほうえ》が行なわれている）。

春日行幸計画

病悩のなかにあって、三条は、何と春日社《かすがしゃ》に行幸を行なおうとしていた。かつて一条が天皇として初めて行なった春日行幸を再び行なうことによって、三条は何を得ようとしていたのであろうか。ともあれ、十二月五日に行幸行事を改替《かいたい》したうえで、十五日、行幸の日時は「明年三月二十七日丁未《ていび》、時剋《じこく》は辰《たつ》（午前七時から九時）」と決まった（『小右記』）。

十二月十七日、娍子の領有している花山院《かざんいん》が焼亡してしまった。娍子自身はここに居住しているわけではなく、皇后宮大夫《こうごうぐうだいぶ》懐平の宅にいたのであるが、花山院は慶円が三条のための百日御修法《みしほ》を修することになっている場であった。多くの公卿や殿上人が火事見舞いに駆けつけ、御修法を修する壇所《だんしょ》の舎が焼けなかったことに、慶円の力によるものと感歎した。ところが、道長だけは感歎することなく、誹難の言葉を吐いたという。一方の三条は、娍子の許を訪れた公卿の名簿《みょうぶ》を取らせている（『小右記』）。

その慶円は、天台座主に補されることを望んでいたのであるが、道長は慶円を嫌忌《けんき》していた。十二月二十一日にやっとのことで道長と謁談《えつだん》しても、道長は先日の火事のことを語るばかり。後に慶円が座主のことを申し出ても、自分は排斥することはないという返報があるだけであった。慶円は二十六日に三条の勅命《ちょくめい》によって座主に補されたのであるが（『小右記』）、三条の祈禱をめぐる慶円と道長との軋轢《あつれき》は、年を明けて持ち越されることとなった。

4　譲位をめぐる闘い　長和四年（一〇一五）

寂しい年明け

長和《ちょうわ》四年が明けて、三条は四十歳、道長は五十歳の節目を迎えた。正月一日は大雨が降って小朝拝《こちょうはい》は停止《ちょうじ》され、元日節会《がんじつせちえ》に三条は出御《しゅつぎょ》しなかった。道長第でも拝礼《はいらい》が停止されたが（『御堂関白記』）、それはこの年を迎えるにまことに相応《ふさわ》しい幕開けであった。

この年は、道長による三条の譲位《じょうい》工作が激しくなり、それに対抗する三条の闘いが繰り広げられた。この年からまた『御堂関白記』が残っているが、正月から三月までは『小右記』が欠けており、その間の三条の感情を伝える史料は残っていない。

道長は、正月二日の皇太后宮《こうたいごうぐう》（彰子《しょうし》）・中宮《ちゅうぐう》（妍子《けんし》）・東宮《とうぐう》（敦成《あつひら》）大饗《だいきょう》には参っているものの、その後は物忌《ものいみ》と称して、七日の白馬節会《あおうまのせちえ》、八日の御斎会《ございえ》には不参《ふさん》を続けた。確かに体調も悪く、二十五日からは咳病《がいびょう》を発《おこ》して除目《じもく》を延引《えんいん》しているのではあったが（『御堂関白記』）、何やらそれこそ嫌がらせの感もしてくる。

二月十六日から始められた除目においては、いよいよ資平《すけひら》が蔵人頭《くろうどのとう》に補された（『職事補任』）。これで三条と実資《さねすけ》を直接結ぶパイプができたことになる。

ただし、三条の病悩《びょうのう》は、ますます重くなるばかりであった。二月十九日には紅雪《こうせつ》を服用し（『御堂関白記』『小記目録』）、二十五日には仁海《にんかい》による占いと心誉《しんよ》による加持《かじ》が行なわれている（『小記目録』）。

首に水をそそぐ　三月二十一日にも祈禱が行なわれたが、効果がないと考えられたのか、二十三日になって、首に水をそそぐという荒療治が行なわれた（『小記目録』）。この年の三月二十三日は、グレゴリオ暦では四月十四日にあたり、水も温まっていたと思われるので、『大鏡』が、

医師たちが、「小寒から大寒までの寒中の冷水をお頭にそそぎなさいませ」と申しましたので、氷のはりつめている水をたくさんおかけになりましたところ、たいそうひどくお震えになり、お顔の色もお変わりになっていらっしゃったのは、まことにお気の毒で悲しいことと、おそばの人々がお見もうしあげたとうけたまわったことでした。

と語るような情景は、実際にはなかったはずではあるが、何ともすさまじい治療である。これも効果がなかったのであろう、二十六日には天台座主《てんだいざす》慶円《きょうえん》に修善《しゅぜん》を行なわせている（『御堂関白記』『小記目録』）。

このような状況であるから、三月二十七日に予定されていた春日行幸《かすがぎょうこう》は、当然のこと延引となった（『御堂関白記』『日本紀略』『小記目録』）。しかし三条は、快復後の春日行幸遂行を願い、二十日に道長にそのことを語ったほか、二十七日には、蔵人を春日社に遣わし、「天皇は病悩されていて、行幸は延期する。尋常な状態となられたならば、秋に行幸が有るであろう」という告文《こうもん》を神前に申させている（『御堂関白記』）。

この年の春は疫癘《えきれい》が流行し、秋にまで及んだ。「近日、京中の死人は、極めて多い。路頭に死体を出し置いている」というのが、四月になって実資が記した状況である（『小右記』）。

敦明の行状

三条が窮地に陥っているにもかかわらず、その後継者たるべき敦明《あつあきら》は、相変わらず行儀の悪い行状を続けていた。四月三日、検非違使《けびいし》が拘禁《こうきん》していた盗人《ぬすびと》（『小右記』によると、実は敦明の下部《しもべ》）が獄から出て逃げ去り、敦明の居住する堀河院《ほりかわいん》に入った。そして盗人を追いかけて堀河院に入った検非違使庁《けびいしちょう》の看督長《かどのおさ》や放免《ほうめん》が、敦明親王家の雑人《ぞうにん》によって、ひどく打擲《ちょうちゃく》されるという事件が起こった（『御堂関白記』）。しかも放免に縄をかけて打擲したということである（『小右記』）。

敦明が検非違使庁の捜索を三条に訴え、三条が道長に処置を命じて、この事件が明るみに出たのであるが、翌四日には何と、検非違使別当《べっとう》（藤原実成《さねなり》）の家に敦明親王家の雑人が来て、濫行《らんぎょう》を行なった。しかも三条からは、この件に対する咎《とが》めはなかったのである。道長は、これは具合の悪い事であるとし、「このような乱行《らんぎょう》は、ただこの親王の周囲にばかり起こる。右大臣《うだいじん》（顕光《あきみつ》）が不覚《ふかく》（愚か）であって、親王の乱行を留め申さなかったのである。主上（三条）からは、勘当《かんどう》は無かった。奇怪なことである、奇怪なことである」と記している（『御堂関白記』）。

禎子、着袴の儀

そのような敦明ではあったが、天皇第一皇子《おうじ》の徳ということであろうか、四月七日に行なわれる禎子内親王《ていしないしんのう》の著袴《はかまぎ》の儀に際しては、「明日、姫宮《ひめみや》（禎子）の御着袴の儀が行なわれますが、もしかしたら参られますでしょうか。これは内裏《だいり》の中で行なわれる公的な儀でありまして、参られましたならば、最も都合がよろしいのですが」という鄭重な道長の勧めに応じて参列している（『御堂関白記』）。

三条がみずから袴の腰紐を結んだ後、道長は伶人《れいじん》（楽人）から笛を取り上げ、敦明に吹かせた。敦明が笛を吹くというので、三条はこれを聞きたいと望み、笛の音を聞いた顕光と道綱《みちつな》は、感涙を拭《のご》ったとある（『小右記』）。かつて一条《いちじょう》が円融院《えんゆういん》や東三条院詮子《ひがしさんじょういんせんし》の前で笛を吹き、上下の者が涙を拭ったという故事でも思い出したのであろうか。

「大不忠の人」

このような慶事《けいじ》は長く続くものではない。四月十三日、道長は官奏《かんそう》の文を準備したのであるが、「今日は、天皇が病悩なされている御目が、特に暗い」ということで、官奏を奉仕することはなかった（『御堂関白記』）。実はこの日、三条は扇の絵を覧《み》ていたのであるが、参内《さんだい》してきた隆家《たかいえ》に対し、「今日は心神《しんしん》の具合が宜《よろ》しい。目は、まだ不快である。左大臣《さだいじん》（道長）が、今日、参入してきたが、機嫌は宜しくなかった。これは、私の心地《ここち》が頗《すこぶ》る宜しいのを見て、むつかった（不愉快になった）のである」と語った。それを聞いた実資は、道長を「大不忠《だいふちゅう》の人」と言っている（『小右記』）。

本当に道長がこのような理由で機嫌を損ねたかどうかは問題ではなく、三条がそのように認識しているという点が問題なのである。二人の関係はすでに、仇敵《きゅうてき》に近いものとなってしまったかのようである。また、道長が官奏を通して圧力を加えるという手法は、太政官《だいじょうかん》の機構を利用したものであり、補佐する関白《かんぱく》もなく孤立した天皇の姿を象徴的に示すものであるとの指摘もある（元木泰雄《もときやすお》「三条朝の藤原道長」）。道長が関白就任を拒否して一上《いちのかみ》も兼ねたことが、この時に至って功を奏したことになる（関白の座にあっても、補佐していたとは思えないが）。

その隆家は、眼病《がんびょう》の治療を行なうということで大宰権帥《だざいのごんのそち》に任じられていたが（かつて兄の伊周《これちか》が降されたのと同じ官名であるのは、皮肉なことである）、四月二十一日、現地に赴任することを奏上してきた。三条は隆家に餞別《せんべつ》を賜い、正二位に叙している（『御堂関白記』『小右記』）。同じ眼病とは言いながら、気軽に九州に治療に行くことなど望むべくもない三条の思いは、格別だったことであろう。

伊勢勅使発遣計画

その四月二十一日、三条は、伊勢神宮に使者を立て、また石清水八幡宮《いわしみずはちまんぐう》と賀茂社に行幸《ぎょうこう》を行なうことによって、眼病平癒《へいゆ》を祈願しようとの大願《たいがん》を立てた（『小右記』）。もはや神に祈るしかないといった心境であろうが、特に伊勢勅使をめぐっては、これか

皇太神宮正殿

ら様々な問題を引き起こすことになる。

それだけでは不足と見たのか、四月二十七日には紅雪を服用することの可否を占い、二十八日には紅雪を広隆寺《こうりゅうじ》に送って加持を行なわせている。二十九日に戻ってきた紅雪を、三条は三十日の暁に服用している。ただし、これは逆効果となったようで、この日、五度にわたって泄瀉《せっしゃ》（下痢）している（『小右記』）。なお、この間の四月二十八日、「或る人」が三条に、あることを催促し、三条はこれを拒絶している（『小右記』）。これが誰なのかはわからないが（土田直鎮『王朝の貴族』では道長としている）、その内容が譲位であることは間違いなかろう。徐々に包囲網が狭まってきている観がある。

加持祈禱は続いた。五月一日には慶円をはじめとする七人の高僧が、新写した薬師仏《やくしぶつ》七体を前に、内裏で御修法《みしほ》を修した。この日も病悩が重かった三条は、御前《ごぜん》に伺候《しこう》していた女房《にょうぼう》の様子を何かと見誤り、天井を仰ぎ見て、「御読経《みどきょう》・御修法の霊験《れいげん》が有った」などと語ったという。十五日からは、二十一日間の不動調伏法《ふどうちょうぶくほう》、三十日間の長谷寺観音経《はせでらかんのんきょう》の不断御《ふだんみ》読経《どきょう》も行なわれた（『小右記』）。

賀静の霊、出現

この間、様々な「霊」も出現した。五月一日には、御修法に伺候していた寄坐《よりまし》の女房が突然、憑依《ひょうい》し、両手を振動させるということも起こった。その姿は邪気《じゃけ》（物怪《もののけ》）に似ていたという。四日には、「主上の御目は、冷泉院《れいぜいいん》の御邪気が起こしているところである」との託宣《たくせん》が多くの寄坐女房に下った。さらに六日、心誉が寄坐女房を加持していたところ、賀静《がじょう》と藤原元方《もとかた》の霊が出現して、次のように語った（『小右記』）。

「主上の御目の事は、賀静の行なったところである。天皇の御前に居て、賀静の霊が翼を開く時には、御目を御覧になれるようにしているのである。ただし、天皇の御運は尽きてはいない。そこで御体には取り憑かない。ただ御所の辺りにいる。御運命は、まだ強くいらっしゃる」

この日の夜から翌日にかけては目の調子もよく、遠近の物を見ることができたというのも、病悩の原因が発覚したという安心感によるものであろうか。この賀静というのは、良源《りょうげん》に超越《ちょうおつ》されて天台座主に就く望みが叶わず、律師《りっし》で死んだ僧なのであるが、五月八日、この賀静の霊が贈位《ぞうい》を申請してきた。道長にこれを諮問《しもん》すると、道長は、「何事が有りましょう」と、これに同意している（『小右記』）。

その効果もあったのか、翌五月九日には、遠近の大小の物が明らかに見えることは平生のようであり、目は明るくなったとある。霊物の申したところによると、十五日に清らかに平復するとのことで、何となく希望が出てきた観がある。十日には明救《みょうぐ》が、良源から自分だけが伝習したという眼疾平癒の秘法（千手法《せんじゅほう》に供日天法《くにちてんほう》を加えたもの）を修することを請うてきた。「国王（三条）の為には、秘蔵すべきではない」として、「身を粉にして修しようと思います」ということであった。三条が道長に諮問すると、「行なわれるのが、もっともよいでしょう」とのことであった（『小右記』）。ただし、この件については、六月になって後日譚《ごじつたん》が加わることになるが、それについては後に述べることにしよう。

病状は、五月十一日になると一進一退となった。十三日に娍子《せいし》に消息《しょうそく》を賜ったが、その後は再び暗くなってしまった。十五日からはいよいよ見えなくなり、心地も悪くなってしまった。この日から、等身《とうしん》の不動尊《ふどうそん》を図画させて不動調伏法を修させていたが、十七日には網代車《あじろぐるま》の幻像《げんぞう》を見るようになったという（『小右記』）。

内裏遷幸を急ぐ

前年に焼亡《じょうもう》した内裏は、この年の三月と定められていた造畢期《ぞうひつき》は延期されたものと思われるが、一応は造営が進められていた。三条は新造内裏への遷幸《せんこう》を急ぐことを、参内してきた道長に命じたが、道長は何も奏上《そうじょう》することなく退出《たいしゅつ》してしまった。三条は、「自分の病状を見て、答えなかったのである。今となっては一切、譲位の事を考えない」と憤っている。翌五月十八日、三条は持仏の五大尊像《ごだいそんぞう》の造立を道長に命じたが、道長はその命を奉じることはなかった。実資は、「深く思うところが有るようである。善くない事である」と記している（『小右記』）。

その間にも様々な霊は、跋扈《ばっこ》をやめることはなかった。五月十九日の夜、三条の夢に種々の物の霊が出てきたのであるが、三条はそれを「吉《よ》き御夢想《むそう》有り」と認識している。翌二十日には、目も頗る宜しかったというのであるから、かならずしも悪い霊ばかりではなかったようである。そのうち、例の賀静の霊が、執念深く懇切《こんせつ》に、天台座主を贈られるよう要請したようである。三条が道長に諮問したところ、道長は先例を勘申《かんじん》させるよう奏上した。これに対し三条は、たとえ先例がなくとも、かならず贈るようにとの仰せを伝えた（『小右記』）。霊に対しても情実人事を行なうということであろうか。
五月二十二日には、陀観《だかん》（定子《ていし》の外祖父《がいそふ》である高階成忠《たかしなのなりただ》）の霊が民部《みんぶ》掌侍《しょうじ》という女房に取り憑き、その子童《こわらわ》を打擲するという事件が起こった。三条は童を抱えて助けようとしたが、霊は忿怒《ふんぬ》して童を踏みつけたという。また、賀静の霊も出てきて、次のように言った（『小右記』）。

「先日、座主に任じられるよう申しました。ところが現在の座主（慶円）は、怒気が極まり無いようです。主上（三条）の為に、必ず怨霊《おんりょう》となるであろうことは、我より勝るでしょう。今となっては、我も悪心がだんだんなくなり、仏道に帰しています。延暦寺《えんりゃくじ》の我の旧房に於いて、阿弥陀護《あみだご》摩儀法《まざんぽう》を修してください。天台座主に任じられることは諦《あきら》めます。ただ、僧正《そうじょう》の位に上げていただきたいのです」

賀静に天台座主を贈るという三条の意向（三条は、これは自分の本意ではないと、再三、申し開きをしている）を聞いた慶円が、これを怨んで書状を道長の許《もと》に送り、物怪によって座主を贈るのならば、自分はもう出仕《しゅっし》するわけにはいかないと愁訴《しゅうそ》していたのである（『小右記』）。道長も三条も、慶円の対応には不快の意を表明しているが、賀静の霊は慶円の意向を察知して、要求を引き下げたということになる。さすがは高僧であった者というべきであろうか。

このようなことでも影響するのか、三条の目は、五月二十三日には紫宸殿《ししんでん》の戸の釘が見えるほどに快復した。翌二十四日には昼御座《ひのおまし》（枇杷殿北対母屋《びわどのきたのたいもや》）に出御して雑事《ぞうじ》を仰すほど、「はなはだ宜しくいらっしゃる」状態となった（『小右記』）。

非常赦実施をめぐる折衝

五月二十三日には実資が、非常赦《ひじょうしゃ》を行なうよう、密々に奏上していたのであるが（『小右記』）、その実施をめぐって、さっそく道長との意見の相違が明らかとなった。大赦《たいしゃ》の実施を三条から聞かされた道長は、「大赦というのは、これは朝廷《ちょうてい》の大事です。御病悩が重いからといって行なわれるとは、何事で有りましょうか。以前は、大事があったからというので行なわれてきたものです。ただ、天皇の御心次第でしょう」と奏聞《そうもん》したのである（『御堂関白記』）。結局、「天皇の病悩というのは、『天下の病』と云うのであって、大事のまた大事である」ということで（『小右記』）、二十六日に非常赦が行なわれた（『御堂関白記』『小右記』『日本紀略』）。

しかしながら、目の方は、翌五月二十七日の夕方から、再び見えなくなった。しかも、東宮《とうぐう》の頃には供養《くよう》を行なっていた聖天《しょうでん》（大聖歓喜天《だいしょうかんぎてん》）の霊が現われ、「即位してからは供養を怠っていることの祟りによって、眼病を起こしているのである」と告げた（『小右記』）。

六月に入ると、一日、日蝕《にっしょく》のなか、三条は改元《かいげん》の可否を実資に諮《はか》っている。実資は、長和の「和」の字がよくないとして、年内にかならず改元を行なうことを勧めている（『小右記』）。ところがこの日、道長が風病《ふうびょう》を発してしまった（『御堂関白記』）。「頭が痛み、頗る悩《や》む」という状況であったが、翌二日にそれを聞いた実資の、これで三条の目が頗る宜しくなるであろうとの観測（『小右記』）は、皮肉に過ぎよう。なお、この道長の病悩は、十三日まで続いている（『御堂関白記』）。

六月四日には、三条は「御目は、まだ不快」であるうえに、風病が発動するという病状のなか、御馬御覧が行なわれた。実資は、この報を聞き、「御馬御覧の名が有るとはいっても、実はこれは、確かにはご覧になれないようなものである」と記し（『小右記』）、道長は、「病みなされている御目は、宜しいのであろうか。不審に思った、不審に思った」と、素直な感想を漏らしている（『御堂関白記』）。退位要求に対する、三条のささやかな抵抗といったところであろうか。

内裏造営をめぐる攻防

さて、内裏の造営は進められてはいたものの、なかなか進捗《しんちょく》しなかった。一つには、新内裏は新帝敦成に入ってもらいたいという道長の思いを忖度《そんたく》する向きもあったのであろう。六月十二日、木工寮《もくりょう》が道長に、清涼殿を造る材木が不足しているので、十九日の期日以前の造営は難しいことを申し、道長はそれを三条に奏上した。三条はそれに応じることなく、枇杷殿にいるのは都合が悪いから、紫宸殿と清涼殿《せいりょうでん》だけでも造ったら還御《かんぎょ》すると答えた。実資も、疫癘が流行している時期であるから、内裏造営を急ぐべきではないと密々に奏上したのであるが、三条はこれにも応じず、造宮行事《ぞうぐうぎょうじ》と国司《こくし》の怠慢を責めている（『小右記』）。こうなるともう、執念としか思えない。

六月十三日には、造宮行事の藤原経通《つねみち》が、期間内に内裏を竣成《しゅんせい》することができないということを三条に奏上してきた。ところが三条の返答は、木工頭《もくのかみ》を更迭するというものであった。この十三日、道長も実資に、「私邸である枇杷殿に、長い間、三条にいてもらうのは畏れ多い」と語っている（『小右記』）。その意図は、奈辺《なへん》にあったのであろうか。

六月十四日、道長は三条の命を承《う》け、造営現場に行って進捗状況を検分し、十九日までの完成は難しいということを奏上した。それを承けた三条は、ついに遷御《せんぎょ》の延期を決定したのである（『御堂関白記』）。翌十五日、改めて立冬以後の遷御が命じられた（『小右記』）。

いったい何故《なにゆえ》に三条は、これほどまでに内裏遷御にこだわったのであろうか。たとえば一条などでも、長保《ちょうほう》元年（九九九）に内裏が焼亡した後は、十二年間で三年ほどしか内裏にいた期間はなく、一条院《いちじょういん》や東三条第《ひがしさんじょうてい》・枇杷殿を御在所《ございしょ》としていたのである。三条としてみれば、天皇権威の再構築と内裏居住とが過度に結び付き（そういえば践祚《せんそ》直後にも、すぐに内裏に入ることを望んでいた）、しかも一条に比べると道長の邸第に居住することを潔しとしない状況にあったためであろう。

内裏造営をめぐる騒動の間、三条の祈禱を奉仕した明救が、三条に奏上したことがあった。その内容は実資には六月十三日、道長には十四日に、それぞれ達しているのであるが、明救が言うには、「自分が天皇の祈禱を行なったので道長が不快となった。したがって、これから行なう予定であった、目を明らかにする密法《みっぽう》を行なうことを辞退したい」ということであった（『小右記』『御堂関白記』）。道長は三条に事の真偽を確かめているが、三条は、「あの僧は、まったく元々愚悪の人である」などと答えている（『小右記』）。

六月十九日には、三条は瘧病《おこりやまい》を発しているが、この日、例の賀静に僧正法印大和尚位《そうじょうほういんだいかしょう》が贈られた（『御堂関白記』『小右記』『日本紀略』『百練抄』）。「故冷泉院の御代からの邪気」と「怨霊の恐れ」によるものである（『御堂関白記』）。なお、『百練抄』には、元方の霊も合わせて語られている。

六月二十三日には再び水三石《こく》を首にそそぐ治療が行なわれた。これで少しは快方に向かったようで、翌二十四日には久しぶりに通例の御膳を食している（『小右記』）。

そして三条が、病悩快癒の最後の切り札と考えたのが、伊勢神宮に勅使を派遣することであった。閏六月四日に発遣《はっけん》することが、六月二十七日に定められたが（『小右記』）、この伊勢勅使をめぐって、この後、三条と道長との間で攻防が始まることとなる。

六月二十九日には冷泉の霊が現われ、雑事を語った。「頗る信じ難い事が有った」とあるが（『小右記』）、冷泉はいったい、何を語ったとされているのであろうか。

伊勢勅使発遣の延引

さて、伊勢勅使には、当初は殿上人《てんじょうびと》の藤原知光《ともみつ》が予定されていたが、発遣三日前の閏六月一日になって、突然、道長は、翌二日から三日間の内裏触穢《だいりしょくえ》であり、また参議《さんぎ》を遣わすべきであると言いだした。三条は、信任の厚い資平を遣わそうとしたが、道長はこれを拒絶している。このようなドタバタがあって、結局、発遣は七日へと延期された（『小右記』）。これが一回目の延期である。この間、二日には仁海が三条の眼病を占い、「崇りについては宿報《しゅくほう》（前世《ぜんせ》の報い）ではなく、病悩は必ず平復する」という結果を得た。この占文を見た道長は、「頗る不快の気」が有ったという（『小右記』）。

なお、閏六月五日になると、七日から穢《え》があるということで、伊勢勅使の発遣は二十五日へと延期されている（『小右記』）。これが二回目の延期である。

閏六月八日からは、目はいよいよ昏《くら》くなり、道長は「前生《ぜんしょう》の果報《かほう》の御病のようなものである」などと語っているが、三条には最後の望みがあった。「今となっては、どうしようもない。心神は屈してしまった」と言いながら、「ただし、いささか不思議に思うところが有る」として、資平に語ったところでは、「先日、伊勢勅使のことを命じた際には、目はよく見え、起居《ききょ》も意に任せたが、その後、また見えなくなった。伊勢神宮に勅使を派遣した後に、病の平否を知るべきであろう」というものである。また、「伊勢斎宮《いせのさいぐう》（当子《とうし》）からの消息によると、『神宮には怪異《かいい》はないから、天下を治めることは長久《ちょうきゅう》である』とのことであった」とも言っている（『小右記』）。

最後の望みを伊勢勅使に賭ける三条と、それを阻止しようとする道長周辺の攻防は、現代の感覚から見れば子供じみた争いであるが、当時の人々には大真面目な行為だったのであろう。なお、実資は、「世間の事は、ただ目くばせすべきである。言葉の根拠があるわけではない」と記している（『小右記』）。

この頃になると、法験《ほうげん》のある僧は、倦《う》んでしまって祈禱に参入することもなく（効き目がないとなると、自分の権威に関わるのであろう）、また三条の方からも召すことはなくなってしまった。こうなると現われてくるのは、民間の胡散《うさん》臭い連中である。閏六月十三日、「天皇の御目を平復させ奉る」と申してきた男巫《おかんなぎ》が現われ、御祭《さい》を奉仕している（『御堂関白記』）。

内裏造営に対する執着も、相変わらずであった。閏六月十四日には、内裏造営を充てた国々、および職《しき》や寮《りょう》のうちで造営の終わらなかった所々について、その罪科《ざいか》を議定《ぎじょう》するよう、道長に命じている（『御堂関白記』）。もちろん、その後、処罰が行なわれた形跡はない。

そのような折、またもや三条の悩みの種が一つ、増幅した。閏六月十二日、敦明が三条に、「自分の名を借りて受領《ずりょう》の宅を廻り、物を乞う者がいる」と訴えているが、十三日になると、敦明の使と称する者が実資の許を訪れ、絹を乞うた。この者は十四日に捕らえられたが、はたして敦明の家人《けにん》であった。娍子の周辺にも出入りしていた者という（『小右記』）。

道長の怪我

三条の病悩ばかりが云々されていたこの時期であったが、天の差配は公平と言おうか、閏六月十九日、道長が厠《かわや》から還る途中に小南第《こみなみてい》の北対の打橋《うちはし》から落ち、左足を損傷して前後不覚《ぜんごふかく》となった（『御堂関白記』『小右記』）。「存生《ぞんじょう》するようではなく、死亡したようなものであった」というのであるから、骨折とか、よほどの重傷だったのであろう。三条からも見舞いの使者が送られているが、その気持ちはいかばかりであったことか。なお、平復には八月までの時間を要し、その間、足や尻の肉は痩せ落ち、車に乗るにも人に扶持《ふじ》してもらわないといけないような有様で、道長は深く歎息する日々であったという（『小右記』）。八月十二日には蛭喰《ひるがい》（蛭に患部の膿を吸わせる治療）の荒療治まで行なっている（『御堂関白記』）。

さて、延期された伊勢勅使は、閏六月二十五日に発遣されることになっていたが、二十三日になって、勅使の藤原公信《きんのぶ》が、自邸の「触穢」を申してきた（『御堂関白記』『小右記』）。道長がこれを三条に奏聞すると、三条は発遣の可否を道長に問うた。道長が、発遣は三条の勅定《ちょくじょう》に随うと答えると、三条は発遣の強行を決定したが（道長は「公《おおやけ》〈つまり三条〉の道理《どうり》」と皮肉っている）、おそらくは道長の意を汲んだ発遣の儀の上卿《しょうけい》である斉信《ただのぶ》が、一、二日の延期を奏聞した。それを承けた三条は、二十八日への延期を決定した。これが三回目の延期である。

諸社奉幣使発遣の停止

この閏六月二十八日には、諸社奉幣使《しょしゃほうべいし》も併せて発遣されることになっていたが、二十六日、その使者となっていた通任《みちとう》の家に死穢《しえ》が発生した。しかも敦明がその折、通任の家において逍遙《しょうよう》を行なっていて、内裏をはじめとする所々に穢をばらまくという事態となり、諸社奉幣使発遣は停止となった（『御堂関白記』『小右記』）。実は通任の「穢」というのは、伊勢勅使に拝されるのを避けるために偽って言いだしたものであった。当初、参議を伊勢勅使にすると言っていた時点で、三条が、「通任では宣命《せんみょう》を読むこともできず、途中の国々に煩《わずら》いを起こすだろう」と言って、通任を候補から外していたのであったが（『小右記』）。

伊勢勅使の公信も、腫物《はれもの》を患《わずら》っていて勅使を勤めることができないと奏上してきた。三条はこれを「陽障《ようしょう》（仮病）」と断じ、公信を「不忠者」と罵っているが、結局、懐平《かねひら》を勅使として八月二日に発遣されることとなった（『小右記』）。これが四回目の延期である。

その間にも三条の病状は進んだ。御膳はまったく食さず、鬱々として憔悴《しょうすい》が日をおって甚だしくなり、閏六月二十六日には起き上がれなくなった。心誉を召して加持を奉仕させたところ、目が通例のように見えるようになり、御膳も食したというのも（『小右記』）、「病は気から」とはいうものの、ものすごい法力と称すべきであろう。ただ、二十九日に内裏において行なわれた御修法には、天台座主の慶円を召したのに応じず、道長や三条を怒らせている(『小右記』)。

七月に入っても三条の目は快復せず、道長の足の方もいっこうによくならなかった。三条は毎日、伊勢勅使が無事に発遣できるようにとの御禊《ごけい》を行なっていた。嘆くことは隙《ひま》なく、心は乱れるばかりということで、七日に、実資にはしかるべき意見を奏上するよう、勅命《ちょくめい》が下った(『小右記』)。

そして七月十日、実資は道長に、かつて冷泉が病悩していた間、藤原実頼《さねより》が関白として官奏を覧た例、および左大臣として摂政《せっしょう》に准じて官奏を覧た例を書き出して示した。四月二十九日に依頼されたのを承けたものであったが(『小右記』)、道長への政務委譲という事態が、いよいよ政治日程に上ってきたのである。ただ、これは退位を前提としたものではなく、あくまで三条病悩の間の暫定措置としてのものであった。

目がいよいよ「昏黒《こんこく》」となった状況のなか、七月十一日から二十一日まで、慶円による御修法が行なわれても、効果はなかった。そして二十四日、三条の目の治癒を祈禱する「貴女」が伊勢から遣わされたという夢想が、侍従内侍《じじゅうないし》にあった。二十七日には目が見えるようになったというのも(『小右記』)、さすがは伊勢神宮の御利益といったところか。

二つの「死穢」

このように、伊勢勅使発遣への期待が高まっていた同じ七月二十七日の夜、内裏(枇杷殿)に死穢が発生した。『御堂関白記』によれば南山《なんざん》に「内の方が赤い、新しい物」という死人の頭が置かれており、『小右記』によれば紫宸殿の橋の下に時間が経った半破の白い頭が置かれていたという。両方が事実だとすると、この日を期して、内裏を死穢に陥らせようとした者が二人（すなわち二勢力）いたことになる。いずれにせよ、これで伊勢勅使発遣は八月十一日に延期となった。道長は、「この伊勢奉幣使を延期することは、今回で四度（実は五度）になる。不審なことである、不審なことである」と記している（『御堂関白記』）。

この相続く延期を、道長の指示によるものと考えるのは妥当ではなかろうが、少なくとも道長が伊勢勅使発遣を喜んでいないであろうことは、宮廷社会には周知の事実だったはずである。道長の意を得ようとする連中が、道長が喜ぶに違いない（と愚かにも考えた）発遣延期の理由となるような穢を発生させたとしても、不思議なことではない。そしてそれは、公卿《くぎょう》社会全体にとっても、一面では共通する思いだったことであろう。道長としてみれば、これらの延期によって、宮廷社会全体が三条の平癒を願っていないということを、三条に得心させることができるといったところであろうか。

政権運営の提案

八月になると、一日に三条は、政権運営に関して、道長に新たな提案を行なった。眼病の間、道長が官奏を覧て下すようにとの命を、直接、仰せたのである。しかし道長は、これを拒否した。「眼病の間」というのでは、その後の政務運営や政権構造に対して、曖昧であると見なしたのであろう。事実、三条は二日に、体調が戻れば通例のように官奏を覧ると実資に語っているし、この数日は御障子の絵が分別できるほどに目は快復し、御膳を元のように復すよう、命じてもいる（『小右記』）。伊勢勅使の発遣もいよいよ近付き、気分も高揚していたのであろう。

しかし道長（とその周辺）が示した対抗手段は、官奏の拒否だけではなかった。同じ八月二日、彰子の御在所である土御門第（道長の居所でもある）の北対と北屋《きたのや》との間に、小児の頭身で一本の手と一本の足が付いたものが「発見」されたのである。道長はさっそくこれを三条に奏聞させたうえ、「来たる十一日に、伊勢奉幣使《いせほうべいし》の発遣が行なわれることになっている。そこで誡《いまし》めておいたものである」と記している（『御堂関白記』）。その二日、三条は道長に伊勢勅使発遣の可否を諮問し、道長は早く発遣すべきことを奏している（発遣の儀の上卿を勤める頼通《よりみち》が穢に触れたことを付け加えてはいるが）。

ところが、翌八月三日、伊勢大神宮司《いせだいじんぐうじ》の大中臣為公《おおなかとみのためきみ》が、「世間はことごとく不浄です。御祈使を立てられても、大神宮の感応《かんのう》は無いに違いありません。来月に発遣されるのが最もよいでしょう。また、夢想も有りました」などと言ってきた。道長の意を迎えようとする者は、神宮内部にもいるのである。ただし三条は、「為公の申すところは、則ちこれは大神宮の仰せられたところである。疑いを差しはさんではならない」として、勅使の発遣を延期した（『小右記』）。これが六回目の延期ということになる。

譲位の督促

道長の攻勢は止まない。八月に入ってからは、しきりに三条に譲位を促した。これに対して三条は、伊勢神宮への祈禱の後に、また今年以後、病状に随って考えると答えたという（『小右記』）。道長としてみれば、中途半端な政権委譲よりも、一挙に新帝敦成の即位＝自分の摂政就任へと持っていきたかったのであろう。ほとんどの公卿にとっても、その方がスムーズな政務や儀式の運営が望めるわけであるし、何より道長の機嫌がよくなるということも、望ましい情況だったはずである。

道長は、ここから切り崩そうとしたのか、八月十日に実資に密事を示した。三条の目のこと、また政務や儀式が滞っていること、内裏還御の有無のことについてである。実資が、「事は多く畏れが多い。詳しく記すことはできない」と記しているのは（『小右記』）、三条の退位について語っていたからであろう。翌十一日に、三条は道長に参内を命じたが、道長はこれを拒否した（『御堂関白記』）。おそらくは、道長の策動を聞きつけた三条が、事の真偽を確かめたかったのであろう。道長は十三日にも実資を呼んで、「天下の事、および還宮《かんぐう》の事など」を談じている。実資はこれも、「憚《はばか》るところが有って、記すことはできない」と記している（『小右記』）。

譲位の条件

伊勢勅使発遣と共に、内裏還御にもこだわっていた三条は、八月十九日、資平に密かに語った。「近日、道長は頻《しき》りに譲位を促してくる。しかし、内裏に還御しなければ、譲位を行なうつもりはない。やはり来月、内裏に還御するということを、道長に仰せておいた」と。また、「内裏に還御した後、目がなお見えなければ、道長の志に従うしかない」とも語っている。一方の道長は、二十二日に資平にこう語っている。「主上（三条）の御目は、頼むところは、はなはだ少ない。遠近の物は、すでに見えない。叙位《じょい》や除目を行なうこともできない。また、官奏に候じることもできない。今、皇政《こうせい》は廃忘《はいぼう》しているようなものである。徒然《つれづれ》として日を過ごすばかりである」と（『小右記』）。徐々に譲位の雰囲気が高まってきていると言えようか。三条自身は、二十五日には、「目の調子が頗るいいから、今日のようであれば、除目を行ない官奏を見ることもできようか」と語ってはいるが……。

三条院を献上

道長の次の手は、八月二十七日に打たれた。故一品宮《いっぽんのみや》（資子《しし》内親王）の御所であった三条院《さんじょういん》を買い取り、三条に献上したのである。言うまでもなく、退位後の後院《ごいん》とするためである（『小右記』）。二年後のことであるが、三条はこの邸第で死去したために、「三条院《さんじょういん》」という院号《いんごう》で称されることとなるのである。

延期されていた伊勢奉幣使は、九月八日に発遣されることになっていたが、その三日前の五日、東宮敦成の御在所（土御門第寝殿《しんでん》）において、犬の死んだ穢が「発生」した。しかもご丁寧に、藤原頼《より》任《とう》が内裏に参入してしまったのである。当然のこと、発遣は十四日に延期となった。これで何と、七回目のことである（『御堂関白記』『小右記』）。こうなるともう、道長周辺を挙げての妨害といった観もあるが、三条が最後の頼みとしている伊勢勅使だけに、その影響力は大きいと、道長も周辺も見ていたのであろう。三条も道長も、「歎息の気」があったという（『小右記』）。

三条は九月七日、眼病のことについて、実資に密勅《みっちょく》を賜った。それについては、実資は翌八日に奏聞している。「事の趣旨は、人事（人間に関する事）に関することではない」と記しているのは（『小右記』）、皇位に関わることだったのであろう。すでに三条も実資も、譲位自体は仕方のないこととして、譲位に際しての条件闘争に方針を切り替えていたものと思われる。実資の奏聞を承けた三条は、九日、「奏聞は思っていたとおりである。しかしながら、はなはだ耐え難いことである」と答えている（『小右記』）。

諸社奉幣使発遣

さて、三条の「宿願《しゅくがん》」が続々と叶えられる日が来た。九月十四日、伊勢神宮、および賀茂社《かもしゃ》・松尾社《まつのおしゃ》・平野社《ひらのしゃ》・石清水八幡宮・大原野社《おおはらのしゃ》に、ようやく奉幣使を発遣することができたのである（『御堂関白記』『小右記』『日本紀略』）。三条がおそらくは、譲位の意志を固めた（と周囲には思われた）直後であることは、これまでの何次にもわたる妨害と考え併せると、象徴的な時期である。

これで容態の方は快方に向かうかというと、さすがにそういうわけにはいかなかった。九月十六日に実資が問うたところによると、十五日は朝夕の御膳を通例のように供し、膳に着いていたが、この十六日には、具合がよくないというので、膳に着くことはなかったという（『小右記』）。翌十七日の官奏も、眼病によって覧ることはできず、ただ返給《へんきゅう》するだけであった（『御堂関白記』『小右記』）。

新造内裏に遷御

そして九月二十日、いよいよ待望の新造内裏への遷御が行なわれた（『御堂関白記』『小右記』『日本紀略』）。三条は動作が不調でままならず、道長をはじめとする公卿が扶持するという有様であった（『小右記』）。また、御前において叙位の儀を行なうことができず、叙位簿《じょいぼ》を蔵人に下給《かきゅう》するということになった（『御堂関白記』『小右記』）。道長は、「天皇の体調は、はなはだ不覚であった。子細は記さない。新造内裏に着した際にも、また同じような状態であった」と記している（『御堂関白記』）。三条にとっては最後の頼みであった内裏遷御であったが、やはり体調に変化はないという、道長の諦めと安心感の現われた記述であろうか。

同日、東宮敦成もまた、土御門第から新造内裏に入った（『御堂関白記』『小右記』）。道長にとっては、こちらの方が、新内裏の主に見えたことであろう。また、本来ならば、三条と共に枇杷殿を御在所としていた中宮の妍子も一緒に内裏に入るはずであったが、何故かそれは先延ばしされ、九月二十六日に、妍子の内裏遷御の日時が勘申された。しかも、当初は十月三日と勘申されたものの、頼通が、その時期は天一神《てんいちしん》の方忌《かたいみ》があると言いだし、改めて勘申させたところ、十一月二十八日ということになった。その結果を三条に奏聞すると、三条は、「方忌を違えて、来月三日に参入すればよいではないか」と語ったが、道長が、「急にそのようなことはできません」と言って拒絶している（『御堂関白記』）。道長が三条と妍子を会わせたくなかった理由は、すでに皇子誕生が望むべくもなかったということなのであろうが、結局、妍子はこの内裏には、一度も入ることはなかったのである。

相変わらず目の状態が芳《かんば》しくない三条に対し、九月二十八日に安倍吉平《あべのよしひら》の卜占《ぼくせん》が行なわれ、「巽方（南西）の大神《おおかみ》の祟り」という結果が出た。そこで今度は、春日社に勅使が発遣されることになったのである。また道長は、造宮叙位《ぞうぐうじょい》に際しては、三条が紫宸殿に出御することなく、ただ御簾《みす》を懸け、「如在《にょざい》の儀」を行なってはどうかとの提案を行なった。京官除目《きょうかんじもく》も御前において行なうことはできないから、諸卿の議所で行なうべきかとも言っている（『小右記』）。「在って無きが如き儀」というのは、道長から見た三条の存在そのものと感じられたことであろう。

道長、敦明の立太子を忌避

この頃から、待望の伊勢勅使発遣と内裏還御も実現したとして、道長はさらに踏み込んだ交渉を行なった。十月二日に三条が資平に語ったところによると、道長はこの数日、しきりに譲位を責め催すのみならず、三条の皇子たち（当然、娍子所生ということである）は東宮の器ではないから、東宮に立てるわけにはいかない。故院《こいん》（一条）の三宮《さんのみや》（敦良《あつなが》）こそ東宮に立つに相応しいと言ったそうである（『小右記』）。

確かに、敦明の日頃の行状を考えれば、そして道長家とのミウチ関係を考えれば、敦良こそ道長（や頼通）にとって最善の次期東宮だったであろうが、三条に直接それを迫るとなると、もはや遠慮も何も考えない道長の姿が浮かび上がってくる。三条としても、こうなるともう、譲位の実現をカードとして、次期東宮をめぐる条件闘争に踏み込むしかなくなるわけで、「今となっては譲位の事は、まったく思いとどまった」と語っている（『小右記』）。

公任・俊賢、譲位を迫る

また、さらに重要なことは、この十月二日、藤原公任《きんとう》と源俊賢《としかた》が、道長に促されて、三条に譲位を迫ったということである。三条は、「神明《しんめい》に訴えて、こいつらの身や子孫に宜しくないようにしてやる。自分は十善《じゅうぜん》の故に宝位《ほうい》に登ったのである。ところが臣下が、どうして自分の位を危うくすることが有るだろうか」などと怒っているが（『小右記』）、後世、「寛弘《かんこう》の四納言」と称されることになる良識派の彼らが譲位を迫るとなると、三条の譲位に対する要求が、ひとり道長の権勢欲のみに起因しているわけではないことを示している。

この頃、中納言《ちゅうなごん》の藤原時光《ときみつ》が死去し、また公季《きんすえ》が左大将《さだいしょう》を辞した。これらの後任をめぐって、またもや三条と道長との意見が対立している。中納言の欠員を補充しようとしない三条に対し、道長は四男の能信《よしのぶ》の任命を求めたのである。また、頼通を公季の後任に、能信を（中納言が無理ならば）参議に任じるよう、懇奏《こんそう》している（『小右記』）。頼通については三条も同意したようで、何か思惑がありそうな気配なのであるが、それはすぐに明らかになる。

十月十五日、道長は実資に、かつて実頼が関白であった時、職曹司《しきのぞうし》で除目を行なった際の日記を求めた（『小右記』）。三条が病悩していて除目を行なえないので、自分が直廬《じきろ》で除目を行なう際の参考にしようというわけである。

禔子降嫁を提案

その同じ十月十五日、三条は究極の手段を行使した。いまだ十三歳に過ぎない女二宮《おんなにのみや》（禔子内親王《ていし》）を頼通に降嫁《こうか》させることを提案したのである（『小右記』）。頼通には隆姫女王《たかひめじょおう》という妻がいたのであるが、なかなか子女には恵まれなかった。そこを見越しての、三条からのミウチ関係構築の誘いである。

「頼通には妻が有るが如何《いかが》であろうか」という三条の懸念に対し、道長は、「仰せ事が有るに至っては、あれこれ申すわけにはいきません」と答え、提案を受諾する気があったようである（『小右記』）。『栄花物語』では、隆姫のことを思って目に涙を浮かべた頼通に対し、道長が、「男子は妻一人だけを守らねばならぬことはあるまい、愚かしいぞ。今まで子にも恵まれぬようだから、とにかくただ子をつくることを第一に考えるがよい。この皇女は子を産んでくださるだろう」と一喝したことになっている（十三歳の禔子が、すぐに子供を産むとは思えないが）。

いずれにせよ、実資が、「御病悩の間、深く宝位を貪《むさぼ》りなされるので、思い付かれたことであろう」と弾指《だんし》しているように（『小右記』）、三条の側の思惑は、ここで道長家を取り込むことによって、自分の皇位の継続、また譲位の際の敦明立太子《りったいし》への取引ということであろう。しかし、道長がこの提案を受け入れることの意味は、どのあたりにあるのであろうか。やはりなかなか後継者を産めない隆姫に対する焦りによって、将来の頼通後継者（政権後継者の男子も、「后がね〈将来の后候補〉」の女子も）の出産を望んでいたのであろうか。そしてその際、より高貴な血の女性が産んだ後継者を欲していたということなのであろう。一条系の女性が皆、血縁者ばかりである以上、三条系の女性でも致し方なしといったところか。

十月十七日、道長は「属文《しょくぶん》の卿相《きょうそう》」を彰子の許に集め、作文会《さくもんかい》を催した（『小右記』）。頼通の結婚問題に対して、彰子の意見を聞いてみようという意図もあったのであろう。そういえば、一条朝にはあれほど盛んに行なわれていた内裏作文会は、三条の時代になってからは、ほとんど見られなくなった（飯沼清子《いいぬまきよこ》「平安時代中期における作文の実態」）。一条の時代には作文会を主催していた道長にとっても、もはやそれどころではなくなっていたのであろう。

内裏造営にともなう造宮叙位は十月二十一日に行なわれたが、その際、三条は、自分は京官除目を行なうことはできないから、道長の直廬で行なうようにと命じている。道長は、「この何日か、この仰せが有ったのではあるが、恐れ多いことであるので、承《うけたまわ》っていなかった。人々は、やはり私が奉仕するようにと云っていた。そこで、除目の奉仕を承った」と記している（『御堂関白記』）。

このような情勢のなか、翌十月二十二日、三条は資平を介して、実資に譲位について語った。「目は、いよいよ見えない。足もまた、動かない。まったく堪えられない。今となっては、どうしようもない。譲位の事は、正月を過ぎることはできない」というものである。実資は、「あれこれ、何と答えられましょうか。天皇の叡慮《えいりょ》があるのでしょう。ただし、よくお考えになられて定めるべき事です」と答えている（『小右記』）。三条としても、いよいよ弱気になってきたのであろうか。なお、道長の方は、二十五日に彰子の許で、五十の算賀の法会《ほうえ》を盛大に行なっている（『御堂関白記』『小右記』）。

道長に准摂政宣旨

十月二十六日、三条は重大な宣旨《せんじ》を翌日に下す決心をしていた。道長に、摂政に准じて、除目・官奏・一上の事を行なわせるというものである。この日、三条は実資に、この間の事情を次のように説明した（『小右記』）。

「我は皇位を退くことになる。しかし、すぐに譲位しようとは思わない。そこで政務を左大臣（道長）に譲ることとする。もし左大臣の行なうところに非が有ったならば、必ず天譴《てんけん》に当たるであろうか。これはうまく考えて思い付いたところであって、かえって道長にはよくない結果となって、我の息災《そくさい》となるであろう」

あくまで道長との抗争に勝利しようという意欲は立派であるが（少し陰険に過ぎるきらいがあるけれども）、この日、さきほど登場した「寛弘の四納言」の残りである藤原斉信と藤原行成《ゆきなり》が、それぞれ三条を非難している（『小右記』）。

斉信の言ったところは、「主上（三条）の為に、現代は後代の恥辱となることは、極まり無いであろう」と、行成の言ったところは、「青宮《とうぐう》（敦成）の御代としてから、（道長は）摂籙《せつろく》の臣（摂政）となるべきであろう。ところが急にこのような措置を執るものでは無い。在位は今年を過ぎることはできないのではないだろうか。はなはだ愚かである」というものである（『小右記』）。「四納言」から揃って非難を受けるというのは、何も道長に媚び諂《へつら》ったものではない。三条の皇位への執着に対する、これが公卿社会の集約された声なのである。確かに、政務は放棄しても皇位には執着するという天皇は、彼らから見れば異常な君主に見えたことであろう。

翌十月二十七日、道長に准摂政《じゅんせっしょう》の宣旨が下った（『御堂関白記』『小右記』『日本紀略』『百練抄』『扶桑略記』）。実資が問い合わせたところ、宣旨には「労《いた》き御《おわ》す間（三条の病悩の間）」という文言はなかった（『小右記』）。完全にして永久的な政務委譲ということになる（三条が皇位にある間ではあるが）。道長はさっそく、直廬において除目を行なった（『御堂関白記』『小右記』）。それは大臣も参らず、天皇の御前の儀のようで、「独身《ひとりみ》（独断）で意に任せて補任《ぶにん》したことは、はなはだ不都合であった」というやり方であった（『小右記』）。頼通を左大将に任じたのも、その一環であろう。

譲位の発議　十一月に入っても、三条の目の状態は、いっこうに快方に向かわなかった。三日には、「伊勢神宮への祈禱も、やはり感応が無かった」と漏らしている。そして五日、ついに三条は道長に、明春の譲位を語った（『小右記』）。両者の抗争も、ついに決着する時がきたのである。

翌十一月六日、道長は気分も晴れたのか、久々に土御門第において作文会を行なった（『御堂関白記』『小右記』）。これを聞いた三条は憤り、また、伊勢神宮をはじめとする諸社に祈禱を行なっても、まったく感応がなかったことに絶望して、前日からは諸神への御拝を行なっていないなどと語るのであった（『小右記』）。

三条としてみれば、残る望みは、敦明の立太子、他の皇子女《こうしじょ》の元服と著裳《もぎ》、そして新造内裏における正式な譲位の儀くらいのものだったであろう。十一月八日、娍子所生の師明《もろあきら》親王の元服と、当子内親王・禔子内親王の著裳の日を勘申させている（『御堂関白記』）。

娍子、内裏参入

十一月九日、なかなか内裏に参入してこない妍子に代わって、娍子が内裏に参入してきた（『小右記』）。三条の天皇としての最後の日々を共に過ごし、そして譲位の儀を揃って迎えたいという意図もあったのであろう。しかし、この参入が次の内裏焼亡につながるとは、誰も考えてはいなかったはずである。道長の方は、この日、三条が退位後に入るべき三条院を検分しているのであるが（『御堂関白記』）。

さて、妍子の方は、十一月二十八日に内裏に参入することになっていたようであるが、十五日、道長は譲位が来年二月と近いからと言って、参入を停めさせた（『小右記』）。これが十七日の内裏焼亡と関連するのかは、議論の分かれるところである。同じ十五日、頼通室である隆姫の母（具平《ともひら》親王の室）は、頼通への禔子の降嫁を嘆いて水も受け付けず、涙を流し悲泣しているという報が、実資の耳に届いた。同様、三条による降嫁の提案は、「敦明を皇太子に立てるための御計略」という噂も達している（『小右記』）。

内裏焼亡

そして十一月十七日の亥剋《い》（午後九時から十一時）、あれほど三条が造営と還御を望んだ内裏が焼亡してしまった（『御堂関白記』『小右記』『日本紀略』『百練抄』『扶桑略記』）。

主殿寮内侍所《とのもりょうないしどころ》から発した火は、西北風に煽《あお》られて、たちまち内裏を包んだ。三条は冠もない状態で脱出し（敦明がみずからの冠を脱いで献じている）、後涼殿《こうりょうでん》の西の馬道口《めどうぐち》で、敦明と敦平《あつひら》に寄りかかっていた（『小右記』）。

火勢が迫るなか、手輿《たごし》に乗って中和院《ちゅうかいん》、次いで桂芳坊《けいほうぼう》、太政官、松下曹司《まつもとぞうし》へと移御《いぎょ》した。娍子は敦明に抱きかかえられて車で内裏を出、懐平、次いで為任《ためとう》の宅に避難した。東宮敦成も縫殿寮《ぬいどのりょう》から太政官朝所に落ち着いた（『小右記』）。道長は、掌中の珠である敦成を探して駆けつけたが、玄輝門《げんきもん》の下《もと》において出会い、心神を安んじている（『御堂関白記』）。

道長は実資に、「自分は先日、言ったことが有る。この時に当たって、思い出したところである」と意味深長なことを語り、深く感歎している様子であった（『小右記』）。性急な内裏還御を行なおうとする三条の姿勢に対して、道長が批判的であったことと、この内裏焼亡とを結び付けて語ったのであろう。なお、『百練抄』では、世人が「世間滅亡の時」と言ったという。

今回の内裏焼亡については、娍子が参入した直後、そして妍子の参入を道長が停止させた直後であることから、道長一派による工作と考える向きもあるようである。しかし、かつて土田直鎮『王朝の貴族』が断じたように、内裏には東宮敦成もいるのであって、その生命をも危険にさらすことになる焼亡を、道長自身が望むはずはないのである。ただし、内裏焼亡が三条の精神状態に決定的な打撃をもたらすこともまた、疑いようのないところである。道長の意を迎えようとした愚かな連中が、後先も考えずにこの焼亡を起こしてしまった可能性は、また別個に考えなければならないであろう。

何事も自分の有利な条件として使いこなす道長は、翌十一月十八日、この内裏焼亡を理由として、三条に譲位を責めたてた。三条は、「ただいまは閑《しず》かではない。よく思い定めて、あれこれ考えることとする」と答えている（『小右記』）。

枇杷殿に遷御

枇杷殿故地

三条の御在所は、三条自身の希望もあって、再び枇杷殿と定められ（道長は、「先日、天皇は枇杷殿を不快とする様子があったのに」と皮肉を言っている）、十一月十九日に遷御が行なわれた（『御堂関白記』『小右記』）。三条が内裏に戻る日は、この後、二度と訪れることはなかった。そして皮肉なことに、三条と妍子は、また同じ邸第に住むことになったのである。

同じ日、敦成も土御門第に移御した。道長は、三条の遷御の際には大雨であり、敦成が移御した時に雨が止《や》み、天気は晴れたことを、嬉しげに記している（『御堂関白記』）。二人の行く末を象徴するような天候であるが、実際、三条の遷御にともなう饗宴《きょうえん》には諸卿が伺候することはなく、皆、敦成の許に参入してしまった（『小右記』）。かつて娍子立后、妍子内裏参入の際に起こったことが、今度は三条自身の身の上に起こってしまったのである。

三条の目はいっこうに快復せず、十一月下旬には「暗夜《あんや》」のような状態となった。二十八日の官奏においても、道長は直廬において文書《もんじょ》を覧ている。それは「摂政の儀と同じ」ものであった（『御堂関白記』）。十二月十日の陣中文《じんのもうしぶみ》においても、道長は摂政に准じたうえに、依然として一上の儀をも行なっている（『小右記』）。

十二月四日には、敦良の読書始《どくしょはじめ》の儀が盛大に行なわれた。三条は、青色の羅《ら》で包まれ、銀の松枝に結び付けた豪華な『御註孝経《ぎょちゅうこうきょう》』をこの儀に与えているが（『御堂関白記』『小右記』）、近い将来、敦明の存在を危うくするに違いないこの皇子を、どのように考えていたのであろうか。

実は十二月に入ると、三条の病悩は重くなっていた。七日にはかなり重篤《じゅうとく》になったようで（『御堂関白記』『小右記』）、道長は物忌をおして参内している。九日に資平が報告したところによると、風病のようなもので、顔面が赤くなっているという（『小右記』）。

心にもあらで…

『栄花物語』によれば、有名な「心にもあらで」の歌が詠まれたのは、この月のことであったことになっている。確かに、妍子に贈ったとする記述を信じるならば、十一月十七日の内裏焼亡による十九日の枇杷殿遷御の後のこの時期が、もっとも相応しい。この月に妍子に贈ったという記述を信じれば、の話であるが……（中村康夫《なかむらやすお》「三条天皇について」では、長和四年八、九月頃の詠としている）。ともあれ、『栄花物語』では、次のように描かれている。

> こうしているうちに、帝はずっとご不例（ご病悩）でいらっしゃるうえに、何ぞ霊のお告げなども異様な感じであるから、御物忌が頻繁である。帝に取りつき申す御物の怪も並一通りの御有様ではないので、宮の御前（妍子）も無性に恐ろしくお思いになって、ずっとただご気分わるくいらっし

やるから、殿の御前（道長）も上（倫子《りんし》）も、このことを際限なくご心痛あそばすうちに、今年もあと幾日も残らず、何かとあわただしい感じなので、帝はただまことに苦しいお気持ちでいらっしゃるにつけても、どうしたらよかろうかと、とつおいつお迷いあそばす。

十二月の十余日の月がたいそう明るい折、上の御局において、宮の御前にお申しあげになる。

心にも　あらでうき世に　長らへば　恋しかるべき　夜半《よわ》の月かな

（本意に反して、この辛い世の中に生きながらえるならば、そのときにきっと恋しく思うにちがいない、この夜半の美しい月であるよ）

中宮の御返しは。

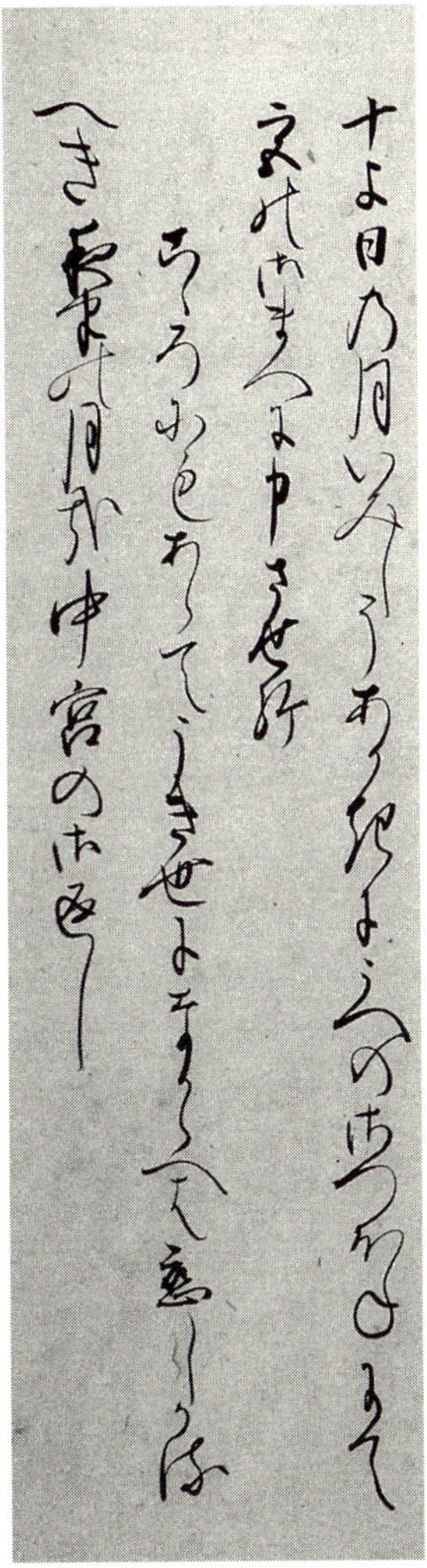

『栄花物語』巻第十二
「たまのむらぎく」（陽明文庫蔵）

すでに注目されているところであるが、妍子の返歌はここでは記されず、「長和五年正月十九日御譲位、東宮には式部卿宮《しきぶきょうのみや》がお立ちになった」と、いきなり譲位の記事に続くのである。写本の書写段階で一行抜けてしまったとか、後で返歌を補充する予定であったものがそのままになってしまったとか、様々な解釈が施されているが、そもそも妍子が返歌を詠まなかったと考える方がよかろう。「この辛い世の中」が、妍子の父である道長によってもたらされている以上、それに対して妍子がとやかく返事ができるものではないではないか。

この歌は、『後拾遺和歌集《ごしゅういわかしゅう》』に採られたほか、後世には「百人一首」にも選ばれ、有名な歌となっているが（その他、『袋草紙《ふくろぞうし》』『古来風体抄《こらいふうていしょう》』『百人秀歌《ひゃくにんしゅうか》』にも収められている。なお、『袋草紙』では娍子の詠んだ歌としている）、これほどの政治抗争を背景として詠まれたものだったのである。歌人としての評価が高いわけでもない三条の歌が「百人一首」に選ばれたのは、この歌が詠まれた情況への深い同情によって、後世に強く印象付けられたからであろう（目崎徳衛《めざきとくえ》「敗北の帝王」）。何より、この歌が退位直前に詠まれたと設定され、単なる「浮世」を意味するに過ぎなかったのかもしれない「うき世」という語が、「この辛い世の中」と解されてきたことにこそ、三条の置かれた辛い情況が端的に示されているのであろう。

なお、三条は、「生き長らえたならば、この美しい月を恋しく思うにちがいない」と詠んでいるが、少なくともこの時点では、実際に空に浮かぶ月を見ることができなくなっているであろうことは、間違いのないところであろう。三条が本当に見たかった（会いたかった）のは、この歌を贈ったとされる妍子ではなく、恋しく思う美しい（と若い頃に思った）若き日の娍子の姿、そして娍子と過ごした日々だったのかもしれない（月は皇后《こうごう》の象徴である）。さすれば、妍子が返歌を詠まなかった理由も、むべなるかなである。

それはさておき、三条という人は、（彼にとって）嫌な世の中を、よくもここまで辛抱強く（ある意味では執念深く）生き長らえてきたものである。それは自己の皇統《こうとう》を残したいという願望によるものであったが、ある意味ではそれは、道長の宿望をも上まわっていたのである。

しかし、三条の闘いは、この段階では、まだ終わってはいなかった。自分の譲位と引き替えに、敦明の立太子を道長に呑ませるまでは、心にもなく、嫌な世の中を、まだ生き続けなければならなかったのである。

降嫁問題、ご破算に

頼通の降嫁問題に目を戻すと、頼通は十二月八日から頭痛と発熱に苦しんでいた。十日からは時行《じぎょう》（流行病）の疑いも出てきて、十二日には「万死一生」の状態となってしまった（『御堂関白記』『小右記』）。これが降嫁にともなうものとすれば、大した愛家ぶりであるが、道長としてみれば後継者の一大事であり、また三条としても、ここで頼通の身にもしものことがあれば、せっかくの作戦が台なしになってしまう。

さっそくに馬を諸社に奉納《ほうのう》したり、諷誦《ふじゅ》を修したりという措置が執られた（『御堂関白記』『小右記』）。十二月十三日には、霊気（物怪）が人に移って調伏《ちょうぶく》されたが、何と顕露《けんろ》したのは故帥《そち》（伊周）の霊であった。『栄花物語』では貴船明神《きぶねみょうじん》と具平親王の霊が出てきて、道長が物怪に陳謝して降嫁を停止したところ、頼通が平癒したことになっているが、実際にも、これで降嫁は沙汰止みということになった。頼通の性格と資質を語るうえで、興味深い一連の騒ぎであったが、三条としても、自分と道長、また敦明と頼通との間のミウチ関係の構築に失敗したことになる。

譲位の決定

これで最後の望みも潰《つい》えたと考えたのであろうか、十二月十五日、三条は道長に、明年正月に譲位を行なうということを申し出た（『小右記』には、「急速の仰せ」とある）。それにともない、正月の除目を急ぐということ、また皇子女の元服や著裳、叙品《じょぼん》や封戸《ふこ》、年官《ねんかん》・年爵《ねんしゃく》について、道長に依頼している（『小右記』）。もはや三条は、譲位後の皇子女のことを第一に考えていたのであろう。実資は、「天皇の様子を見ると、神恩《しんおん》が無かったことによるのであろうか」と慨嘆している。この件に関しては、十二月二十七日に禎子を三宮《さんぐう》に准じて年官・年爵を賜い、封千戸を加えることが決まっている（『小右記』）。

しかし、言うまでもなく、最大の問題が残されていた。新東宮の選定である。十二月十六日、道長は懐平を介して、書状を娍子の許に遣わした。この情報を得た実資は、「もしかしたら儲弐《ちょじ》（東宮）の事であろうか」と記している。懐平に問い合わせてみると、道長には会ったけれども、重大な事を命じられたわけではないとのこと（『小右記』）、どうやら所生の皇子女の元服や著裳に関する雑事であったらしい。新東宮に関して、様々な噂が宮廷社会を飛び交っていたことを窺わせる例である。

敦明立太子の決定

十二月二十四日、実資は道長の許を訪れて謁談《えつだん》した。譲位と東宮に話が及ぶと、道長は、「譲位の事は、早々に行なうべきであろう。李部宮《りほうのみや》（敦明）を東宮に立てられるべきである。あれこれ申すことはできない。ただし、あの宮には不都合な事が、はなはだ多い」と語った（『小右記』）。

敦明に対する道長の評価が、実資を通して三条の耳に入ることは、織り込み済みだったであろうが、この頃、時期は判然とはしないが、敦明を新東宮に立てることが決まったらしい。三条・道長の両者にとっても、全面勝利とは言えないまでも、とりあえずは自己の政治的要求は貫徹したといったところか。特に三条にとっては、譲位や立太子は天皇の専権事項とはいうものの、現実の政治権力関係を考えれば、これは十分に勝利を勝ち取ったと評価できるであろう。もっとも、道長としてみれば、敦成よりも十四歳も年長の敦明を東宮に立てたところで、敦成よりも先に死去するであろうという読みもあったのかもしれない。

この頃、道長は資平の参議任命や新帝の蔵人頭への就任を拒んでいた。十二月二十五日の資平の報告によると、三条は、はなはだ弱気であって、資平の任命を道長に強く迫ることができず、その一方で、敦明に近い因幡守《いなばのかみ》菅原忠貞《すがわらのただざだ》の延任《えんにん》のことばかりを望んでいたという。最後まで、その性格は変わらないようであるが、実資は怒って、「はなはだ滈滸《おこ》（愚か）である。勅語は、今となっては用いることができない」と、その憤懣《ふんまん》を記している（『小右記』）。

さて、道長は、十二月二十七日、陰陽師《おんようじ》の安倍吉平と惟宗文高《これむねのふみたか》を召して、譲位の日時を勘申させた。結果は、「正月二十九日」ということになった（『御堂関白記』『小右記』）。これが三条の治世《ちせい》の終わる日と定まったのである。

興福寺僧の算賀

同じ十二月二十七日、興福寺《こうふくじ》から諸僧が上京してきて、三条の四十歳の算賀の仏・経・巻数《かんず》・和歌を献上した（『御堂関白記』『小右記』）。三条は、仏像と経は返して、興福寺に安置《あんち》するよう命じ、巻数と和歌は御在所に留めた。「厳寒の候、法師たちが参着《さんちゃく》したということであるが、悦《よろこ》んで尊く思われる」と語ったが（『御堂関白記』）、譲位の日が決まったこの日に、長寿の祝いを持ってこられても、どのような気持ちでこれを聞いたのであろうか。

ともあれ、このようにして、長和四年と三条の時代は暮れていったのである。

第六章　譲位と敦明の立太子

長和五年（一〇一六）―寛仁元年（一〇一七）

1　三条天皇の譲位

それぞれの年明け

長和《ちょうわ》五年（一〇一六）が明けた。三条天皇の病悩《びょうのう》によって、小朝拝《こちょうはい》が行なわれないという、恒例の寂しい年明けとなったが、道長《みちなが》にとっては、東宮敦成親王《とうぐうあつひらしんのう》の即位《そくい》、それにともなうみずからの摂政就任と、輝かしい年となることが約束されていた。

正月二日、道長は再び安倍吉平《あべのよしひら》を召して敦成の即位式の日を勘申《かんじん》させ、二月十九日という結果を得た（実際には二月七日に前倒ししている）。六日の叙位《じょい》、八日の女叙位《おんなじょい》も、道長は直廬《じきろ》において行ないた（『小右記《しょうゆうき》』『左経記《さけいき》』）、気分はすでに摂政だったことであろう。ただ、十二日の除目《じもく》については、直廬で行なったものの、受領《ずりょう》に任じた者は、ただ三条の仰せに随ったとある（『御堂関白記《みどうかんぱくき》』）。道長としても、在位中の最後の除目に際して、気配りを見せているのであろう。概して道長という人物は、勝敗が決着すると敗者に対してやけに親切な行動をとることが多い。怨霊《おんりょう》を恐れたことにもよるのであろうが、やはり彼の性格と考えるべきであろう。

譲位・即位雑事定

正月十一日から、三条は重い腹痛に悩まされていたが(『小右記』)、十三日、藤原道綱《みちつな》以下の諸卿は道長の小南第《こみなみてい》に集まり、三条の譲位《じょうい》、および敦成の即位についての雑事《ぞうじ》を定めた。寛平《かんぴょう》(醍醐《だいご》)・延長《えんちょう》(朱雀《すざく》)・天慶《てんぎょう》(村上《むらかみ》)・安和《あんな》(円融《えんゆう》)の即位時の日記を参照して定められた結果は、斉信《ただのぶ》・公任《きんとう》・行成《ゆきなり》が定文《さだめぶみ》として執筆《しゅひつ》した(『御堂関白記』『小右記』『左経記』『日本紀略《にほんきりゃく》』)。

道長は、「これらの公卿たちは、現在の身分の高い人々である。このように自ら執筆なさるというのは、お互いに年来の芳志《ほうし》がはなはだ深いからである。この時に臨んで、悦《よろこ》びとした思いは、極まり無かった」と感激している(『御堂関白記』)。多数の公卿が参集したというのは、取りも直さず、敦成即位に対する期待、裏返せば三条の時代への批判につながるものである。

敦明の東宮司

敦成即位にともなって、新東宮に立つことが決まっていた敦明《あつあきら》親王であったが、その東宮司《とうぐうし》に就くことを忌避《きひ》する者が多かった。明らかに道長が望んでいない東宮に仕えるのは、道長の意中を考えると政治的に有利にはたらくことはまずないし、何より敦明自身の性格や行状を考えると、積極的にこれを補佐する気にはなれなかったのであろう。さらには、敦明が無事に東宮であり続け、年少の敦成の次の代の即位にまで漕ぎ着けるかどうかは、まだこの時点では未知数だったと考えられていたはずである(実際、その通りになったのであるが)。

正月十八日、三条から春宮大夫《とうぐうだいぶ》への就任を要請された実資《さねすけ》は、衰老《すいろう》を理由にこれを断わり、「ただ、任命なさらない事を以て朝恩《ちょうおん》としてください」と奏上《そうじょう》している。翌十九日、道長から、東宮傅《とうぐうふ》は顕《あき》光《みつ》、春宮大夫は通任《みちとう》という意向が伝えられた。何とも強力な布陣である。立太子《りったいし》を目前に控えた二十六日になると、道長は自分の子息を東宮司に任じることには、いっさい不承知であるとの意向を示し、春宮大夫への就任を持ちかけられた懐平《かねひら》も拒否、春宮亮《とうぐうのすけ》に擬された大江景理《おおえのかげまさ》に至っては、言葉をきわめて拒絶した。その言葉というのは、「その事がもし事実ならば、行跡《ぎょうせき》を山林に晦《くらま》します」というものであった。実資は、自分も断わっておきながら、「新東宮の事については、上下の者が辞遁《じとん》する。奇怪なことである」と記している（『小右記』）。ただ一人、「自分が東宮傅に任じられる」と称し、娍子《せいし》の御在所《ございしょ》に参って禄物《ろくもつ》を賜ったという顕光を除いては、であるが。道長はこの行為を、「七十歳の大臣の行なったこととしては、極めて不覚《ふかく》（愚か）である。この人は、元から白者《しれもの》（馬鹿者）である。それでこんなことをしでかしたものである」と罵っている（『御堂関白記』）。

敦明、立太子忌避の噂

正月二十四日になると、奇っ怪な情報が実資の許《もと》にもたらされた。前日、懐平が娍子の許を訪れると、深く嘆いている様子。事情を聞いてみると、何と敦明が、東宮に立つのを避けて堀河院《ほりかわいん》に移りたいと言ったというのである。懐平は、「あの宮の心は、通例の人には似ていない。制止したとしても、留めることはできない。独りで走り出てしまおうという気持ちである」と語っている（『小右記』）。

懐平が語ったところによると、敦明は先日、「譲位後の三条のお供に伺候《しこう》したいから、新東宮については、よく考えて定めるべきである。他の宮、たとえば敦儀《あつのり》親王を東宮に立てたらどうか」などと言っていたという。また、世間の人は、「敦明は東宮に居続けることは難しいのではないか。夜に臨んで、密かに堀河院に行かれるようなことが有るのではないか」と噂しているとのことである。つくづく皇位には向かない人のようであるが、実資は娍子の嘆きを思いやっている（『小右記』）。

三条の方はといえば、正月二十三日に僧綱《そうごう》を任じた際にも、頼命《らいめい》や定基《じょうき》といった僧を僧綱に任じようとした。その際、「自分が世を去ろうとしている事は、すでに今日、明日のことである。他の人の事とは思えない」と言って道長を説得しているが（『御堂関白記』）、道長も一々逆らうことに飽きてしまったのであろう、すべて仰せに随っている。敦成の即位を前に、それどころではなかったのであろうし……。

三条、譲位

そしていよいよ、三条が皇位を退く日がやってきた。正月二十九日のことである。道長は、同じ日に行なわれた敦成の踐祚《せんそ》の儀については詳細な記載をしているものの、三条の譲位については、

御譲位の儀を行なった。

としか記していない（『御堂関白記』）。これはいつものこととして、実資の方も、敦成踐祚にばかり筆を費やし、三条譲位の記述は、以下のような簡略なものである（『小右記』）。

今日、譲国《じょうこく》の儀が有った。その式次第は、新式《しんしき》に見える。午剋《うま》（午前十一時から午後一時）の頃、内裏《だいり》に参った〈隠文《いんもん》の帯《おび》・平胡籙《ひらやなぐい》・螺鈿《らでん》の釼《たち》を着した〉。紫宸殿《ししんでん》の御室礼《しつらい》は、式に存する〈御簾《みす》を懸けた〉。式部省《しきぶしょう》が標《しめ》を立て、中務省《なかつかさしょう》が版位《へんい》を置いた。私は陣の壁後に於いて胡籙を佩《は》いた。内大臣《ないだいじん》〈公季《きんすえ》〉が、今日の上卿《しょうけい》を勤めた。そこで私は外座に着した。蔵人頭資平《くろうどのとうすけひら》が宣命《せんみょう》を奉り、宣命の趣旨を内大臣に仰せた〈御譲位の事、ならびに式部卿《しきぶきょう》敦明親王を以て皇太子《こうたいし》に立てる事、左大臣《さだいじん》を摂政とする事である〉。

『小右記』としては異例《いれい》の短さであることが、公卿社会の三条に対する関心を如実に示している。ともあれ四年半に及んだ三条の時代は、こうして終焉を迎えたのである。

それは二十五年にも及んだ一条朝《いちじょう》はもちろん、平安時代としては、きわめて短いものである。ちなみに平安時代の天皇の平均在位年数は、約十二年半といったところ。三条の治世《ちせい》は、花山《かざん》天皇・六《ろく》条《じょう》天皇・平城《へいぜい》天皇・冷泉《れいぜい》天皇・後白河《ごしらかわ》天皇・光孝《こうこう》天皇・後三条《ごさんじょう》天皇・安徳《あんとく》天皇に次ぐ短さということになる（この時以前でいうと、花山・平城・冷泉・光孝に次ぐ短さ）。

ただ、その病悩を考えると、これは想像を絶する長さという感がすることもまた、否めない事実である。ひとえに自己の皇統《こうとう》を後世にまで伝えたいという執念によるものであるが、強靭な精神力が、それを支えていたのであろう。この後、皇位を離れることによって健康を快復させ、敦明の即位まで生き長らえて、父院《ちちいん》として権力を振るおうとまで考えていたかどうかは、残念ながらわからない。なお、新東宮敦明は、この年二十三歳。九歳の新帝よりも十四歳も年長の「皇太子」であった。どうしても両皇統を迭立《てつりつ》させようとしたために起こった事態であるが、何としても無理があったと考えるしかない。

同日、道長は三条の院司《いんじ》を補した。別当《べっとう》に藤原道綱・藤原頼通《よりみち》・源《みなもとの》俊賢《としかた》・藤原懐平・源道方《みちかた》・源頼光《よりみつ》・藤原兼綱《かねつな》、判官代《はんがんだい》に藤原資業《すけなり》・藤原隆佐《たかすけ》・藤原登任《なりとう》・藤原親業《ちかなり》・源懐信《かねのぶ》・藤原永信《ながのぶ》、蔵人《くろうど》に源重範《しげのり》・源頼範《よりのり》・藤原成季《なりすえ》・橘《たちばなの》好任《よしとう》、主典代《さかんだい》に菅野実国《すがののさねくに》・錦信理《にしきののぶまさ》・中原義光《なかはらのよしみつ》・小野奉政《おののともまさ》といった布陣（『小右記』）は、道長の子息や家司《けいし》も含めた強力なものであり、その気配りが感じられる。

後一条、即位

さて、この日、土御門第《つちみかどてい》において敦成が皇位に即き（後一条《ごいちじょう》天皇）、道長は待望の摂政に拝された（『御堂関白記』『小右記』『左経記』『日本紀略』）。しかも、藤原良房《よしふさ》、兼《かね》家《いえ》に次ぐ外祖父《がいそふ》摂政《せっしょう》、なおかつ天皇生母（国母《こくも》）である彰子《しょうし》は存命しており、天皇父院（一条）は死去しているという、考えられる限りもっとも強いミウチ的結合で結ばれた王権が完成したのである。これからしばらく、道長の望月《もちづき》への道が続くことになる。三条からは、天皇の装束《しょうぞく》と笏《しゃく》が奉られ、後一条の御前《ごぜん》に置かれている（『御堂関白記』）。

なお、正月三十日、道長に随身《ずいじん》・兵仗《へいじょう》を給うという勅書《ちょくしょ》が下されたが、その際、まず母后《ぼこう》（彰子）に申し、次いで上卿に命じたという作成過程（『小右記』）が、この政権の性格をよく物語っている。

二月六日、道長は三条院《さんじょういん》の許（枇杷殿北対《びわどののきたのたい》）に参り、摂政の慶賀《けいが》を奏上した（『御堂関白記』）。前回の対面とは、まったく異なる立場となった二人の間に去来する思いは、いかばかりだったことであろう。共に自己の政治意思を達成したことによる満足感だったであろうか、それとも個人的に含むところがまだ残っていたであろうか。

翌二月七日、後一条の即位式が大極殿《だいごくでん》で行なわれ、太后《おおきさき》（彰子）が高御座《たかみくら》に登った（『御堂関白記』）。後一条を挟んで、西幔《まん》の内に彰子の座、東幔の内に道長の座が設けられたが（『小右記』）、長女・外孫《がいそん》と三者で並んで百官《ひゃっかん》を見降ろした道長の感慨は、想像に余りある。

2　上皇としての三条

太上天皇号奉呈

二月十三日、三条《さんじょう》に太上天皇《だいじょうてんのう》の尊号《そんごう》が奉られ、院司《いんじ》（所別当《ところべっとう》）・殿上人《てんじょうびと》が定められた（『御堂関白記』『小右記』『左経記』）。一条《いちじょう》の場合は、院号《いんごう》や尊号が奉呈《ほうてい》される前に死去してしまったために、正式にはこれらが奉られることはなかったのであるが、三条は間に合ったといったところか。この院号詔書《いんごうしょうしょ》は三月九日に覆奏《ふくそう》されているが、これも彰子《しょうし》が啓覧《けいらん》している（『小右記』）。十五日には三条に頓給雑物《とんきゅうぞうもつ》が献上され（『御堂関白記』『小右記』）、十六日の除目《じもく》でも、三条の決定に随って任官者を定めようとするなど、道長《みちなが》は相変わらずの気配りを見せている。三条の方も、在位中とは異なり、誰も推挙《すいきょ》することはなかった。二十八日には、道長から三条に夜の装束《しょうぞく》と烏帽子《えぼし》が献上されている（『御堂関白記』）。

なお、二月には道長は、合わせて六回、三条の許《もと》を訪ねている（『御堂関白記』）。

しかし、新東宮敦明《とうぐうあつあきら》をめぐっては、相変わらず問題が続出していた。三月二日、敦明の春宮帯刀《とうぐうのたちはき》に、刀を帯びさせることもなく、食事も支給されていないということが、三条から道長に問われた。道長が調べてみると、通任《みちとう》が摂政《せっしょう》である道長に事情を報告せず、帯刀《たちはき》の試《こころみ》も行なうことなく、勝手に敦明の御前《ごぜん》で春宮帯刀を補したとのことであった（『御堂関白記』）。道長としても、行儀のよくない東宮と、故実《こじつ》を知らない春宮大夫《とうぐうだいぶ》には、ほとほと困ってしまったことであろう。

東宮殿上人を談判

同じ日、三条は道長に、敦明は理髪《りはつ》を行なう人がいないので、正月以来、頭を梳《くしけず》っていないとして、藤原隆佐《たかすけ》に東宮昇殿《とうぐうしょうでん》を聴《ゆる》すことを求めた。翌三日に、隆佐や娍子《せいし》の異母兄である為任《ためとう》たちが東宮昇殿を聴されたが、道長は隆佐に関して、「これは、東宮が本当に申されたのであろうか。隆佐というのは、三条院《さんじょういん》の『時の人』（お気に入り）である。そこでこんなことをおっしゃったのである」と記し（『御堂関白記』）、不信感をにじませている。

三月十七日、三条は、比叡山《ひえいざん》に登って、御修善《みしゅぜん》・御読経《みどきょう》・千僧供《せんそうく》を行なうということを、道長に言いだした（『御堂関白記』『小右記』）。眼病《がんびょう》の平癒《へいゆ》を期してのものであろうが、天皇在位中とは異なり、やはり気軽に出歩く気分になったのであろう。ただ、実資《さねすけ》は四月二十七日にこの御幸《ごこう》の計画を知り、延暦寺《えんりゃくじ》の経済的負担を思いやって、中止させようとしている（『小右記』）。そういえば、病悩《びょうのう》の記事が諸史料に見える例が少なくなるが、これは病が快方に向かっているからではなく、退位後はその健康状態が人々の関心を惹《ひ》くことが少なくなったためであろう。

枇杷殿寝殿に遷御

さて、三条の御在所《ございしょ》は、三月二十三日に、枇杷殿《びわどの》の北対《きたのたい》から寝殿《しんでん》へと遷った（『御堂関白記』『小右記』『左経記』）。それまで北対には妍子《けんし》もいたのであるが（妍子の御在所は同じ北対でも東殿《ひがしどの》）、これで別々の殿舎《でんしゃ》で暮らすことになったことになる。なお、妍子は、この後、枇杷殿東対《ひがしのたい》、四月十五日に西対《にしのたい》へと、めまぐるしく遷御《せんぎょ》している（『御堂関白記』『左経記』）。これはいったい、いかなる事情によるものなのであろうか。

三月には道長は、十二回、三条の許を訪ねている（『御堂関白記』）。

四月七日、三条は、累代《るいだい》後院《ごいん》としての朱雀院《すざくいん》を、所々の荘園《しょうえん》や雑物《ぞうもつ》を付けて後一条《ごいちじょう》に返献した（『御堂関白記』『左経記』）。その一方で、二十三日、賀茂祭《かものまつり》に際して、道長から、三条の皇子《おうじ》たちも自分の桟敷《さじき》で見物するよう誘いがあったが、三条は、「物忌《ものいみ》と称して、向かってはならない」と命じた。実資は、一条皇子である敦康《あつやす》や敦良《あつなが》が道長の桟敷で見物するからであろうかと推測しているが（『小右記』）、いったいどのような思いによるものであろうか。

四月には道長は、三回、三条の許を訪ねている（『御堂関白記』）。

延暦寺御幸

実資の反対も聞く耳を持たなかったのか、五月一日の申剋《さる》（午後三時から五時）、三条は比叡山に登った（『御堂関白記』『小右記』）。実資は、「西坂《にしさか》から登られた。手輿《たごし》を用いられた〈蓋《ふた》と垂帷《すいい》が有った〉」と記している（『小右記』）。西坂というのは、通称「雲母坂《きららざか》」のことであり、現在も修学院離宮《しゅがくいんりきゅう》の南側から登る古道が残っているが、登ってみたら大変な急坂であった。三条は手輿に乗っての登山とはいえ、病気の身としては、かなりこたえたことであろう。敦平《あつひら》が車後に伺候《しこう》したが、道長は、車で随行したものの、病があると称して、鴨川《かもがわ》の河原から退帰した。騎馬で扈従《こしょう》した王卿も、敦儀《あつのり》・頼通《よりみち》・源経房《つねふさ》・藤原実成《さねなり》・藤原兼隆《かねたか》・源道方《みちかた》・藤原能信《よしのぶ》以外は、坂下から帰退してしまった（『小右記』）。

夜中の亥剋《い》（午後九時から十一時）に延暦寺食堂《じきどう》の御在所に着いた三条は、次いで根本中堂《こんぽんちゅうどう》に参詣《さんけい》した。根本中堂で薬師法《やくしほう》と不動法《ふどうほう》、食堂で薬師経の不断読経《ふだんどきょう》を行なわせたが、実資は相変わらずこの

延暦寺根本中堂現況

西坂（雲母坂）現況

御幸に批判的で、「饗宴《きょうえん》や屯食《とんじき》の負担は、所司や供僧に命じ、その愁歎は極まり無い」という噂を記した後に、「かえって（三条の）御罪業《ざいごう》となるのではないだろうか」との懸念を記している（『小右記』）。三条は五月八日に比叡山から下りてきた。道長が「その効験《こうげん》は無かった」と『御堂関白記』、実資が「御目はいつもの通りであった。事は、効験が無かった」、「御目の病悩は、まったく減じることは無かった」と（『小右記』）、それぞれ記しているように、効果はなかった。そればかりか、その書きぶりからは、三条に対する批判的な感情があふれているようにも思えるのである。

五月には道長は、三回、三条の許を訪ねている（『御堂関白記』）。六月二十二日の夜、妍子が上曹司《うえのぞうし》（枇杷殿寝殿）に上ったという記事が『御堂関白記』にあるが、わざわざ特筆されるくらいしか、この二人は会うことはなかったのであろうか。六月には道長は、三回、三条の許を訪ねている（『御堂関白記』）。七月十日、三条の後院司《ごいんし》が定められたが、これも道長が彰子に事情を申して定めたものである（『御堂関白記』）。

陪膳女房を指名

この七月には、いくつか問題が起こっている。まず十六日、三条が随身《ずいじん》二人を公季邸に遣わして、公季《きんすえ》の前駆《ぜんく》の侍を召すという事件が起こった（『御堂関白記』）。三条と公季の侍同士の間に、何か争いごとでも出来《しゅったい》したのであろうか。

また七月十八日には、三条は前掌侍民部《さきのないしのじょうみんぶ》という女房《にょうぼう》を自分の陪膳《ばいぜん》に奉仕させるよう、道長に要求した。道長は「院の御心に任せて、奉仕させればよいでしょう」と奏聞《そうもん》したが、この女については、

高倉第故地

故佐伯公行《さえきのきんゆき》の姪《めい》であると自称しているものの、それは事実ではないということで、このような者が陪膳を奉仕するのは如何《いかが》であろうと疑念を示し、「もしかしたら、これは院の寵愛《ちょうあい》によるものであろうか」と記している（『御堂関白記』）。そのくらいの元気があればいいのであるが、どうも最晩年に至るまで、三条という人は人事に関して私情を挟みたがるようである。

七月には道長は、一回しか三条の許を訪ねていない（『御堂関白記』）。

八月には二十七日に、三条が病悩しているとの知らせが道長の許に届いたが、道長は夢想《むそう》によって、外出することはなかった（『御堂関白記』）。なお、道長と夢との関係は、倉本一宏『平安貴族の夢分析』をご覧いただきたい。

八月には道長は、四回、三条の許を訪ねている（『御堂関白記』）。

枇杷殿焼亡

九月二十四日、三条が御在所としていた枇杷殿が焼亡《じょうもう》した（『御堂関白記』『日本紀略』『扶桑略記《ふそうりゃっき》』『百練抄』）。三条と妍子は、同車して避難し、南に面した近衛大路《このえおおじ》に出た。道長は二人を、高倉第《たかくらてい》に遷御させている。常に火災に迫られるこの二人（正確には、娍子を入れて三人）であったが、さすがにこの時には道長も考えたところがあったのか、「私のことを宜《よろ》しくないと思う

三条院故地

人が有るのであろうか。連々、このような放火《ほうか》が有る」と記している（『御堂関白記』）。この放火が、七月二十日の道長の土御門第の焼亡と関連があるのかどうかは、不明である。なお、九月二十七日には、後一条のいる一条院内裏《いちじょういんだいり》の方が放火に遭っている（『御堂関白記』）。

九月には道長は、四回、三条の許を訪ねている（『御堂関白記』）。

三条院に遷御

十月に入ると、道長は三条院《さんじょういん》の造営を急がせた。最終的には、三条をこの邸第に住まわせようとしたのである。枇杷殿と関係の深い三条であったが、枇杷殿には気に入らない点が多かったらしく、結局は本格的な後院として、三条院が選ばれたのであろう。

そして十月二十日、三条は高倉第から新造の三条院に遷御した（『御堂関白記』『日本紀略』）。ただし、妍子はこの時には高倉殿に留まっている。

十月には道長は、七回、三条の許を訪ねている（『御堂関白記』）。三条院遷御のこともあり、多少参入が多くなったのであろう。

十一月は何事もなく過ぎていったが、道長が三条の許を訪ねたのは、一回のみであった（『御堂関白記』）。

広隆寺講堂現況

広隆寺に参籠

ただし、三条の眼病が快方に向かったわけではなかった。十二月三日、三条は太秦《うずまさ》の広《こう》隆寺《りゅうじ》に参籠《さんろう》したが、道長はこれに供奉《ぐぶ》することはなかった（『御堂関白記』）。

広隆寺にとっては、長和《ちょうわ》元年に恵心僧都源信《えしんそうずげんしん》が極楽浄土《ごくらくじょうど》を求めて声明《しょうみょう》念仏《ねんぶつ》を修め、念仏守護のために摩陀羅神《まだらじん》を勧請《かんじょう》したり、長和三年五月五日には、本尊である薬師如来《やくしにょらい》の開眼《かいげん》した日として貴賤がこぞって参詣するという現象が起こるなど（『小右記』『日本紀略』）、長和年間というのは、大きな画期となる時期であった。

三条の参詣も画期的なことになるはずで、これで眼病が平癒でもしていれば大変な宣伝となることだったであろうが、九箇日の参籠でも、快復することはなかった。十二月十二日に還幸《かんこう》した際には、道長は朱雀門《すざくもん》まで迎えに参っている（『御堂関白記』）。

その間の十二月十日、今度は娍子の御領である通任邸が焼亡した（『御堂関白記』）。道長は今度は何を考えたであろうか。

年も押しつまった十二月二十日、妍子が三条院に遷御した（『御堂関白記』『日本紀略』）。これで二人は、同じ邸内に住むこととなったわけである。二人とも、せっかく新造したこの邸第に、わずか半年しか居住できないことになろうとは、思ってはいなかったはずであるが……。

十二月には道長は、三回、三条の許を訪ねている（『御堂関白記』）。

妍子、三条院に遷御

最後の年

明けて長和六年（一〇一七。四月に改元されて寛仁《かんにん》元年）は、三条にとって最後となる年である。正月三日の三条院拝礼《はいらい》も、三条が病悩によって出御《しゅつぎょ》できず、停止《ちょうじ》となった（『御堂関白記』）。なお、この年も六月までは『小右記』が欠けており、実資側から見た三条の動向を知ることはできない。特にその最晩年の様子や、最期《さいご》に至る情況を知ることができないのは、まことに残念である。

正月十七日、これまで三条生母である超子《ちょうし》の忌月《きげつ》であったために、三月に行なっていた射礼《じゃらい》と賭弓《のりゆみ》の式日を、道長は元のように正月に復した（『御堂関白記』『日本紀略』）。道長にとっては、ようやく時代が本来の姿に戻ったと、これを象徴的に考えたことであろう。

三条院伝領を指示

正月二十五日、三条は道長に、三条院を禎子《ていし》に伝領《でんりょう》させること、そして心を尽くして修造《しゅうぞう》すること、それを妍子と源俊賢《としかた》に伝えることを命じた。「これは、枇杷殿にいた際には、意に任せないことがあった。そこで、そう思ったものである」と言っている（『御堂関白記』）。自分の死後の相続について、早くも心を砕いていたのである。『大鏡《おおかがみ》』に、禎子が

川合瀬現況

三条院の地券《ちけん》を三条からもらって、持って帰ってきたという記述が見えるが、このような史実を基にして作られた説話であろう。

正月二十九日に、道長に命じて院蔵人《いんのくろうど》と判官代《はんがんだい》を補させているが、その際、道長の許を訪れた俊賢も、「あの三条院は、姫宮《ひめみや》（禎子）に伝領させるべきものである。この事を、よく知っておくように」という三条の言葉を伝えている（『御堂関白記』）。道長が、「これは先日の仰せと同じであった」と記しているのは、三条の言葉を信用しきっていないことを示すものである。

正月には道長は、三回、三条の許を訪ねている（『御堂関白記』）。

二月二日には、三条は初めて春日祭《かすがのまつり》に神馬使《じんめし》を奉納《ほうのう》している（『御堂関白記』）。ついに叶わなかった春日行幸《かすがぎょうこう》への思いの表われであろうか。

七瀬の禊

三条は、次いで二月十九日、鴨川に御出《ぎょしゅつ》して、二条大路《にじょうおおじ》の末から川合瀬《かわいのせ》に到る七瀬《ななせ》において禊《みそぎ》を行なった。瀬毎《ごと》に諸《もろもろ》の平張《ひらばり》を立て、川合瀬には院庁《いんのちょう》が酒肴を準備していたが、中御門大路《なかみかどおおじ》の末において公卿《くぎょう》の平張が風のために吹き倒されたため、道長はここから退還している。翌二十日、三条から道長に言葉が伝えられた。「昨日、御禊《ごけい》の際、瀬毎に供奉した事は、恐縮に思う」というものである（『御堂関白記』）。たとえ三つの瀬であっても、供奉してくれたことへの感謝の意か、それとも途中で帰ってしまったことへの皮肉であろうか。道長は、「乱《みだ》り心地《ここち》が宜しくなかったので、早く罷《まか》り還りました。お詫《わ》びを申そうと思っている間に、院の仰せが有りました。私自ら参入し、事々を奏上《そうじょう》いたします」と答えている（当然、参上してはいない）。

二月二十七日には、丑剋《うし》（午前一時から三時）に三条院の近辺に火災があり、道長は三条院に近いということで参入している（『御堂関白記』）。

結局、二月には道長は、二回、三条の許を訪ねている（『御堂関白記』）。

道長、頼通に摂政を譲る

三月に入ると、政権が交代した。十六日、道長が摂政を辞し、内大臣《ないだいじん》に上った頼通に譲ったのである。それは摂関家《せっかんけ》という家の形成の端緒《たんしょ》であった。三月には道長は、一回しか三条の許を訪ねていない（『御堂関白記』）。

四月には、三条を悩ませる事件が続いている。八日、灌仏会《かんぶつえ》が三条の許でも行なわれ、道長をはじめとする公卿たちも参入《さんにゅう》した。ところが、灌仏会が始まろうとしていた時、敦平を首謀者として、殿上人たちがやって来て、誕生仏《たんじょうぶつ》や龍などの灌仏会の山形《やまがた》を、一物も遺《のこ》さず取って退出《たいしゅつ》してしまったのである。道長は捜索を命じたが、取り戻せた物は何もなく、公卿たちは退出した（『御堂関白記』）。どうも三条の皇子たちは、敦明だけではなく、行状の芳《かんば》しからぬ者が多いようで、これでは三条も、皇統《こうとう》の行く末に不安を抱かざるを得なかったであろう。

道雅、当子に密通

次いで四月十日、三条の退位にともなって、伊勢斎宮《いせさいぐう》の任を解かれた当子内親王《とうしないしんのう》が入京したのであるが、何とこれに、藤原道雅《みちまさ》が密通《みっつう》するという事件が起こった（『御堂関白記』）。道雅というのは伊周《これちか》の嫡子《ちゃくし》で、『枕草子』に登場した「松君《まつぎみ》」の成長したものである。「荒三位《あらざんみ》」と呼ばれ、評判のよろしくない男であったが、今度はとんでもないことをしでかしたというわけである。この事実を知った兄の敦儀が当子を迎え取り、当子は娍子の許（藤原為任邸）に置いておかれることになった。実はこの密通は、当子の乳母《めのと》が道雅を手引きしたということであるが（『御堂関白記』）、そうなると、当子の将来に不安を感じた乳母が、不良でもいいから有力貴族と当子を結び付けようとしたのかもしれず、一概に非難ばかりもできないことになる。

この知らせを聞いた道長は、翌四月十一日に三条の許を訪れ、対策を協議した。三条の言った言葉というのは、「『前斎宮が、道雅のために姦《おか》された』ということである。通任を召し遣わして、事情を問わせた。汝《なれ》は暫《しばら》くここに伺候して、事情を聞くように」というものであった（『御堂関白記』）。

かつて自分の皇位の長久を念じ続けた、いまだ著裳《もぎ》の儀も終わっていない十七歳の娘に対する、余命幾ばくもない父親の悲哀が伝わってくるようである。還り参った通任が申したことは、はなはだ異様であって、「尻も口も無いような状態だった」とある。道長は、通任に対して不信感を持ち、「この相公《しょうこう》（通任）は、元々不覚《ふかく》（愚か）の者であるうえに、このはなはだ奇怪な事件は、事実だったのであろうか」と記している（『御堂関白記』）。

なお、この事件によって、道雅は三条の勅勘《ちょっかん》を蒙《こうむ》っている（『小右記』）。ちなみに、「百人一首」

にも採られた道雅の句、

今はただ　思ひ絶えなむ　とばかりを　人づてならで　いふよしもがな

（「今はただ、あなたへの思いを絶ってしまおう」と、それだけを人づてでなく、じかにあなたにお話しする方法があったらいいのだがなあ）

は、この時の歌とされる。

こうして、退位後の三条の日々は流れていった。そして、このような辛い事件が起こるなか、新たな病が三条の身体を冒《おか》し始めていたのである。

第七章 崩御 寛仁元年(一〇一七)

1 三条院、崩御

三条院、病悩

それは四月二十一日のことであった。三条院《さんじょういん》が病悩《びょうのう》しているとの知らせを受けた道長《みちなが》は、御在所《ございしょ》の三条院に駆けつけた。三条の病悩は、時行《じぎょう》(疫癘《えきれい》)のようであったという(『御堂関白記《みどうかんぱくき》』)。時行とは、これまでの眼病《がんびょう》とは異なり、流行病のことである。

この前後、疫病《えきびょう》が蔓延《まんえん》していたようである。五月七日には、「天下の病悩を停めるため」、紫宸殿《ししんでん》(土御門第寝殿《つちみかどていしんでん》)において御読経《みどきょう》が行なわれている(『御堂関白記』)。この前後に死亡した人は、四月十八日に藤原懐平《ふじわらのかねひら》、四月二十二日に菅原宣義《すがわらののぶよし》、五月二十七日に権律師朝寿《ごんのりっしちょうじゅ》、六月一日に太皇太后宮《たいこうたいごうぐう》藤原遵子《じゅんし》、六月二日に源憲定《みなもとののりさだ》、六月十日に源信《げんしん》、六月十三日に平親信《たいらのちかのぶ》と、有名人が続くが、疫病で死亡したのかどうかは不明である。

いずれにせよ、これが三条を死に至らしめた病ということになる。長く続いた病悩によって抵抗力が弱まっており、ひとたまりもなく疫病に冒されたといったところであろう。道長は、四月二十二日、二十三日、二十四日、二十七日と、三条の許《もと》を訪れている。二十六日には六男の長家《ながいえ》の元服《げんぷく》と五女の尊子《そんし》（共に明子《めいし》所生）の著裳《もぎ》を控えていながら、である。いずれも、「御病悩は、まだ重かった」という記載が付されているから、よほど重態だったのであろう（『御堂関白記』）。

そして四月二十八日の早朝寅剋《とら》（午前三時から五時）、三条院から道長の許に使者が来た。「院の御病悩は、ただ今、極めて重くなりました」ということである。道長は驚きながら三条の許に参り、容態を見たところ、「重いとはいっても、大した事はないようであった」と判断し、夜が明けた後に退出《たいしゅつ》している。辰剋《たつ》（午前七時から九時）に再び参っても、まだ同じような容態であった（と道長には見えた。『御堂関白記』）。

臨終出家

ところが、退出した道長の許に、申剋《さる》（午後三時から五時）に使者が来て、「受戒《じゅかい》のために、院源法印《いんげんほういん》を召してください」と要請してきた。また、賜うべき布施物《ふせもつ》の請求もあり、道長は絹十疋と衾絹《ふすまぎぬ》を献上している（『御堂関白記』）。いつものことではあるが、道長は他人の病状に関しては、軽めに見る傾向がある。この時点ではまだ、三条の病状をそれほど深刻には考えていなかったようである。出家（いわゆる臨終出家である）と聞いて、病状の重さに驚いたのではないだろうか。

翌四月二十九日、亥剋《い》（午後九時から十一時）に道長の許に使者が来て、道長はすぐに三条の許に参入した。道長の方から、「これまでにも仰せておられました御出家を遂げられては如何《いかが》でしょうか」

と申し出ると、三条は、「私もそのように思う。早く髪を剃《そ》るべきである」と答えている。そして院源を戒師《かいし》、懐寿《かいじゅ》を唄師《ばいし》として、頼寿《らいじゅ》が頭を剃り、三条は出家を遂げた（『御堂関白記』）。なお、天皇の臨終出家というのは、陽成・醍醐・朱雀、そして一条に次いで五人目のことである。

四月には道長は、結局十回、三条の許を訪ねている（『御堂関白記』）。

五月に入っても、三条の病状は、よくならなかった。道長は、一日に三条院に参って候宿《こうしゅく》し、二日に退出してからは勤行《ごんぎょう》を始めた。七日にまた参入したが、三条の容態が重かったので、妍子《けんし》の許に候宿した。八日も容態が重かったので、妍子の許に伺候《しこう》し、退出している（『御堂関白記』）。

崩　御

そして五月九日の丑《うし》剋（午前一時から三時）、三条院から、「院の御容態が重くいらっしゃいます」と告げる使者が、道長の許にやってきた。道長が驚いて三条院に参入すると、容態はすでに不覚《ふかく》（人事不省）であった。前日の未《ひつじ》剋（午後一時から三時）から、このような容態であったとのこと。そして辰剋、三条はついに死去した（『御堂関白記』）。四十二歳。遺詔《いしょう》は、「素服《そふく》・挙哀《こあい》を停止《ちょうじ》すべし」という定型的なものであった（『日本紀略《にほんきりゃく》』）。

道長は、三条の臨終に際して、御前《ごぜん》に伺候することなく、「ただ今、無力《むりょく》でいらっしゃいます」という言葉を聞くや、しばらく地面に降りた。そして一段落した後に、退出している（『御堂関白記』）。これは一条の最期の際にも同様であったが、臨終に接することによって死穢《しえ》に触れるのを避けるためである。政治を担う者の責任感と考えられなくもないが、やはり道長という人の、他人の死に対する考えに基づく部分も大きいようである。

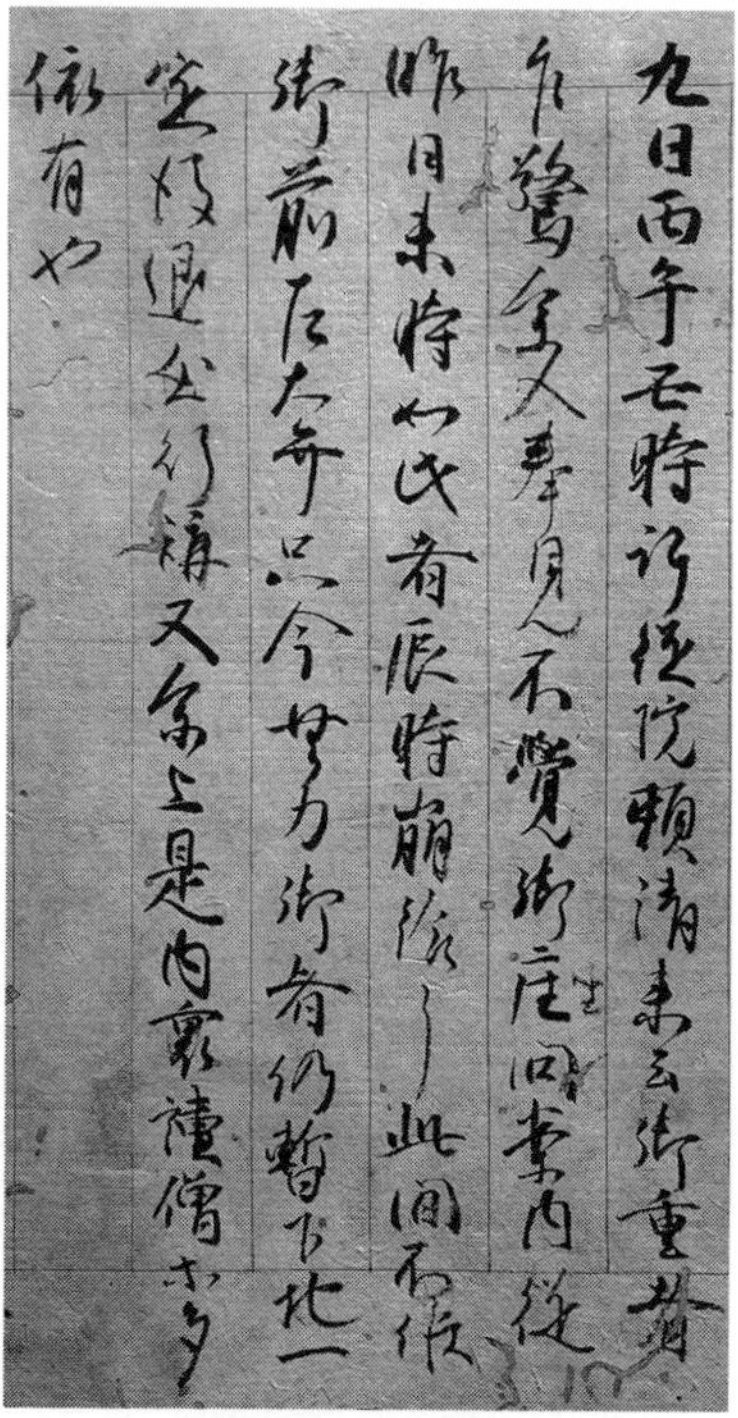

『御堂関白記』古写本
寛仁元年五月九日条
（陽明文庫蔵）

2　葬送と陵墓

葬送

その葬送《そうそう》は、五月十二日に行なわれた。一条《いちじょう》の時とは異なり、道長は、きわめて手際よく、この日一日で、すべてを終えている。さすがに二回目ともなると、慣れていたのかもしれないが、あたかもその死に対して、何の感情も抱いていないかのようにも見える。

この日の早朝、陰陽師《おんようじ》に葬送の勘文《かんもん》を進上《しんじょう》させ、葬送の雑事《ぞうじ》を定め、巳剋《み》（午前九時から十一時）

に遺骨を置いて火葬を行なう所を検分させ、「□寺の後ろの山」がよいとの報告を受けている（『御堂関白記』古写本には「寺」の前に一文字分の空白がある）。その後、御陵所《ごりょうしょ》を「舟岡山《ふなおかやま》の西北方」と定め、固関《こげん》を命じた後、戌《いぬ》剋（午後七時から九時）に入棺《にゅうかん》、および出行《しゅっこう》の儀が行なわれた（『御堂関白記』）。

これだけの準備をしておいて、さて道長は葬送にどのように関わったかというと、

私は病悩《びょうのう》していたので、故三条院《さんじょういん》の御葬送の御供に供奉《ぐぶ》しなかった。これは、葬司《そうし》の任命の後、歩くことができなくなったためである。また、病悩の後、無力であることは極まり無かった。そこで御葬送に奉仕しなかったのである。志が無かったわけではない。身に任せなかったのである。

という言い訳だらけの記述が、すべてを物語っているであろう。なお、道長は翌年の三条周忌法要《しゅうきほうよう》の際にも、「私は病悩していたので、自らは参らなかった。歎き思うことは、少なくなかった」と記している（『御堂関白記』）。

陵　墓

翌五月十三日の巳剋、葬送に供奉していた人々は、葬送所から還ってきた（『御堂関白記』）。この時、三条が火葬に付された場、および遺骨が葬られた陵は、まったく不明と言わざるを得ない。『栄花物語』では、火葬されたのは一条と同じ「石蔭《いわかげ》」としている。これは現在の京都市北区衣笠鏡石町《きぬがさかがみいしちょう》、「左大文字山《ひだりだいもんじやま》の東方（紙屋川《かみやがわ》西岸）、金閣寺から鷹峯千束《たかみねせんぞく》に至る途中の路に突出る巨岩」（『京都市の地名』）という鏡石に面した地ということになろう。

現一条天皇・三条天皇火葬塚現況

現在、宮内庁管理の「一条天皇・三条天皇火葬塚《かそうづか》」なるものが、確かに鏡石の前に存在するが、正確にこの地かどうかはわからない。だいたい、三条を「石蔭」で火葬にしたというのも、『栄花物語』にしか見えない記述であるから、どこまで信が置けるか、危ないものであろう。『日本紀略』の「今夜、三条院を石垣に葬り奉る」という記述の、「石垣」が「石蔭」の誤りと見るのも、少々無理があるようである。

もっとわからないのは、その陵である。「舟岡山の西北方」ということで、現在の京都市北区衣笠近辺であることは確かであり、一条と違って移動した形跡がないから、火葬の場の近くに遺骨が安置されたのであろうが、その場所は杳《よう》としてわからない。

幕末の谷森善臣《たにもりよしおみ》『山陵考《さんりょうこう》』にも、「今その御在所《ございしょ》は詳《つまび》らかに知りがたい」、「此《こ》の帝も小山芝《こやましば》が御陵だろうという説があるが、これもまた信じがたい気持ちがする」と書かれている。また、蒲生君平《がもうくんぺい》『山陵志《さんりょうし》』には、「花山陵《かざんりょう》と並んで三条陵があるのであり、甚兵衛《じんべえ》なる農民が開墾した甚兵衛《じんべえ》開《ひらき》が三条陵だろうか」と記しているくらいで、要するにまったくわからなくなっていたのである。『帝王編《ていおうへん》年記《ねんき》』が、「船岡西辺で火葬し、御骨を北山の小寺の中に埋め奉った」と記しているように、そもそも火葬にした遺骨（の一部）を埋めるのであるから、大規模な山陵《さんりょう》は必要ないわけで、そのあたりの寺に安置されたのであろう。

現「三条陵」

なお、現在、宮内庁が管理している「三条天皇北山陵《きたやまりょう》」は、何と明治二十二年（一八八九）になって治定《じじょう》されたもので、「同村一条院《いちじょういん》御火葬所より南に二町ほど隔てて、字《あざ》尊上院《そんじょういん》と呼んでいる田地の中に、周囲数尺の塚がある。寸地を争う耕地の中央において、僅かでも開発し残しているのは、もっとも所以《ゆえん》があるに違いない」という理由のみで、決定されたものである（「明治二十二年五月二十二日諸陵寮議案」）。「尊上院」の音が「三条院」に通じるということなのであろう。なお、この議案では、この地が金閣寺の北方にあるから、『御堂関白記』の「□寺の後ろの山」とも適合するなどとも述べており、まったく笑止な話である（『御堂関白記』の記述は火葬の場についてのものである。金閣寺云々は、もう笑うしかない）。

現三条天皇北山陵

現地を訪れてみると、現「火葬塚」の方は、向かいの高場から覗いてみると、何だかいわくありそうな土盛りが存在する。ただし、火葬に伴うものかどうかもわからないし、たとえ火葬と関連のあるものであったとしても、誰を火葬した時のものかは不明である。現「三条陵」の方はというと、左後方からは陵内が窺えるようになっているが、土盛りがあるかどうかも判然としない。

龍安寺《りょうあんじ》（円融寺《えんゆうじ》の故地）の裏山（朱山《しゅやま》）にある現「一条陵」は、一応、六世紀の群集墳《ぐんしゅうふん》であるし、まわりは草深い山であるから、「いずれにせよ、この朱山のどこかに、一条天皇の遺骨は眠っているのであろう」などと書けたが（倉本一宏『一条天皇』）、現「三条陵」は、ちっとも陵墓《りょうぼ》らしくないし、周囲はすでに住宅街となっている。候補となる場所の範囲は、一条陵よりも狭いのではあるが、「この住宅街の地下のどこかに三条の遺骨は眠っているのであろう」と言っても、あまりピンと来ない。

法会

それはさておき、三条の法事《ほうじ》を主宰《しゅさい》するキサキは、妍子《けんし》の方であった。妍子の方を正式な后妃《こうひ》とした道長の策が、ようやく実を結んだということであろうか。妍子は五月二十七日に土殿《つちどの》に入った。六月十三日には、院司《いんじ》たちが奉仕する五七日の法会《ほうえ》が、三条院の寝殿《しんでん》を堂として行なわれた。その際の仏像は存生《ぞんじょう》の日の御願《ごがん》である白銀の仏像六体、経は新しく書いた色紙《いろがみ》の法華経《ほけきょう》であった（『御堂関白記』）。

六月二十四日には遺領《いりょう》の処分が行なわれ、二十七日には七々日の法会が営まれた。この法会の後、妍子は源済政《みなもとのなりまさ》邸に移御《いぎょ》し（八月二日には、さらに道長の一条第《いちじょうてい》に移御）、三条院には宿人《やどりびと》が置かれた。二十九日、道長は河原に出て祓《はらえ》を行なって服喪《ふくも》を明け、服喪の間に着ていた衣を除いた（『御堂関白記』）。

こうして、三条の記憶（と存在）は、慌ただしく人々から消えていった。人々が回顧するのは、一代前の一条の治世《ちせい》であり、さらに前の醍醐・村上《むらかみ》朝であった。その一方で、道長の関心は、後一条《ごいちじょう》の元服《げんぷく》と、その後の威子《いし》入内《じゅだい》、そして立后《りつごう》、まさに「この世をば」の世界へと向けられており、もはや一条と後一条の間に挟まれた短い時代、そしてその時代の天皇との苦い記憶を顧みる余裕などはなかったのである。

第八章　皇子女と后妃の行く末

1　敦明皇太子の遜位

敦明遜位の希望

三条院《さんじょういん》の死去によって、もっとも大きな影響を受けたのは、言うまでもなく東《とう》宮《ぐう》の敦明《あつあきら》親王であった。もともと敦明の立太子《りったいし》は、三条と道長との間の妥協の産物であったが、その三条がいないとなると、敦明の権力基盤は、きわめて脆弱《ぜいじゃく》なものとなった。

しかも、本人に皇位への執着があまりなく、その外戚《がいせき》（通任《みちとう》や為任《ためとう》）も姻戚《いんせき》（顕光《あきみつ》）も頼りにならず、相変わらず権力を握っている道長が後一条《ごいちじょう》天皇の弟である敦良《あつなが》親王（一条天皇第三皇子《おうじ》）の立太子を望んでいることが自明である以上、敦明が東宮の地位から降りることは、時間の問題であったのかもしれない。東宮がみずからその地位を降りるというのは、前代未聞の出来事ではあるが……。

その情報は、八月四日に、道長の四男である能信《よしのぶ》からもたらされた。東宮蔵人《とうぐうくろうど》の源 行任《みなもとのゆきとう》が能信の許《もと》を訪れ、「敦明が、『この東宮の地位を、何とかして辞めたいものだ』と言っている」と告げたのである。能信は、さっそく道長にそれを伝えた。道長は能信に、敦明の許に参って、事情を聞いてくるよう命じた。敦明からも、道長と会いたいとの希望が達せられた（『御堂関白記《みどうかんぱくき》』）。

というのが、四日の経緯である。ここで問題なのは、本当に敦明が、この日を期して、東宮からの遜位《そんい》を計画していたのかという点である。行任が告げた言葉というのも、敦明の理性的に考慮された発言というよりも、何やら愚痴の類を漏らしただけに過ぎないようにも聞こえてくる。後の敦明の様子を見ると、側近に勢い（や酔い）に任せて愚痴をこぼしたら、そいつが道長の意を得ようとして注進《ちゅうしん》に及んだという感じもするのである。

翌八月五日、敦明の許に遣わしていた能信が、道長の許に還って来て、報告した。「東宮の遜位についいては、決定しました。今朝の内に、早く東宮の許に参入してください」ということである（『御堂関白記』）。これも何だか、能信の一人芝居のような観がある。後に尊仁《たかひと》親王（後の後三条《ごさんじょう》天皇）の即位をめぐって暗躍する能信であることを考えると、この時にも何やら政治的に動いていた可能性も、まったく考えられないではない。

なお、この事件に関しては、『立坊部類記《りつぼうぶるいき》』に『権記《ごんき》』の逸文《いつぶん》が引かれている。それによると、行《ゆき》成《なり》は頼通《よりみち》から、東宮についてあれこれあるとのことを聞かされている。「おっしゃったところの雑事《ぞうじ》は、はなはだ多かった」とあるから、すでに頼通には、その後の見通しもついていたのであろう。

遜位の決定

八月六日、いよいよ敦明と道長との会談が行なわれた。道長が頼通・教通《のりみち》・頼宗《よりむね》・能信を引き連れて敦明の御前《ごぜん》に参上すると、敦明は遜位について語った。道長は、その意向は確かに承《うけたまわ》ったが、よく考えてから言いだすべきこと、また娍子《せいし》や顕光が何と言っているかを問うた。敦明が言うには、母宮は不快《ふかい》（不愉快というより、病気に近い意味であろう）となられ、顕光は「心に任されよ」と言ったとのことであった。また、「この何日かの間、思い定めて申し上げたことです。早くこの東宮の号を停め、しかるべき処置を定めて宣下《せんげ》してくださいと語っている（『御堂関白記』）。

なお、娍子がどうこうしたというのは、どうも偽り（か誤り）のようで、後に娍子は、敦明が自分に相談することなく、気軽に外に漏らしたことを咎《とが》めている（『立坊部類記』所引『権記』）。

また、後に道長が実資《さねすけ》に語ったところによると、敦明は次のように、遜位の背景を道長に語ったという（『小右記《しょうゆうき》』）。「自分には輔佐する人が無い。春宮坊《とうぐうぼう》の業務は、有って無きがごときものである。院（三条）が崩御《ほうぎょ》した後は、ますますどうしようもなくなった。東宮傅《とうぐうふ》（顕光）と春宮大夫《とうぐうだいぶ》（斉信《ただのぶ》）は、仲がよくない。まったく自分のために無益にしかならない。辞遁《じとん》するに越したことはない。そうすれば心閑《しず》かに休息できよう。ただし、一、二人だけ、召し仕う者を取りはからってもらいたい」と。

道長は、東宮遜位の上表《じょうひょう》を作るよう、敦明に求めたが、上表文を作れるような人はいない。すでに直接会ってその意見を聞き、摂政《せっしょう》の頼通も聞いていたのであるから、これで遜位を決定しても大丈夫と判断した（『小右記』）。道長は頼通と協議に入り、年官《ねんかん》・年爵《ねんしゃく》・封戸《ふこ》は元のとおり、別に敦明の要望を受けて受領給《ずりょうきゅう》と随身《ずいじん》を賜うということで決着した。「東宮の機嫌は、はなはだ能《よ》かった」というのも（『御堂関白記』）、プレッシャーとストレスからの解放によるものであろう。何より道長が、これほど親切に自分の希望を受け入れてくれるということに安堵したものと思われる。それはこういった者に対して、道長がいつも見せる態度であったが……。

道長は内裏《だいり》に参り、次いで彰子《しょうし》からの消息《しょうそく》によって（『立坊部類記』所引『権記』）、彰子の許に参り、報告を行なった。「皇太后宮《こうたいごうぐう》（彰子）のご様子は、云うべきではない」というのは（『御堂関白記』）、いまだに敦康《あつやす》の立太子を望んでいた彰子の対応（おそらくは怒り）を指しているのであろうか。なお、『立坊部類記』所引『権記』には、「皇后宮《こうごうぐう》の御消息によって」とあるが、娍子からの手紙と考えるよりも、「皇太后宮」の「太」が脱けたものと考えた方がよかろう。

この日、行成は、これらの動きを知り、道長の許に参上した。道長は行成に、ここには明日来るように、今日は彰子の許に参るようにと命じている（『立坊部類記』所引『権記』）。行成に彰子の説得を依頼したものであろうか。

実資の方は、この日になってこの情報を知り、奇怪なことと驚いている（『小右記』）。源経頼《つねより》も同様に、この日に敦明や道長家の詳細な動きを伝え聞いている（『左経記《さけいき》』）。これほど早くに、公卿《くぎょう》たちの間をこの情報が駆けめぐるとなると、宮廷社会においては、敦明の遜位というのは、近い将来に起こり得る事態として認識されていたのであろう。

そしてそれは、ほとんどの人々にとって、宮廷社会の安定をもたらすものとして、歓迎されていたはずである。敦明が即位した際に起こりそうな、道長（あるいは頼通）と敦明との軋轢《あつれき》、また顕光と道長家との政治抗争、あるいは道長も顕光も死去した後の、外戚のいない天皇（顕光の息男は、一人は早世《そうせい》、一人は出家《しゅっけ》している）と、天皇家とミウチ関係のない関白（頼通あるいは教通）とのぎくしゃくした関係など、誰も望んではいなかったはずである。それくらいなら、道長家の栄華の方が、まだマシであると考えるのも、十分に理解されるところである。三条朝という暗い時代を経た直後であればこそ、人々の思いは切実であったものと思われるのである。

敦良の立太子

八月七日、公卿が多く道長の許に集まり、敦良の立太子を決定した。陰陽師《おんようじ》を召して日を問うたところ、明後日が吉日《きちにち》であるとのことで、八月九日の立太子が決定した（『御堂関白記』、『立坊部類記』所引『権記』、『左経記』）。まったくこういった場合の道長のスピード感というのは、驚き呆れるほどである。なお、この日、立太子を彰子に伝えるべく派遣された能信が、誤って娍子の許に行ってしまったというハプニングも起こっている（これこそ道長が「皇太后宮」を誤って「皇后宮」と言ってしまったのかもしれない）。また、敦明の春宮権大夫《とうぐうごんのだいぶ》であった通任が、新東宮の春宮権大夫に遷任《せんにん》したいなどと言いだして、人々の失笑を買っている（『立坊部類記』所引『権記』）。

なお、八月八日、娍子の許を訪れた行成は、先にも触れたように、娍子の怒りを目の当たりにしている。その時、敦明は、口を閉じて色を失い、頗《すこぶ》る後悔した様子があったという。娍子は、「これは本意ではないから、さっそくに道長と談判《だんぱん》するように」と語っているが（『立坊部類記』所引『権記』）、すでにすべては決した後で、もう遅かった。

どうも敦明という人物、その時々の感情に動かされて行動し、しかもそれに激情が加わる者のようである。ちなみに行成は、この記事に続けて、競馬行幸《くらべうまぎょうこう》の日に諸皇子と同列に並んでいた敦明を見て、「その容体は通例の人と異なることなく、竜顔《りょうがん》（天子の相）は無かった」と記している（『立坊部類記』所引『権記』）。かつて初めて敦成《あつひら》の面貌《めんぼう》を見た際に、「王骨《おうこつ》有り」という感想を記している行成であればこそ（『権記』）、その差異は際立っていたのであろう。

ともあれ、八月九日、敦良が新東宮に立った（『御堂関白記』、『小右記』、『立坊部類記』所引『権記』、『左経記』、『立坊部類記』所引『外記日記《げきにっき》』、『日本紀略《にほんきりゃく》』）。敦良は後に後朱雀《ごすざく》天皇となり、結果的に皇統《こうとう》を嗣《つ》いでいくことになる。これで道長家の永久政権への道が開けたことになる。後一条や後朱雀が、道長家の女《むすめ》との間に皇子を儲ければの話だが……。

また、道長が彰子の御前で新東宮の蔵人を定めていることからもわかるように（『小右記』）、いまだ三十歳の彰子が、この後、かなりの期間にわたって、国母《こくも》として権力を振るうであろうことも、これで定まったのである。

この日も通任が参入してきて、敦良の春宮大夫となりたいと言ったりして皆を怒らせているが（『小右記』）、このような者を外戚に持った三条や敦明も、考えてみれば気の毒な人たちであった。

興味深いのは、八月二十三日になって、東宮敦良に壺切御釼《つぼきりのみはかし》が移されたということである。代々の御物《ぎょぶつ》であるこの釼を、道長は敦明には渡さずに、内裏に保管しておいたのである（『御堂関白記』『小右記』『左経記』）。

敦明、小一条院と号す

一方の敦明は、八月二十五日、小一条院《こいちじょういん》と号することとなった（『御堂関白記』『小右記』『左経記』『日本紀略』）。ここまでの優遇は、道長としても当初は考えていなかったであろうが、四女の寛子《かんし》と結婚することも決まっていたであろうから、自分の婿として、より高い地位に引き上げたのであろう。

その寛子との結婚は、十一月二十二日に行なわれた（『御堂関白記』『小右記』）。寛子が倫子《りんし》所生の女ではなく、明子《めいし》所生であるところには注目しなければならないが、これで敦明は、道長家の婿として、堀河院《ほりかわいん》とは至近の近衛御門《このえみかど》（高松殿《たかまつどの》）に入ったのである。それまで妃《ひ》であった延子《えんし》と所生の王子女（敦貞《あつさだ》・栄子《えいし》・敦昌《あつまさ》）、そして顕光を棄ててのことである。これで顕光は悪霊《あくりょう》として道長家に祟《たた》ることになるのであるが、それは後の話である（『小右記』によれば、すでに二人の結婚以前から延子の髪を切り幣《ぬさ》を捧げて呪詛《じゅそ》を行なっているが）。なお、延子は、二年後の寛仁《かんにん》三年（一〇一九）に死去している。『小右記』は「心労《しんろう》」によるものとしている。

小一条院の子女

小一条院は、寛子との間に、寛仁二年（一〇一八）に儇子《かんし》女王《じょおう》、寛仁三年と寛仁四年に王子（二人とも夭折《ようせつ》）、治安《じあん》三年（一〇二三）に敦元王《あつもとおう》を儲けている。この間にも、治安元年（一〇二一）に紀伊守《きいのかみ》高階成章《たかしなのなりあきら》の髪を執り、打ち伏せて蹴り踏んだり、治安三年に、賀茂祭《かものまつり》で高階業敏《なりとし》の烏帽子《えぼし》を取って引きずり回したりという、相変わらずの行状が続いている。長《ちょう》久《きゅう》二年（一〇四一）に出家、永承《えいしょう》六年（一〇五一）に死去した。五十八歳であった。なお、寛子は万《まん》寿《じゅ》二年（一〇二五）に卒している。二十七歳であった。年来、「霊気《れいき》」（物怪《もののけ》）を煩っていたとある

（『左経記』）。

ちなみに、小一条院の妃としては、他に基平王《もとひらおう》・敦賢王《あつかた》を産んだ頼宗女《よりむねのむすめ》、嘉子《かし》女王を産んだ源長《なが》経《つね》女、信子《しんし》女王・信宗《のぶむね》王・斉子《せいし》女王を産んだ源政隆《まさたか》女、僧正行観《そうじょうぎょうかん》を産んだ某女が知られる。

小一条院の子は、敦貞は、寛仁三年に三条の子として親王宣下《しんのうせんげ》を受け、長元四年に源済政《なりまさ》女と結婚、康平《こうへい》四年（一〇六一）に三品式部卿で死去している。四十八歳。子に源宗家《むねいえ》・神祇伯《じんぎはく》敦輔《あつすけ》王・僧行《ぎょう》勝《しょう》・僧寛意《かんい》がいる。敦昌は長元二年に親王宣下を受け、後に出家している。没年不詳。敦元も長元二年に親王宣下を受けたが、長元五年に死去している。十歳。基平は臣籍に降下。没年不詳。敦賢は康平四年に式部卿に任じられ、承暦《しょうりゃく》元年（一〇七七）に死去。三十九歳。子に伊勢斎宮《いせさいぐう》に選定された淳子《じゅんし》女王・居子《きょし》女王・僧増賢《ぞうけん》がいる。

栄子は長元二年に親王宣下を受けている。没年不詳。嘉子は永承元年（一〇四六）に斎宮に卜定《ぼくじょう》され、永承六年に退下している。没年不詳。斉子は承保《しょうほう》元年（一〇七四）に賀茂斎院《かもさいいん》に卜定されている。没年不詳。儇子は寛仁三年に親王宣下を受けている。没年不詳。

なお、基平王の女の源基子《きし》は、後三条と藤原茂子《もし》（能信の養女）との間に生まれた聡子内親王《そうしないしんのう》の女《にょう》房《ぼう》であったが、後三条の寵を受け、実仁《さねひと》親王を産んだ。実仁は、同じく茂子の産んだ貞仁《さだひと》親王が即位すると（白河《しらかわ》天皇）、後三条の意向によって、その皇太弟《こうたいてい》に立てられた（即位の日を見ることなく応徳《おうとく》二年〈一〇八五〉に病死）。

後三条退位《たいい》の背景として、実仁の立太子があったともされるが、後三条は、敦明の血を引く皇子をどうしても皇位に即けたかったことになる。実仁の即位が実現していれば、父方からも母方からも三条の血を承《う》けた皇統が出現していたことになるが、結果は白河による院政《いんせい》となった。

2　三条皇子女と后妃の行く末

他の三条皇子女《さんじょうこうしじょ》の行く末についても触れておこう。第二皇子《おうじ》の敦儀《あつのり》は、寛仁四年に式部卿《しきぶきょう》となり、治安元年に隆家女《たかいえのむすめ》と結婚。長元《ちょうげん》三年（一〇三〇）に出家《しゅっけ》して岩倉《いわくら》に入り、岩蔵宮《いわくらのみや》と号された。天喜《てんぎ》二年（一〇五四）に死去。敦明《あつあきら》と同じ五十八歳であった。子にこれも出家した覚証《かくしょう》がいる。

三条皇子女の行く末

第三皇子の敦平《あつひら》は、万寿二年に兼隆《かねたか》女と結婚、万寿四年（一〇二七）に敦儀を超えて二品に叙せられ、長元三年に式部卿《しきぶきょう》となった。長元四年（一〇三一）の叙位《じょい》で、王氏を騙《かた》る源良国《みなもとのよしくに》に連坐して執務を止められたが、すぐに復帰している。永承四年（一〇四九）に死去。五十一歳であった。子には伊勢斎宮《いせのさいぐう》敬子《けいし》女王《じょおう》がある。

第四皇子の師明《もろあきら》は、小一条院が親代わりとなって育てた。敦明が東宮《とうぐう》の地位を降りた翌年の寛仁二年、突然、十五歳で仁和寺《にんなじ》に入って出家。法名《ほうみょう》は性信《せいしん》。広沢流《ひろさわりゅう》の正統を伝え、応徳二年（一〇八五）に死去。八十一歳。『本朝高僧伝《ほんちょうこうそうでん》』『後拾遺往生伝《ごしゅういおうじょうでん》』『三外往生記《さんがいおうじょうき》』『古今著聞集《ここんちょもんじゅう》』『古事談《こじだん》』などに説話を伝える。

皇女の方は、第一皇女の当子《とうし》は、道雅《みちまさ》と密通した後、寛仁元年に、重い病によって出家した（『小右記』）。この時には持ち直したようであるが、治安二年（一〇二二）に死去している。まだ二十三歳であった。

第二皇女の禔子《ていし》は、頼通《よりみち》への降嫁《こうか》が沙汰止みになった後、万寿三年（一〇二六）に三十四歳で教通《のりみち》に降嫁した。永承三年（一〇四八）に死去している。こちらは四十六歳。子を産むことはなかった。

第三皇女の禎子《ていし》は、万寿四年に十五歳で東宮の敦良《あつなが》に入侍《にゅうじ》した。長元二年（一〇二九）に良子《りょうし》、長元五年（一〇三二）に娟子《けんし》、長元七年（一〇三四）に尊仁《たかひと》を産んでいる。良子は伊勢斎宮、娟子は賀茂斎院となった。そして尊仁は後に後三条《ごさんじょう》天皇となって、摂関政治《せっかんせいじ》に大きな打撃を与えた人物である。なお、娟子は後に、村上源氏《むらかみげんじ》嫡流《ちゃくりゅう》の源俊房《としふさ》に降嫁している。

禎子は、敦良が即位《そくい》すると（後朱雀《ごすざく》天皇）、長暦《ちょうりゃく》元年（一〇三七）に中宮《ちゅうぐう》、次いで皇后《こうごう》となった。寛徳《かんとく》二年（一〇四五）に出家したが、永承六年に皇太后《こうたいごう》、治暦《じりゃく》四年（一〇六八）に太皇太后《たいこうたいごう》となった。延久《えんきゅう》元年（一〇六九）には院号《いんごう》が定められて、陽明門院《ようめいもんいん》とされた。嘉保《かほう》元年（一〇九四）に死去した。八十二歳であった。この間、子の後三条が二十三年にも及ぶ東宮生活の後に治暦四年、孫の白河《しらかわ》天皇が延久四年（一〇七二）、曾孫の堀河《ほりかわ》天皇が応徳三年（一〇八六）に即位している。三条の血筋は、禎子を通して脈々と受け継がれたのである。

三条の皇子女は、当子を除けば、総じて当時としては天寿を全うしたと言えよう。孫の世代が少なく、孫の世代も含め出家した男子が多いのが気に掛かるが、これも皇統《こうとう》を離れてしまった結果であろうか。また、伊勢斎宮や賀茂斎院に選定された女子が多いが、その政治史的意味は別個に考えなければならない（板倉則衣《いたくらのりえ》「伊勢斎宮の選定に関する小考」）。

三条后妃の行く末

　三条の后妃《こうひ》の方に目を向けよう。三条よりも先に死去してしまった綏子《すいし》と原子《げんし》は別として、娍子《せいし》は病悩《びょうのう》によって寛仁三年三月二十五日に出家、三条の二回目の忌日が行なわれた五月九日に剃髪《ていはつ》した。時行《じぎょう》（疫癘《えきれい》）と邪気《じゃけ》（物怪《もののけ》）が交るという状態で、一時は危急《ききゅう》となった（『小右記』）。その後は持ち直したが、万寿二年三月から再び病悩し（「邪霊《じゃれい》に取り入れられた」とある）、いったん蘇生《そせい》したものの、二十五日に死去した。五十四歳であった（『小右記』）。東宮居貞《おきさだ》に入侍して以来、六人の皇子女を産み、三条の即位、自身の立后、当子の密通、三条の退位と敦明の立太子《りったいし》、三条の死去、敦明の遜位を経験するなど、波瀾万丈の生涯であった。

　妍子《けんし》の方は、寛仁二年に皇太后となり、土御門《つちみかど》第行幸《ていぎょうこう》に三后対面の晴儀（「この世をば」）を飾った。万寿四年四月に病悩し、顕光《あきみつ》の霊も加わって、七月には手足が腫れ、九月十四日に出家した後、死去した（『小右記』）。三十四歳であった。考えてみれば、皇子二人を産んで一条皇統を確立し、国母《こくも》として権力を振るう姉の彰子《しょうし》をいつも後ろから見ながら、自身は皇女しか産めずに嫡流であったはずの冷《れい》泉《ぜい》皇統を終わらせてしまうことになった妍子もまた、不幸なキサキであったと言えるかもしれない。

　しかも三条の心は常に、娍子の方にあったのである。

　『栄花物語《えいがものがたり》』には、髪を削《そ》いで出家を望むような手つきをした妍子に対し、「ああ悲しいことよ。年老いた父母を後に残して、どちらへと行っておしまいなのか。このわたくしをお供につれていってくだされ」と嘆く道長の姿が描かれている。道長自身が死去したのは、その三箇月後のことであった。

終章　三条天皇という人物

これまで、三条天皇の生涯をたどってきた。あえて繰り返すことにするが、その生涯を貫く基層的な歴史的条件と、三条本人の個人的特質は、以下のようなものであったと考えられる。

・本来は皇統《こうとう》を嗣《つ》ぐべき天皇家嫡流《ちゃくりゅう》に生まれた。
・父は冷泉院《れいぜいいん》、母は摂政《せっしょう》藤原兼家《かねいえ》の女《むすめ》である超子《ちょうし》であり、道長は外舅《がいきゅう》にあたっていた。
・生母の藤原超子は、幼少時に死去してしまった。
・生来、病弱で、しばしば病悩《びょうのう》を発《おこ》した。
・十一歳で皇太子《こうたいし》に立ったが、即位した一条天皇《いちじょうてんのう》は居貞《おきさだ》皇太子よりも四歳年少であった。
・前代は「聖代《せいだい》」とも称された時代で、「好文《こうぶん》の賢皇《けんこう》」と讃えられた一条が在位していた。
・妃《ひ》としては、兼家の女の藤原綏子《すいし》、済時《なりとき》の女の藤原娍子《せいし》、道隆《みちたか》の女の藤原原子《げんし》、道長の女の藤原妍《けん》子《し》がいた。娍子を除けば、いずれもその時々の政権担当者の女であった。

・これらのうち、実質的に夫婦であったのは、娍子と妍子の二人であった。

・同母弟である為尊《ためたか》親王と敦道《あつみち》親王は、早く死去してしまった。

・東宮《とうぐう》時代の居貞と道長とは、きわめて良好な関係を維持していた。個人と個人としては、二人はきわめて相性のよい関係であった。

・東宮時代には、公卿《くぎょう》層とも、良好な関係が続いた。

・二十五年にも及ぶ長い東宮生活を経た後に即位した。

・即位した時点では、娍子のみが四人の皇子《おうじ》と二人の皇女を産んでいたが、その後見《こうけん》は弱いものであった。

・在位していた時期の皇太子は、藤原彰子《しょうし》が産んだ、つまり道長の外孫《がいそん》である敦成《あつひら》親王（後の後一条《ごいちじょう》天皇）であった。

・正式な内裏《だいり》を御在所《ございしょ》とすることに執着した。

・政務や儀式の遂行に対して、並々ならぬ意欲と主体性を発揮しようとした。

・一条の時代の先例に対する対抗心を持っていた。

・娍子の兄弟をはじめとして、情実《じょうじつ》による人事をしばしば行なった。

・娍子を女御《にょうご》としたのみならず、妍子に続いて皇后《こうごう》に立てることを強行した。

・宮廷社会の常識を逸脱した娍子の立后には、道長のみならず、ほとんどの貴族層の支持を得られなかった。
・即位後も道長と友好的な関係を保とうとしたが、娍子立后を境として、その関係は決裂した。
・一条の時代に盛んであった文芸と音楽は、きわめて停滞した。
・寺社行幸《じしゃぎょうこう》は、ごくわずかしか行なわなかった。
・細かいことにこだわり、頑固に自己の意思を押しとおした。
・道長女の妍子は、皇女しか産むことはなかった。
・しばしば内裏焼亡《じょうもう》に見舞われたが、その都度、新造内裏への還御《かんぎょ》を熱望した。
・長和《ちょうわ》三年からは目と耳が不自由となり、官奏《かんそう》など政務の執行に支障を来たした。
・病悩に際しては、様々な服薬や加持祈禱《かじきとう》などの治療法を試み、それなりの効果も得た。
・道長の退位《たいい》要求に対して、伊勢勅使《いせちょくし》の発遣《はっけん》、新造内裏への還御、そして娍子所生の敦明《あつあきら》親王の立《りっ》太子《たいし》を条件とした。
・ほとんどの貴族層からも離反された。道綱《みちつな》や実資《さねすけ》を味方としようとしたが、それらも頼りにはならなかった。
・その政治姿勢は、特に人事をめぐって、しばしば「ぶれ」を生じた。
・敦明の立太子を道長に認めさせたうえで、退位した。
・退位後は、延暦寺《えんりゃくじ》や広隆寺《こうりゅうじ》に参籠《さんろう》するなど、眼病《がんびょう》治療の法会《ほうえ》を熱心に行なった。
・流行病によって死去した。

・その後、敦明は皇太子の地位を退き、結局はその皇統を伝えることはできなかった。

改めて見てみると、三条がみずから蒔《ま》いた種という側面も多々見られるものの、やはり運命、というか時勢に翻弄され続けた一生であったという感が強い。

まず、皇統という視座からは、本来は嫡流を嗣ぐべき三条とその子孫が皇統を嗣ぐことができず、嫡流が円融《えんゆう》系皇統に移動してしまったということは、数々の局面における偶然の積み重ねによる部分が多い。花山《かざん》の退位、兼家の寿命、済時の寿命、為尊・敦道の早世《そうせい》、一条の寿命、彰子からの皇子誕生、妍子からの皇女誕生、道長の寿命、そして三条自身の寿命、これらの条件が一つでも違っていれば、事態はまったく異なる方向に向かっていたはずである。

つまり三条は完全な敗者ではなく、裏返せば道長は完全な勝者ではなかったということなのである。言い換えれば、これらがすべて自分の都合のいいように動いている点が、道長の道長たる所以《ゆえん》なのであろう。

次いで、政務や儀式という視座からは、まずは三条の側に、一条に対する過剰な対抗意識が存在したことが問題であろう。自分よりも年少で、かつ二十五年にも及ぶ治世《ちせい》を続けた一条、何より在位中から名声を一身に受けていた一条の姿を見続けていたからこそ、三条には考えるところが多々あったのであろう。特に一条が道長に対して妥協的であったという点が、道長に対する対応を考えさせたものと思われる。自己の政治意思に対して必要以上に執着するという政治姿勢は、このような条件によって生じたものと考えられる。

ただし、道長も、何も自己の権勢欲のみによって動いたわけではなかった。彼には、貴族社会全般の利害を統合し、それを代弁するという側面もあったのである。三条がその道長と対抗しようとしたということは、同時に貴族社会とも、その利害を異にする局面をみずから作っていってしまったことにもつながったのである。東宮時代には、あれほど道長とは友好的な関係を続けていたのに、即位した時点からうまくいかなくなっているということの原因は、このような点に求められよう。

また、官人層の立場からも、ほとんどの者は一条朝になってから官人としての歩みを始めたはずであり、天皇とは、朝廷《ちょうてい》とは、政務とは、儀式とは、一条と道長の両者によって執り行なわれたようなものであるとの認識が染みついていたものと思われる。三条が一条とは異なる政治局面を作れば作るほど、一条の時代にはこうだったという思いから違和感を感じ、ひいては一条の時代に対する懐《かい》旧《きゅう》の思いが湧いてきたものと考えられよう。

その際、政務や儀式の本来の姿がどうであったかということは、あまり大きな問題ではない。二十五年もの間、一条と道長が行なってきたやり方が貴族社会のスタンダードであると多くの人が考えていた点が問題なのである。一条に対する批判が、その在世中から存在したにもかかわらず、一条が実像以上に聖帝視されるのも、一つには三条の政治姿勢との対比において認識されているように思えるのである。

特に、三条が病悩によって政務や儀式をうまく主宰できなくなったとき、貴族社会全般から、このような天皇ではみずからの依って立つ社会そのものが立ちゆかなくなるとの思いが噴出したのであろう。公卿たちから、「大いに悲しい時代である」、「主上（三条）の為に、現代は後代の恥辱となることは、極まり無いであろう」などという嘆きが次々と出てきていることが、三条とその時代の置かれた座標を如実に示していると言えよう。

最後に、文芸という視座からは、前代の一条の時代が、漢詩を中心とした文学や女房文学が盛んな時代であり、また寺社行幸にとっての画期であり、さらには一条自身が笛の名手であると同時に御遊《ぎょゆう》が盛んに行なわれたということとは対照的に、これらが三条の時代に宮廷社会で盛行するということは見られなかった。一つには、三条が病気がちで、とてもそれどころではなかったことにも起因しているのであろうが、やはり三条自身の持つ資質と考えるべきであろう。

また、文芸が「君臣和楽《くんしんわらく》」を象徴するものであったことを重視するならば、三条が御遊の催しを開こうとして文人や伶人を呼び集めても、彼らが招集に応じて馳せ参じることがなかったということは、宮廷社会の雰囲気によるものであろう。その意味でも、文芸の衰退は、「君臣和楽」の崩壊を象徴していたとも言えよう。文芸や行幸によって天皇権威を確立する機会が少なくなってしまったのも、致し方ないところであろう。

なお、漢詩を多く残した一条とは異なり、三条は和歌を多く残している（一条に比べれば少ないが）。勅撰集《ちょくせんしゅう》への入集は、共に八首であるが、八代集《はちだいしゅう》への入集となると、一条が四首、三条が六首と、むしろ一条よりも多いくらいである。ただ、それも三条の置かれた政治情況の裏返しなのであり、三条にとって唯一の栄光とも言えそうな百人一首入選も、傍流としての冷泉系を象徴するものとして採られたという指摘もある（榎村寛之《えむらひろゆき》「王権史として見た『百人一首』」）。

以上を要するに、一条と三条の生涯と治世は、摂関期という時代の光と影を象徴するものであったということになろうか。それはまた、偶然（彼らの言う「宿世《すくせ》」）の要因に左右され、翻弄されるという、摂関政治の特質が、まことによく現われ出たものである。

一条朝は聖代観と末代観が併存する時代であったが、これ以降、貴族たちの時代観は聖代観よりも末代観の方が断然優勢になっていくという指摘がある（森新之介《もりしんのすけ》「摂関院政期貴族社会における末代観」）。一条に次いで即位した三条の治世が、このような時代認識の転換をもたらした可能性も、まったく考えられないではない。

三条の時代における政務や儀式は、後世、先例として引かれることも、ほとんどない。説話の類も、一条に比べると極端に少ない。もちろん、三条聖帝観などというものは、まったくない。結果的には聖帝と讃えられた一条の時代と、道長の栄華の源泉となった後一条の時代に挟まれて、三条の時代はひっそりと歴史の表舞台から去っていったかの観もある。あえて推測すれば、執政者に対して頑迷な抵抗を続ければ、このような結末が待っているといった、貴族社会の根底に流れる伏流にも似た共通の負の記憶をつくりあげたということであろうか。

しかしながら、本来は嫡流であった三条が皇統を伝えられなかったとはいっても、それは男系で見た場合のことである。三条が妍子との間に残した禎子《ていし》は、敦良《あつなが》親王（後の後朱雀《ごすざく》天皇）に入侍《にゅうじ》し、尊仁《たかひと》親王を産んでいる。この尊仁が後に後三条《ごさんじょう》天皇となり、摂関政治に大きな打撃を与えることになる。後三条は、能信《よしのぶ》の養女の茂子《もし》との間に貞仁《さだひと》親王、小一条院《こいちじょういん》の血を引く基子《きし》との間に実仁《さねひと》親王を残し、この両者を後継者とした（後三条自身の意は、むしろ父母共に三条の血を引く実仁の方にあった）。貞仁が白河《しらかわ》天皇となって院政《いんせい》を始めることとなるが、禎子は後三条どころか孫の白河や曾孫の堀河《ほりかわ》天皇の時代まで生き延び、院政の到来を見届けた。三条の血筋は、禎子を通して脈々と受け継がれることになったのである。

そして、実際には三条院に居住したことのない尊仁親王に後三条という追号《ついごう》が奉られたことの意味も、考えてみる必要があろう。後三条は、生前から「後三条」と自称していたとも伝えられるが、その血筋のみならず、道長をはじめとする摂関家に対する意識も、脈々と受け継がれていったのである。

また、本人にとって、何が幸せで何が不幸かは、誰も知ることのできない領域である。最愛の定子《ていし》に先立たれ、その所生の敦康《あつやす》を立太子させることはできず、心ならずも（かどうかは知る由もないが）彰子から儲けた敦成を立太子させて死んでいった一条と、最愛の娍子が存命で、その所生の敦明の立太子を実現させ、その未来を見ないまま死んでいった三条のうちの、どちらが幸福であったかなどという問題は、我々の考えるべきことではない。

三条がその病がちの人生のなかで、すべての体力と知力、そして胆力を使い尽くして道長と公卿層全体に対して戦いを挑み、ある意味では政治抗争に勝利したという点は、我々としても認めるべきであろう。

参考文献

参考史料

（1）古記録

『小右記』　大日本古記録　東京大学史料編纂所編纂　岩波書店　一九五九～一九八六年

藤原実資の日記。貞元二年（九七七）から長久元年（一〇四〇）までの六十三年間に及ぶ詳細な記録。当時の政務や儀式運営の様子を詳細かつ精確に描く摂関期の最重要史料。

『御堂関白記』　陽明叢書　陽明文庫編　思文閣出版　一九八三～一九八四年

大日本古記録　東京大学史料編纂所・陽明文庫編纂　岩波書店　一九五二～一九五四年

倉本一宏『藤原道長「御堂関白記」全現代語訳』講談社　二〇〇九年

藤原道長の日記。長徳四年（九九八）から治安元年（一〇二一）の間の記事が残る。摂関政治の全盛期を、豪放磊落な筆致と独自の文法で描く。陽明文庫に自筆本・古写本が伝来している。

『権記』　史料纂集　渡辺直彦・厚谷和雄校訂　続群書類従完成会　一九七八～一九九六年

増補史料大成　増補「史料大成」刊行会編　臨川書店　一九六五年

藤原行成の日記。正暦二年（九九一）から寛弘八年（一〇一一）までのものが伝存。蔵人頭在任中の活動が詳細に記されており、当時の政務運営の様相や権力中枢の深奥を把握するための第一級の史料。

『左経記』　増補史料大成　増補「史料大成」刊行会編　臨川書店　一九六五年

（2）編纂史料
『御産部類記』図書寮叢刊　宮内庁書陵部編　明治書院　一九八一～一九八二年
『立坊部類記』群書類従　塙保己一編　続群書類従完成会　一九三二年
『小記目録』大日本古記録　東京大学史料編纂所編纂　岩波書店　一九七九～一九八二年
『公卿補任』新訂増補国史大系　黒板勝美・国史大系編修会編　吉川弘文館　一九七一年
『日本紀略』新訂増補国史大系　黒板勝美・国史大系編修会編　吉川弘文館　一九六五年
『新抄格勅符抄』新訂増補国史大系　黒板勝美・国史大系編修会編　吉川弘文館　一九六五年
『政事要略』新訂増補国史大系　黒板勝美・国史大系編修会編　吉川弘文館　一九六四年
『本朝世紀』新訂増補国史大系　黒板勝美・国史大系編修会編　吉川弘文館　一九六四年
『扶桑略記』新訂増補国史大系　黒板勝美・国史大系編修会編　吉川弘文館　一九六五年
『百練抄』新訂増補国史大系　黒板勝美・国史大系編修会編　吉川弘文館　一九六五年
『朝野群載』新訂増補国史大系　黒板勝美・国史大系編修会編　吉川弘文館　一九六四年
『一代要記』続神道大系　石田実洋・大塚統子・小口雅史・小倉慈司編　神道大系編纂会　二〇〇五～二〇〇六年
『儀式』故実叢書　故実叢書編集部　明治図書出版　一九五四年

（3）文学作品
『枕草子』新編日本古典文学全集　松尾聰・永井和子校注・訳　小学館　一九九七年
『紫式部日記』新編日本古典文学全集　中野幸一校注・訳　小学館　一九九四年
『栄花物語』新編日本古典文学全集　山中裕・秋山虔・池田尚隆・福長進校注・訳　小学館　一九九五～一九九八年
『大鏡』新編日本古典文学全集　橘健二・加藤静子校注・訳　小学館　一九六〇年

『本朝文粋』新日本古典文学大系　大曾根章介・金原理・後藤昭雄校注　岩波書店　一九九二年
『後拾遺和歌集』新日本古典文学大系　久保田淳・平田喜信校注　岩波書店　一九九四年
『詞花和歌集』新日本古典文学大系　工藤重矩校注　岩波書店　一九八九年
『新古今和歌集』新日本古典文学大系　田中裕・赤瀬信吾校注　岩波書店　一九九二年
『新千載和歌集』滝沢貞夫編『新千載集総索引』明治書院　一九九三年
『新拾遺和歌集』滝沢貞夫編『新拾遺集総索引』明治書院　一九九九年
『実方集』新日本古典文学大系　犬飼廉・後藤祥子・平野由紀子校注　岩波書店　一九九四年
『袋草紙』新日本古典文学大系　藤岡忠美校注　岩波書店　一九九五年
『今昔物語集』新編日本古典文学全集　馬淵和夫・国東文麿・稲垣泰一校注・訳　小学館　二〇〇二年
『富家語』新日本古典文学大系　山根對助・池上洵一校注　岩波書店　一九九七年
『古事談』新日本古典文学大系　川端善明・荒木浩校注　岩波書店　二〇〇五年

主要参考文献

（1）著書

伊藤喜良『中世王権の成立』青木書店　一九九五年
大津　透『日本の歴史06　道長と宮廷社会』講談社　二〇〇一年
朧谷　寿『藤原道長――男は妻がらなり』ミネルヴァ書房　二〇〇七年
倉本一宏『摂関政治と王朝貴族』吉川弘文館　二〇〇〇年
倉本一宏『一条天皇』吉川弘文館　二〇〇三年
倉本一宏『平安貴族の夢分析』吉川弘文館　二〇〇八年

黒板伸夫『藤原行成』吉川弘文館　一九九四年
新村　拓『古代医療官人制の研究　典薬寮の構造』法政大学出版局　一九八三年
棚橋光男『後白河法皇』講談社　一九九五年
土田直鎮『日本の歴史5　王朝の貴族』中央公論社　一九六五年
角田文衞『承香殿の女御　復原された源氏物語の世界』中央公論社　一九六三年
橋本義彦『平安貴族社会の研究』吉川弘文館　一九七六年
服部敏良『王朝貴族の病状診断』吉川弘文館　一九七五年
藤本勝義『源氏物語の〈物の怪〉――文学と記録の狭間』笠間書院　一九九四年
槇佐知子『日本の古代医術　光源氏が医者にかかるとき』文藝春秋　一九九九年
村井康彦『平安貴族の世界』徳間書店　一九六八年
山中　裕『藤原道長』吉川弘文館　二〇〇八年

（2）論文

赤木志津子「摂関時代の天皇――特に三条天皇について」『摂関時代史の研究』吉川弘文館　一九六五年
飯沼清子「平安時代中期における作文の実態」『國學院雑誌』八八―六　一九八七年
池田尚隆「栄花物語の三条朝」『山梨大学教育学部研究報告（人文・社会科学）』三七　一九八七年
板倉則衣「伊勢斎宮の選定に関する小考」『国際日本文化研究センター　日本研究』四二　二〇一〇年
稲垣智花「『大鏡』における三条天皇と禎子内親王――作者の条件に関する一考察」中野孝一編『平安文学の風貌』武蔵野書院　二〇〇三年
榎村寛之「王権史として見た『百人一首』」『古代文化』六〇―一　二〇〇八年

遠藤基郎「過差の権力論」服藤早苗編『王朝の権力と表象』森話社　一九九八年
大村拓生「中世前期の行幸」『年報中世史研究』一九　一九九四年
岡村幸子「平安時代における皇統意識」『史林』八四―四　二〇〇一年
荻美津夫「楽所ならびに楽所人の変遷とその機能」『平安朝音楽制度史』吉川弘文館　一九九四年
倉本一宏「藤原兼通の政権獲得過程」笹山晴生編『日本律令制の展開』吉川弘文館　二〇〇三年
佐野圭司「脳病余話　心にもあらでうき世にながらへば――三条天皇の御病気」『BRAIN NURSING』一八―三　二〇〇二年
沢田和久「円融朝政治史の一試論」『日本歴史』六四八　二〇〇二年
寺内　浩「伊予守藤原為任――三条天皇・藤原道長と受領」『受領制の研究』塙書房　初出一九九九年
豊永聡美「平安時代における天皇と音楽」『中世の天皇と音楽』吉川弘文館　初出二〇〇一年
中込律子「三条天皇」『古代の人物6　王朝の変容と武者』清文堂出版　二〇〇五年
中町美香子「平安時代の皇太子在所と宮都」『史林』八五―四　二〇〇二年
中村康夫「三条天皇について　心にもあらで…をめぐって」『栄花物語の基層』風間書房　初出一九八二年
服部一隆「娍子立后に対する藤原道長の論理」『日本歴史』六九五　二〇〇六年
目崎徳衛「円融上皇と宇多源氏」『貴族社会と古典文化』吉川弘文館　初出一九七二年
目崎徳衛「敗北の帝王」『百人一首の作者たち』角川書店　一九八三年
元木泰雄「三条朝の藤原道長」『院政期政治史研究』思文閣出版　初出一九九一年
森新之介「摂関院政期貴族社会における末代観」『日本思想史研究』四〇　二〇〇八年
山田邦和「平安京の葬送地」『季刊考古学』四九　一九九四年
山本信吉「一上考」『摂関政治史論考』吉川弘文館　初出一九七五年

（3）史料集・辞典等

東京大学史料編纂所編『大日本史料』第一篇之十五～二十四　東京大学出版会　一九六七～一九八八年
東京大学史料編纂所編『大日本史料』第二篇之一～十一　東京大学出版会　一九二八～一九五七年
藤井讓治・吉岡眞之監修『三条天皇実録』ゆまに書房　二〇〇七年
槇野廣造編『平安人名辞典』高科書店　一九九三年
角田文衞総監修・古代学協会編『平安京提要』角川書店　一九九四年
林屋辰三郎・村井康彦・森谷尅久監修『日本歴史地名大系　第二七巻　京都市の地名』平凡社　一九七九年
笹山晴生編『日本古代史年表（下）』東京堂出版　二〇〇八年
詫間直樹編『皇居行幸年表』続群書類従完成会　一九九七年
新編国歌大観編集委員会編『新編国歌大観　CD-ROM版』角川書店　一九九六年

あとがき

ここまで、三条天皇の生涯をたどってきた。歌の文句にも、「人を語れば、世を語る」というのがあったが、一人の人間の人生を語ることは、その人間が生きた時代の政治や王権、社会、文化、宗教を語ることになる。

また、さらに汎歴史的に、人間の生き方や死生観、愛情についても、考える素材となるであろう。千年前に生きた一人の人物の生涯を通して、様々なことを考える縁《よすが》としていただければ幸甚である。私もこの本を書きながら、政治のことや社会のこと、人間の生き死にのこと、子供のことや夫婦のこと、愛情といったもののことなど、いろいろなことを考えさせられた。

このシリーズへの執筆を依頼されたのは、たしか二〇〇三年の十二月六日、木簡学会の懇親会でのことであった。その後、編集部の田引勝二氏と協議し、藤原道長・藤原道綱・藤原顕光・三条天皇といった候補の中から、いちばん大変そうな三条が選ばれたのであった。

当初は二、三年で書き上げる予定であったが、三条に関するすべての史料をパソコンに取り込み、それを全部、書き下した後で取捨選択し、それから執筆にかかろうという野望を抱いたものだから、ものすごく時間がかかってしまった。しかも、一人でやればまだ早かったものを、大学院のゼミでこれをやろうなどと「教育的」なことを思い付いてしまったために、余計に時間がかかった。三条朝というのは、三条や道長にとっては辛い日々であったことと思うが、私にとっても、長和年間の『小右記』を毎日のように読むというのは、なかなかに辛い年月であった。

かくして、「居貞史料」と「三条史料」という名の、合わせると原稿用紙八七三枚分の巨大ファイルが誕生したのであるが、いざ執筆に取りかかると、ほとんどの史料は使わずにお蔵入りとなってしまった。先に作った「一条史料」(こちらは七三九枚分)と合わせ、『御堂関白記』の分だけは「現代語訳」して他で出版してもらったが、『権記』や『小右記』の有効な使い道を模索している最中である。

さて、二〇〇九年度になって、勤務先が京都に変わった(職業も教員から研究者に変わった)。大学の講義やゼミ、卒論や修論指導、その他、会議や入試関係の膨大な雑務や鬱陶しい人間関係から解放されたのと引き替えに、個人的な研究を行なってもかまわない(むしろそれが第一義的な職務である)という職場環境に置かれ、また東京と京都、京都と三重(津)、三重と東京というように、かなり長い移動時間が生まれた。

私はこれを好機と捉え、もっぱらモバイルパソコンでこの本の原稿を打ち込んだ。京都の風土の中で過ごした後の新幹線や列車、それに京都駅や柘植駅や亀山駅の待合室(関西線から紀勢線に乗り換える際には、長い時は一時間近くも時間がある)は、きわめて新鮮な執筆の場となってくれる。大好きな京都で大好きな研究の仕事をしながら、大好きな鉄道で壬申の乱のルートを通り(新幹線の岐阜羽島駅から京都駅までの間はもちろん、京都と津の往復の際も、JRの東海道線―草津線―関西線―紀勢線を使うときも、近鉄の京都線―大阪線―名古屋線を使うときも、壬申の乱の故地を車窓から楽しめる）、（大好きな音楽を聴き大好きなビールを飲みながら）大好きな古代史の原稿が書けるなんて、こんな幸せなことはない。

それはさておき、この本の執筆にあたっても、以前に『一条天皇』を執筆した際と同様、未完に終わった私の愛読書である棚橋光男《たなはしみつお》『後白河法皇』の「プロローグ」（草稿）を読んで気合いを入れた。そこに謳われたような、政治・経済・社会・文芸といった歴史のすべての分野を総合した「生身の人間像と生の真実」、すなわち全人格的な人物像と〈時代の位相＝古代王権の中世王権への転形・転回の論理〉を描ききるという雄大な構想を、私も意識しないではなかった。

しかしながら、摂関期というのは、いまだそのような叙述が可能となる時代ではなかった。それに加え、能力的に私がそれらに踏み込むことができず、「学風」（と呼べるほどのものなどないが）が雄大な構想にそぐわないことにもよるのではあるが、あえて『一条天皇』と同じ著述形式をとった。両書を続けて読むことによって、一条の時代（およびその人物）と三条の時代（およびその人物）を比較していただきたいがためである。道長や彰子、頼通、実資、行成、公任、道雅などの人物像の変化を見るのも、楽しいかもしれない。我々が一条と三条との間に感じる落差は、そのまま当時の宮廷社会が感じた落差に通じる部分があったものと考えている。

最後に一つ、道長と三条との関わりを示しておくことにしよう。三条が死去した翌寛仁二年の五月、道長は大病を患った。一日には「憂歎《ゆうたん》の気」があったが、二日に訪れた実資に対し、参会していたある公卿は、「三条院の御霊《ごりょう》」と語った（『小右記』）。皆も道長と三条の関係について、種々考えていたところがあったのであろう。

それにつけても、藤原道長という人物像の、政治史的、文化史的、そして（古代史的視点からも、中世史的視点からも）国家史的な視座からの、それこそ全人格的な再構築が迫られている。確実な史料のみを正確に読み解くことによる、史実に基づいた新たな道長像を描くことこそ、学界にとってももっとも必要な作業ではないかと考えている。

もう一つ、これは付け足しであるが、三条という人は、月が好きだったのではないだろうか。私も月が好きなものだから、こう思うのだが、月を詠み込んだ歌が多いのである。

長保元年に藤原統理の出家に際して贈った歌に、

月かげの　山のはわけて　隠れなば　そむく憂き世を　われやながめん
（月が山の端をかき分けて沈んでしまったら、月の見捨てた闇のこの世をひとり私はじっと物思いに沈みながら見つめていることでしょうか）

というものがあり（『新古今和歌集』）、また、同じ『新古今和歌集』には、

あしびきの　山のあなたに　すむ人は　待たでや秋の　月をみるらむ

（月の出る山の向う側に住んでいる人は、待つことなく秋の月を見ることであろうか）

という歌も採られている。さらに、「月を御らむじてよませ給ける」として、

秋にまた　あはむあはじも　しらぬ身は　こよひばかりの　月をだに見む

（再び秋に逢うだろうとも逢わないだろうともわからない我身は、せめて今夜限りの月だけでも見よう）

という歌もある（『詞花和歌集』）。有名な、

心にも　あらでうき世に　長らへば　恋しかるべき　夜半《よわ》の月かな

（心ならずも、憂き世に永らえていたならば、きっと今夜のこの月が恋しく思い出されるであろうなあ）

の歌（『後拾遺和歌集』『栄花物語』）にも通じるものである。眩しく輝く太陽と対比して、冴え冴えと照る月の光に、みずからの姿を重ね合わせていたのであろうか。

なお、勅撰集に入集していながら、ただ一首、これまでこの本で取り上げていなかった三条の歌は、「世をなげかせ給うて」というもので、

つくづくと　うき世にむせぶ　かは竹の　つれなき色は　よる方もなし

〈つくづくと憂き世にむせぶ〈清涼殿東庭の〉河竹のつれない色を見ると、やるせないものだ〉

というものである（『新拾遺和歌集』）。三条自身にとっては、それほど辛い世だったのであろうか。

本当にこれで最後にするが、この本が出来るのを辛抱強く待ってくださった編集部の田引勝二氏（現地調査にも、随分とお付き合いいただいた）には、まことに申し訳ない気持ちでいっぱいである。ここに記して感謝（と謝罪）の意を表わすこととしたい。

二〇一〇年二月　円融寺故地である龍安寺鏡容池の畔にて

著者識す

三条天皇略年譜

天皇	年次	西暦	摂関	齢	居所	関係事項	一般事項
円融	貞元元	九七六	関白 藤原兼通	1	東三条第	1・3誕生。諱を居貞と定められる。	5・11内裏焼亡。6・18地震。7・13改元。
	二	九七七	〃 関白 藤原頼忠	2	東三条第	是歳為尊、誕生。	7・29内裏還御。10・11頼忠、関白。11・8兼通、薨去(53)。
	天元元	九七八	〃	3	東三条第	11・20親王宣下。	4・10遵子、入内。8・17詮子、入内。10・2兼家、右大臣。
	二	九七九	〃	4	東三条第	12・20著袴。	
	三	九八〇	〃	5	東三条第		1・15時姫、没。6・1懐仁、誕生。7・9暴風雨。11・22内裏焼亡。**是歳**宋人、来著。
	四	九八一	〃	6	東三条第	**是歳**敦道、誕生。	10・27内裏還御。
	五	九八二	〃	7	東三条第	1・28超子、頓死(29)。	10慶滋保胤『池亭記』。11・17内裏焼亡。
	永観元	九八三	〃	8	東三条第	8・16居貞・為尊、読書始。	8・1奝然、渡宋。
	二	九八四	〃	9	東三条第		8・27花山、受禅、懐仁、立太子。
花山			関白 藤原頼忠				内裏遷御。頼忠、関白。11・28破銭法を定め、格後荘園を停む。丹波康

天皇	年号	西暦	摂関	年齢	居所	事項
花山	寛和元	九八五	関白 藤原頼忠	10	東三条第	1・5居貞・為尊・敦道、宗子内親王を訪問。
	二	九八六	〃 摂政 藤原兼家	11	内裏昭陽舎	7・16元服、立太子。
一条	永延元	九八七	〃	12	内裏昭陽舎	9・26兼家女綏子、入侍。
	二	九八八	〃	13	内裏昭陽舎	5・27病悩。8・19東宮童相撲。
	永祚元	九八九	〃	14	内裏昭陽舎	5・8実資に東宮昇殿を聴す。12・9綏子、居貞の許に参入。
	正暦元	九九〇	関白 藤原兼家 関白 藤原道隆 摂政 藤原道隆	15	内裏昭陽舎	**是歳**綏子、里居
	二	九九一	〃	16	内裏昭陽舎	12・1済時女娍子、入侍。

頼『医心方』。11源為憲『三宝絵』。

1・3良源、没（74）。4源信『往生要集』。8・29円融、出家。

3・29京中估価法。6・23花山、出家。一条、践祚。6・24兼家、摂政。7・5詮子、皇太后。7・9奝然、帰国。

3・5新制十三箇条。5・5新制五箇条。11・2銭貨通用を促す。11・8石清水行幸。12・15賀茂行幸。

6・13強盗藤原保輔を逮捕。9・20斎宮恭子女王、群行。11・8尾張郡司百姓等、守の非法を愁訴。

3・22春日行幸。8・13大風、洪水。

1・5一条、元服。1・25定子、入内。5・4兼家、関白。5・8道隆、関白。5・26道隆、摂政。7・2兼家、薨去（62）。10・5定子、中宮。

2・12円融、崩御。9・16詮子、出

一条	三	九九二	〃	17	内裏昭陽舎		家、東三条院と号す。5・26京都洪水。12・14平野行幸。
	四	九九三	〃 関白　藤原道隆	18	内裏昭陽舎	4・22娍子、居貞の許に参入。5・5帯刀陣歌合。9娍子、懐妊。閏10・14師輔の霊、出現。	1・1朝賀。4・23道隆、関白。6・25菅原道真に正一位左大臣を贈る。7～8疱瘡流行。8・14円仁・円珍両門徒、闘争。11・27大原野行幸。
	五	九九四	〃	19	内裏昭陽舎	5・9敦明、誕生。	3妍子、誕生。是歳疫病流行。
	長徳元	九九五	〃 内覧　藤原伊周 関白　藤原道兼 内覧　藤原道長	20	内裏昭陽舎 土御門第	1・19道隆女原子、入侍。9・5土御門第に遷御。	3・9関白病間、伊周内覧。4～5疫病流行。4・10道隆、薨去(43)。4・23済時、薨去(55)。4・27道兼、関白。5・8道兼、薨去(35)。5・11道長、内覧。6・19道長、右大臣。10・21石清水行幸。
	二	九九六		21	土御門第 内裏昭陽舎	8娍子、懐妊。12・14敦明、著袴。	1・16伊周・隆家従者、花山院従者と闘乱。4・24伊周・隆家、左遷。6・25道長、左大臣。7・20義子、入内。閏7・10鴨川洪水。閏7・21大風。11・14元子、入内。12・16皇女脩子、誕生。
	三	九九七	〃	22	内裏昭陽舎	5・19敦儀、誕生。7・9道綱、春宮大夫。	4・5伊周・隆家を召還。10・1大宰府、奄美島人の大隅・対馬乱入を

天皇	年号	西暦	摂関	年齢	御所	事項	事項
							奏上。
一条	長徳四	九九八	内覧 藤原道長	23	内裏昭陽舎	**長徳年中**綏子、源頼定と密通。12・2娍子御所に強盗。**年末**雪山を作る。	2・11尊子、入内。3・12道長の内覧を停む。5～疱瘡流行。6元子、破水。**長徳年中**『拾遺和歌集』。
	長保元	九九九	〃	24	内裏昭陽舎 東三条第	3娍子、懐妊。7・8東三条第に移御。8・19敦儀、著袴。10・19敦平、誕生。	1・22円教寺供養行幸。3・7富士山、噴火。6・14内裏焼亡。7・25新制十一箇条。11・1彰子、入内。11・7敦康、誕生。
	二	一〇〇〇	〃	25	東三条第 内裏昭陽舎	2・3蹴鞠の御遊。道長と和歌の応答。7・21娍子、病悩。12・2敦明、読書始。12・13内裏還御。**是歳**当子、誕生。	2・25定子を皇后、彰子を中宮と為す。6・5雑事三箇条。8・16鴨川堤決壊。10・11内裏還御。12・15皇女媄子、誕生。12・16定子、崩御（25）。
	三	一〇〇一	〃	26	内裏昭陽舎 東三条第	6・2病悩。11・22東三条第に移御。12・29敦平、著袴。	5・19雑事三箇条。11・18内裏焼亡。閏12・7雑事五箇条。閏12・22詮子、崩御（40）。**この頃**清少納言『枕草子』。
	四	一〇〇二	〃	27	東三条第 大炊御門第	5・4重病。6・13為尊、薨去（26）。8・3原子、急死（22）。8・14大炊御門第に遷御。	5・7最勝講の創始。

一条	五	一〇〇三	〃	28	大炊御門第 内裏昭陽舎	5・9大炊御門第、放火される。10・8内裏還御。**是歳**禔子、誕生。	3・4石清水行幸。3・26賀茂行幸。5・3平維良を追捕。8・25寂照入宋、源信天台宗疑問を託す。10・8内裏還御。
	寛弘元	一〇〇四	〃	29	内裏昭陽舎	2・7綏子、薨去（31）。8・23当子、著袴。**閏**9・25霍乱を病む。	2・22新任官人の饗禄を禁ず。6・8宇佐八幡宮の訴えにより大宰権帥平惟仲を解任。10・14松尾行幸。10・21平野・北野行幸。11・27妍子、尚侍。12・11行円、行願寺供養。**是歳**『和泉式部日記』。
	二	一〇〇五	〃	30	内裏昭陽舎 東三条第南院	5・19東宮御読経。7・29東宮相撲御覧。8・1師明、誕生。8・17病悩。11・27東三条第南院東対に移御。	3・8彰子大原野行啓。3・27敦康御対面、脩子着裳。11・13敦康、読書始。11・15内裏焼亡、神鏡焼損。
	三	一〇〇六	〃	31	東三条第南院 枇杷殿北対	3・4枇杷殿北対に移御。9・22土御門第に行啓し、競馬御覧。11・5敦明、元服。	3・4東三条第花の宴、一条院遷幸。7・3神鏡改鋳の可否を議定。7・13八省院に参る興福寺僧を追却。9・22土御門第に行幸し、競馬御覧。
	四	一〇〇七	〃	32	枇杷殿北対	1・27道綱、東宮傅、懐平、春宮大夫、頼通、春宮権大夫。3・14道綱に春宮坊を管轄させる。10・2敦道、薨去（27）。12・26師明・禔子、	8・11道長、金峯山詣。12・13元日朝拝を定む。12彰子、懐妊。**この頃**紫式部『源氏物語』。

一条	寛弘五	一〇〇八	内覧 藤原道長	33	枇杷殿北対	著袴。 2・8花山院、崩御。	5・25媄子、薨去（9）。7・10算博士、厄年算法を勘申。9・11敦成、誕生。10・16土御門第行幸。
	六	一〇〇九	〃	34	枇杷殿北対 高倉第 一条第	5・8枇杷殿北辺、火事。10・14高倉第に遷御。10・22一条第に遷御。10・26一条第西町、焼亡。12・18移御の際の叙位を道長と折衝。	1・30彰子・敦成、呪詛される。10・5一条院内裏焼亡、二代御記焼失。10・19枇杷殿に遷御。11・25敦良、誕生。
	七	一〇一〇	〃	35	一条第 一条院別納東対	2・20道長女妍子、入侍。12・2一条院別納庁東対に遷御。**是歳**敦明、顕光女延子と結婚。	1・28伊周、薨去（27）。7・17敦康、元服。8・13国史編修を議す。11・28一条院内裏に遷御。**是歳**『紫式部日記』『本朝麗藻』。
	八	一〇一一	〃	36	一条院別納東対	6・2譲位について一条と対面。6・13践祚。	3・12道長、金峯山詣を断念。5・22一条、御悩。
三条			内覧 藤原道長		東三条第 内裏清涼殿	8・2冷泉院、病悩。8・11内裏に遷御。行幸叙位を道長と折衝。8・23妍子・娍子、女御。9・2実資、密奏。10・5皇子女に親王宣下。妍子、内裏参入。10・10壺切御釼を東宮に授く。10・16即位式。10・24冷泉院、崩御（62）。11・24敦明出家騒動。12・27生母超子に皇太后を贈	5・26道長、一条譲位を発議。6・13一条、譲位。敦成、立太子。6・19一条、出家。6・22一条、崩御（32）。7・8一条、葬送。8・23道長、関白を拒否、内覧宣旨を蒙る。

天皇	年号	西暦		年齢	居所	事項	一般事項
						り、国忌・山陵を置く。	
三条	長和元	一〇一二	〃	37	内裏清涼殿	1・3妍子立后宣旨。2・8歯を抜く。2・14妍子、立后。3・7娍子立后宣旨。4・27娍子、立后。妍子、内裏参入。7・13瘧病を病む。10妍子、懐妊。閏10・27大嘗会御禊。11・22大嘗会。12・4当子を斎宮に卜定。	1・16顕信、出家。4・27公任『和漢朗詠集』。4・28妍子御在所の饗饌。5・23道長、顕信の受戒に参列、投石を受ける。6・4道長、上表。6・17道長呪詛の落書。8・21威子、尚侍。12・25長和に改元。
	二	一〇一三	〃	38	内裏清涼殿	1・11妍子、東三条第に退出。3・20娍子・敦明、内裏参入。3・23敦儀・敦平、元服。4・13妍子、土御門第に還啓。6・23小除目で道長と軋轢。7・6禎子、誕生。8・15娍子、内裏退出。9・16土御門第行幸。11・28石清水行幸。12・15賀茂行幸。	1・16東三条第、焼亡。3・16隆家、皇后宮大夫を辞任。3・20「伊賀人、伊勢人を借る」。4・19賀茂斎院御禊前駆・賀茂祭使の過差を制止。5・8祈年穀奉幣、延期。12・9盗人、内裏に入る。
	三	一〇一四	〃	39	内裏清涼殿 太政官朝所 太政官松本曹司 枇杷殿北対	1・7歯を抜く。1・19妍子、内裏参入。2・9内裏焼亡。2・16除目につき実資に諮問。2・20太政官松本曹司に移御。2下旬眼病を発症。3・12内蔵寮・掃部寮等、焼亡。4・9枇杷殿に遷御。5・16土御門	1・27彗星、出現。3・12道長・道綱、退位を要求。3・25道長、退位を要求。4・6道長、病悩。5・24内裏造営定。9・20斎宮当子、群行。11・7隆家、大宰権帥。11・17敦成、三条に朝覲。12・17娍子領花

三条						第行幸。10・6敦明王子敦貞、誕生。12・1敦明雑人、定頼従者と闘乱。	山院、焼亡。12・26慶円、天台座主。
三条	長和四	一〇一五	内覧 藤原道長	40	枇杷殿北対 内裏清涼殿 枇杷殿北対	3・23首に水をそそぐ。3・27春日行幸、延引。4・3敦明雑人、濫行。4・7禎子、着袴。4・30紅雪を服用。6・4御馬御覧。6・13明救、三条の祈禱を辞退。6・14内裏遷御、延期。閏6・13男巫、御祭を奉仕。8・1眼病の間、道長に官奏を命ず。道長、拒否。8・27道長、三条院を献上。9・20新造内裏に遷御。9・26妍子の内裏遷御、延引。10・15禔子降嫁を提案。11・9娍子、内裏に参入。11・17内裏焼亡。11・19枇杷殿に遷御。12・13禔子降嫁、中止。12・15明年正月の譲位を申し出る。12・27禎子の年官・年爵、封戸宣旨。興福寺、四十算賀を奏す。	2・16資平、蔵人頭。3~疫癘、流行。4・13官奏、停止。4・28道長、退位を要求。5・6賀静の霊、出現。5・26非常赦。6・19賀静に僧正法印大和尚位を贈る。6・1~伊勢勅使発遣、延引。閏6・19道長、左足を損傷。8~道長、退位を要求。9・14伊勢神宮・諸社に勅使発遣。10・2道長、敦明の立太子を忌避。公任・俊賢、退位を要求。10・25道長五十算賀の法会。10・27道長、准摂政。11・15道長、妍子の内裏参入を停む。11・18道長、退位を要求。12・4敦良、読書始。12・24道長、新東宮敦明に疑義。12・27譲位日時を勘申。
後一条	五	一〇一六	摂政 藤原道長	41	枇杷殿北対 枇杷殿寝殿	1・11腹痛を病む。1・23敦明、立太子忌避の噂。1・29譲位。敦明、	1・13譲位・即位雑事定。1・29後一条、践祚。道長、摂政。2・7即

後一条					高倉第 三条院	立太子。2・13太上天皇号、奉呈。3・23枇杷殿寝殿に遷御。4・7朱雀院を返献。5・1延暦寺御幸。7・18陪膳女房を指名。9・24枇杷殿、焼亡。10・20三条院に遷御。12・3広隆寺に参籠。12・10娍子領通任邸、焼亡。12・20妍子、三条院に遷御。	位式。6・2一条院に遷御。6・10道長・倫子、准三宮。7・20土御門第、焼亡。9・27一条院に放火。11・15大嘗会。
	寛仁元	一〇一七	摂政 藤原頼通	42	三条院	1・25三条院の禎子伝領を命ず。2・19七瀬の禊。2・27三条院近辺に火災。4・8灌仏会に敦平、濫行。4・10道雅、当子に密通。4・21病悩。4・29出家。5・9崩御(42)。5・12葬送。8・6敦明、遜位。8・25敦明に小一条院号。11・22敦明、寛子と結婚。	1・17射礼・賭弓の式日を旧に復す。3・4頼通、内大臣。3・16頼通、摂政。夏疫病、流行。4・23改元。6・24道長、三条遺領を処分。6・29除服。8・9敦良、立太子。8・23敦良に壺切御釼が移される。12・4道長、太政大臣。
	二	一〇一八	〃			8・29師明、出家。	1・7彰子、太皇太后。3・7威子、入内。4・28内裏遷御。6・27道長、新造土御門第に移徙。10・16妍子、皇太后、威子、中宮。「この世をば」。12・17敦康、薨去(20)。
	三	一〇一九	関白 藤原頼通			3・25娍子、出家。	3・21道長、出家。4・7刀伊の入

						冠。4・10延子、薨去（36）。
後一条	寛仁四	一〇二〇	関白　藤原頼通			3・22無量寿院（法成寺）落慶供養。10・15道綱、薨去（66）。
	治安元	一〇二一	〃			2・1嬉子、敦良に入侍。5・25顕光、薨去（78）。
	二	一〇二二	〃		9・12当子、薨去（23）。	7・15法成寺金堂落慶供養。
	万寿二	一〇二五	〃		3・25娍子、崩御（54）。7・9寛子、薨去（27）。	8・5嬉子、薨去（19）。
	三	一〇二六	〃			1・19彰子、上東門院。
	四	一〇二七	〃		9・14妍子、崩御（34）。	3・23禎子、敦良に入侍。5・14顕信、薨去（34）。12・4道長、薨去（62）。
	長元元	一〇二八	〃		8・19敦儀、出家。	6・21平忠常の乱。
	三	一〇三〇	〃			
	七	一〇三四	〃			7・18尊仁、誕生。
後朱雀	九	一〇三六	関白　藤原頼通			4・17後一条、崩御（29）。4・17後朱雀、践祚。9・6威子、崩御（38）。
	長暦元	一〇三七	〃		2・13禎子、中宮。3・1禎子、皇后。	
	長久二	一〇四一	〃		8・16小一条院、出家。	
泉	寛徳二	一〇四五	関白　藤原頼通			1・16後冷泉、践祚。1・18後朱

					雀、崩御（37）。
後冷泉	永承元	一〇四六	〃		1・18実資、薨去（90）。
	三	一〇四八	〃	閏1・25禔子、薨去（46）。	
	四	一〇四九	〃	3・18敦平、薨去（51）。	
	六	一〇五一	〃	1・8小一条院、崩御（58）。	是歳前九年の役。
	七	一〇五二	〃		3・28頼通、平等院供養。
	天喜二	一〇五四	〃	7・11敦儀、薨去（58）。	
後三条	治暦四	一〇六八	関白 藤原教通		4・19後冷泉、崩御（44）。4・19後三条、践祚。
	延久元	一〇六九	〃	2・17禎子、陽明門院。	2・23延久の荘園整理令。
	四	一〇七二	〃		9・29延久の宣旨枡。12・8白河、践祚。
白河	五	一〇七三	関白 藤原教通		5・7後三条、崩御（40）。
	承保元	一〇七四			2・2頼通、薨去（83）。10・3彰子、崩御（87）。
	永保三	一〇八三	関白 藤原師実		9後三年の役。
	応徳二	一〇八五	〃	9・27師明、薨去（81）。	
堀河	三	一〇八六	摂政 藤原師実		11・26堀河、践祚。11・26院政の開始。
	嘉保元	一〇九四	関白 藤原師実	1・16禎子、崩御（82）。	

人名索引

さ　行

た　行

な　行

は　行

ま　行

や　行

ら　行

《著者紹介》

倉本一宏（くらもと・かずひろ）

1958年　三重県津市生まれ。

1983年　東京大学文学部国史学専修課程卒業。

1989年　東京大学大学院人文科学研究科国史学専門課程博士課程単位修得退学。

1997年　博士（文学，東京大学）。

現　在　国際日本文化研究センター教授。

著　書　『日本古代国家成立期の政権構造』吉川弘文館，1997年。

『奈良朝の政変劇　皇親たちの悲劇』吉川弘文館，1998年。

『摂関政治と王朝貴族』吉川弘文館，2000年。

『一条天皇』吉川弘文館，2003年。

『壬申の乱』吉川弘文館，2007年。

『壬申の乱を歩く』吉川弘文館，2007年。

『平安貴族の夢分析』吉川弘文館，2008年。

『持統女帝と皇位継承』吉川弘文館，2009年。

『藤原道長「御堂関白記」全現代語訳』（全3冊）講談社，2009年。

『古事類苑新仮名索引』吉川弘文館，2010年。

ミネルヴァ日本評伝選

三《さん》　条《じょう》　天《てん》　皇《のう》

――心にもあらでうき世に長らへば――

2010年7月10日　初版第1刷発行　〈検印省略〉

定価はカバーに
表示しています

著　者　倉　本　一　宏

発行者　杉　田　啓　三

印刷者　江　戸　宏　介

発行所　株式会社　ミネルヴァ書房

607-8494　京都市山科区日ノ岡堤谷町1
電話（075）581-5191（代表）
振替口座　01020-0-8076番

© 倉本一宏，2010〔086〕

共同印刷工業・新生製本

ISBN978-4-623-05788-7

Printed in Japan

刊行のことば

歴史を動かすものは人間であり、興趣に富んだ人間の動きを通じて、世の移り変わりを考えるのは、歴史に接する醍醐味である。

しかし過去の歴史学を顧みるとき、人間不在という批判さえ見られたように、歴史における人間のすがたが、必ずしも十分に描かれてきたとはいえない。二十一世紀を迎えた今、歴史の中の人物像を蘇生させようとの要請はいよいよ強く、またそのための条件もしだいに熟してきている。

この「ミネルヴァ日本評伝選」は、正確な史実に基づいて書かれるのはいうまでもないが、単に経歴の羅列にとどまらず、歴史を動かしてきたすぐれた個性をいきいきとよみがえらせたいと考える。そのためには、対象とした人物とじっくりと対話し、ときにはきびしく対決していくことも必要になるだろう。

今日の歴史学が直面している困難の一つに、研究の過度の細分化、瑣末化が挙げられる。それは緻密さを求めるが故に陥った弊害といえるが、その結果として、歴史の大きな見通しが失われ、歴史学を通しての社会への働きかけの途が閉ざされ、人々の歴史への関心を弱める危険性がある。今こそ歴史が何のためにあるのかという、基本的な課題に応える必要があろう。評伝という興味ある方法を通じて、解決の手がかりを見出せないだろうかというのも、この企画の一つのねらいである。

狭義の歴史学の研究者だけでなく、多くの分野ですぐれた業績をあげている著者たちを迎えて、従来見られなかった規模の大きな人物史の叢書として、「ミネルヴァ日本評伝選」の刊行を開始したい。

平成十五年（二〇〇三）九月

ミネルヴァ書房

ミネルヴァ日本評伝選

企画推薦
梅原　猛
ドナルド・キーン
佐伯彰一
角田文衞

監修委員
上横手雅敬
芳賀　徹

編集委員
石川九楊
伊藤之雄
猪木武徳
今谷　明
今橋映子
熊倉功夫
佐伯順子
坂本多加雄
武田佐知子
竹西寛子
西口順子
兵藤裕己
御厨　貴

上代

卑弥呼　古田武彦
日本武尊　西宮秀紀
仁徳天皇　若井敏明
雄略天皇　吉村武彦
*蘇我氏四代　遠山美都男
推古天皇　義江明子
聖徳太子　仁藤敦史
斉明天皇　武田佐知子
小野妹子・毛人　大橋信弥
*額田王　梶川信行
弘文天皇　遠山美都男
天武天皇　新川登亀男
持統天皇　丸山裕美子
阿倍比羅夫　熊田亮介
柿本人麻呂　古橋信孝
*元明天皇・元正天皇　渡部育子
聖武天皇　本郷真紹
光明皇后　寺崎保広
孝謙天皇　勝浦令子
藤原不比等　荒木敏夫
吉備真備　今津勝紀
藤原仲麻呂　木本好信
道　鏡　吉川真司
大伴家持　和田　萃
行　基　吉田靖雄

平安

*桓武天皇　井上満郎
嵯峨天皇　西別府元日
宇多天皇　古藤真平
醍醐天皇　石上英一
村上天皇　京樂真帆子
花山天皇　上島　享
*三条天皇　倉本一宏
藤原薬子　中野渡俊治
小野小町　錦　仁
藤原良房・基経　滝浪貞子
菅原道真　竹居明男
*紀貫之　神田龍身
源高明　所　功
慶滋保胤　平林盛得
*安倍晴明　斎藤英喜
藤原実資　橋本義則
*藤原道長　朧谷　寿
藤原定子　山本淳子
清少納言　後藤祥子
紫式部　竹西寛子
和泉式部　ツベタナ・クリステワ
大江匡房　小峯和明
阿弖流為　樋口知志
坂上田村麻呂　熊谷公男
*源満仲・頼光　元木泰雄
平将門　西山良平
藤原純友　寺内　浩
空　海　頼富本宏
最　澄　吉田一彦
*空　也　石井義長
奝　然　上川通夫
*源　信　小原　仁
後白河天皇　美川　圭
式子内親王　奥野陽子
建礼門院　生形貴重
平清盛　田中文英
藤原秀衡　入間田宣夫
平時子・時忠　元木泰雄
平維盛　根井　浄
守覚法親王　阿部泰郎
藤原隆信・信実　山本陽子

鎌倉

源頼朝　川合　康
*源義経　近藤好和
源実朝　神田龍身
後鳥羽天皇　五味文彦
九条兼実　村井康彦
北条時政　野口　実
熊谷直実　佐伯真一
*北条政子　関　幸彦
北条義時　岡田清一
曾我十郎・五郎　杉橋隆夫
北条時宗　近藤成一
安達泰盛　山陰加春夫
平頼綱　細川重男
竹崎季長　堀本一繁
西　行　光田和伸
藤原定家　赤瀬信吾
*京極為兼　今谷　明

＊兼好　島内裕子
重源　横内裕人
＊運慶　根立研介
快慶　井上一稔
法然　今堀太逸
慈円　大隅和雄
明恵　西山　厚
親鸞　末木文美士
恵信尼・覚信尼　西口順子
覚如　今井雅晴
道元　船岡　誠
叡尊　細川涼一
＊忍性　松尾剛次
＊日蓮　佐藤弘夫
一遍　蒲池勢至
夢窓疎石　田中博美
＊宗峰妙超　竹貫元勝

南北朝・室町

後醍醐天皇　上横手雅敬
護良親王　新井孝重
＊北畠親房　岡野友彦
楠正成　兵藤裕己
＊新田義貞　山本隆志
光厳天皇　深津睦夫
足利尊氏　市沢　哲
佐々木道誉　下坂　守
円観・文観　田中貴子
足利義満　川嶋將生
足利義教　横井　清
大内義弘　平瀬直樹
伏見宮貞成親王　松薗　斉
山名宗全　山本隆志
日野富子　脇田晴子
世阿弥　西野春雄
雪舟等楊　河合正朝
宗祇　鶴崎裕雄
＊満済　森　茂暁
一休宗純　原田正俊
蓮如　岡村喜史

戦国・織豊

北条早雲　家永遵嗣
毛利元就　岸田裕之
＊今川義元　小和田哲男
＊武田信玄　笹本正治
武田勝頼　笹本正治
＊真田氏三代　笹本正治
三好長慶　仁木　宏
宇喜多直家・秀家　渡邊大門
＊上杉謙信　矢田俊文
吉田兼倶　西山　克
山科言継　松薗　斉
＊雪村周継　赤澤英二
織田信長　三鬼清一郎
豊臣秀吉　藤井讓治
＊北政所おね　田端泰子
＊淀殿　福田千鶴
前田利家　東四柳史明
黒田如水　小和田哲男
蒲生氏郷　藤田達生
＊細川ガラシャ　田端泰子
伊達政宗　伊藤喜良
＊支倉常長　田中英道
ルイス・フロイス　エンゲルベルト・ヨリッセン
＊長谷川等伯　宮島新一
顕如　神田千里

江戸

徳川家康　笠谷和比古
徳川吉宗　横田冬彦
＊後水尾天皇　久保貴子
光格天皇　藤田　覚
崇伝　杣田善雄
春日局　福田千鶴
池田光政　倉地克直
シャクシャイン　岩崎奈緒子
＊田沼意次　藤田　覚
＊二宮尊徳　小林惟司
末次平蔵　岡美穂子
高田屋嘉兵衛　生田美智子
林羅山　鈴木健一
吉野太夫　渡辺憲司
中江藤樹　辻本雅史
山崎闇斎　澤井啓一
山鹿素行　前田　勉
＊北村季吟　島内景二
貝原益軒　辻本雅史
松尾芭蕉　楠元六男
＊ケンペル　B・M・ボダルト＝ベイリー
荻生徂徠　柴田　純
雨森芳洲　上田正昭
前野良沢　松田　清
平賀源内　石上　敏
本居宣長　田尻祐一郎
杉田玄白　吉田　忠
上田秋成　佐藤深雪
木村蒹葭堂　有坂道子
＊大田南畝　沓掛良彦
菅江真澄　赤坂憲雄
＊鶴屋南北　諏訪春雄
良寛　阿部龍一
＊山東京伝　佐藤至子
＊滝沢馬琴　高田　衛
シーボルト　宮坂正英
本阿弥光悦　岡　佳子
小堀遠州　中村利則
狩野探幽・山雪　山下善也
尾形光琳・乾山　河野元昭
＊二代目市川團十郎　田口章子
与謝蕪村　佐々木丞平
伊藤若冲　狩野博幸
鈴木春信　小林　忠
円山応挙　佐々木正子
＊佐竹曙山　成瀬不二雄
葛飾北斎　岸　文和
酒井抱一　玉蟲敏子
孝明天皇　青山忠正
＊和宮　辻ミチ子
徳川慶喜　大庭邦彦
島津斉彬　原口　泉
＊古賀謹一郎　小野寺龍太

*栗本鋤雲 小野寺龍太
*月性 海原 徹
*吉田松陰 海原 徹
*高杉晋作 海原 徹
オールコック 佐野真由子
アーネスト・サトウ 奈良岡聰智
冷泉為恭 中部義隆

近代

*明治天皇 伊藤之雄
*大正天皇 F・R・ディキンソン
昭憲皇太后・貞明皇后 小田部雄次
大久保利通 三谷太一郎
山県有朋 鳥海 靖
木戸孝允 落合弘樹
井上 馨 伊藤之雄
*松方正義 室山義正
北垣国道 小林丈広
板垣退助 小川原正道
大隈重信 五百旗頭薫
伊藤博文 坂本一登
井上 毅 大石 眞

井上 勝 老川慶喜
*桂 太郎 小林道彦
*乃木希典 佐々木英昭
林 董 君塚直隆
児玉源太郎 小林道彦
*高宗・閔妃 木村 幹
山本権兵衛 室山義正
高橋是清 鈴木俊夫
小村寿太郎 簑原俊洋
*犬養 毅 小林惟司
加藤高明 櫻井良樹
加藤友三郎・寛治 麻田貞雄
田中義一 黒沢文貴
平沼騏一郎 堀田慎一郎
宇垣一成 北岡伸一
宮崎滔天 榎本泰子
*浜口雄幸 川田 稔
幣原喜重郎 西田敏宏
関 一 玉井金五
広田弘毅 井上寿一
安重根 上垣外憲一
グルー 廣部 泉
永田鉄山 森 靖夫
東條英機 牛村 圭
今村 均 前田雅之

蔣介石 劉 岸偉
石原莞爾 山室信一
木戸幸一 波多野澄雄
岩崎弥太郎 武田晴人
伊藤忠兵衛 末永國紀
五代友厚 田付茉莉子
大倉喜八郎 村上勝彦
安田善次郎 由井常彦
渋沢栄一 武田晴人
山辺丈夫 宮本又郎
武藤山治 阿部武司・桑原哲也
小林一三 橋爪紳也
大倉恒吉 石川健次郎
大原孫三郎 猪木武徳
*河竹黙阿弥 今尾哲也
イザベラ・バード 加納孝代
*林 忠正 木々康子
森 鷗外 小堀桂一郎
二葉亭四迷 ヨコタ村上孝之
夏目漱石 佐々木英昭
巌谷小波 千葉信胤
樋口一葉 佐伯順子
島崎藤村 十川信介
泉 鏡花 東郷克美

有島武郎 亀井俊介
永井荷風 川本三郎
北原白秋 平石典子
菊池 寛 山本芳明
宮澤賢治 千葉一幹
正岡子規 夏石番矢
高浜虚子 坪内稔典
与謝野晶子 佐伯順子
*種田山頭火 村上 護
*斎藤茂吉 品田悦一
*高村光太郎 湯原かの子
萩原朔太郎 エリス俊子
原阿佐緒 秋山佐和子
*狩野芳崖・高橋由一 古田 亮
竹内栖鳳 北澤憲昭
黒田清輝 高階秀爾
中村不折 石川九楊
横山大観 高階秀爾
*橋本関雪 西原大輔
小出楢重 芳賀 徹
土田麦僊 天野一夫
岸田劉生 北澤憲昭
松旭斎天勝 川添 裕
中山みき 鎌田東二

佐田介石 谷川 穣
ニコライ 中村健之介
出口なお・王仁三郎 川村邦光
島地黙雷 阪本是丸
*新島 襄 太田雄三
木下広次 冨岡 勝
嘉納治五郎 クリストファー・スピルマン
津田梅子 田中智子
*澤柳政太郎 新田義之
河口慧海 高山龍三
山室軍平 室田保夫
大谷光瑞 白須淨眞
*久米邦武 高田誠二
フェノロサ 伊藤 豊
三宅雪嶺 長妻三佐雄
*岡倉天心 木下長宏
志賀重昂 中野目徹
徳富蘇峰 杉原志啓
竹越與三郎 西田 毅
内藤湖南・桑原隲蔵 礪波 護
岩村 透 今橋映子
西田幾多郎 大橋良介
喜田貞吉 中村生雄
上田 敏 及川 茂

柳田国男　鶴見太郎
厨川白村　張 競
大川周明　山内昌之
西田直二郎　林 淳
市河三喜・晴子　河島弘美
折口信夫　斎藤英喜
九鬼周造　粕谷一希
辰野 隆　金沢公子
シュタイン　瀧井一博
*福澤諭吉　平山 洋
*西 周　清水多吉
福地桜痴　山田俊治
田口卯吉　鈴木栄樹
*陸 羯南　松田宏一郎
黒岩涙香　奥 武則
宮武外骨　山口昌男
*吉野作造　田澤晴子
野間清治　佐藤卓己
山川 均　米原 謙
岩波茂雄　十重田裕一
北 一輝　岡本幸治
満川亀太郎　福家崇洋
杉 亨二　速水 融
*北里柴三郎　福田眞人
田辺朔郎　秋元せき
*南方熊楠　飯倉照平

寺田寅彦　金森 修
石原 純　金子 務
J・コンドル　鈴木博之
辰野金吾　河上眞理・清水重敦
小川治兵衛　尼崎博正

現代

昭和天皇　御厨 貴
高松宮宣仁親王　後藤致人
*李方子　小田部雄次
吉田 茂　中西 寛
マッカーサー　柴山 太
重光 葵　武田知己
池田勇人　中村隆英
高野 実　篠田 徹
和田博雄　庄司俊作
朴正熙　木村 幹
竹下 登　真渕 勝
*松永安左エ門　橘川武郎
鮎川義介　井口治夫
出光佐三　橘川武郎

松下幸之助　米倉誠一郎
渋沢敬三　井上 潤
本田宗一郎　伊丹敬之
井深 大　武田 徹
佐治敬三　小玉 武
幸田家の人々　金井景子
*正宗白鳥　大嶋 仁
大佛次郎　福島行一
*川端康成　大久保喬樹
薩摩治郎八　小林 茂
松本清張　杉原志啓
安部公房　成田龍一
三島由紀夫　島内景二
R・H・ブライス　菅原克也
金素雲　林 容澤
柳 宗悦　熊倉功夫
バーナード・リーチ　鈴木禎宏
イサム・ノグチ　酒井忠康
川端龍子　岡部昌幸
藤田嗣治　林 洋子
*井上有一　海上雅臣
*手塚治虫　竹内オサム

山田耕筰　後藤暢子
古賀政男　藍川由美
*吉田 正　金子 勇
武満 徹　船山 隆
*力道山　岡村正史
美空ひばり　朝倉喬司
植村直巳　湯川 豊
*西田天香　宮田昌明
安倍能成　中根隆行
G・サンソム　牧野陽子
和辻哲郎　小坂国継
矢代幸雄　稲賀繁美
石田幹之助　岡本さえ
*平泉 澄　若井敏明
安岡正篤　片山杜秀
島田謹二　小林信行
前嶋信次　杉田英明
竹山道雄　平川祐弘
保田與重郎　谷崎昭男
福田恆存　川久保剛
井筒俊彦　安藤礼二
佐々木惣一　松尾尊兊
*瀧川幸辰　伊藤孝夫
矢内原忠雄　等松春夫
福本和夫　伊藤 晃

*フランク・ロイド・ライト　大久保美春
大宅壮一　有馬 学
今西錦司　山極寿一

*は既刊
二〇一〇年七月現在